D. Best, B. Kleinken, R. Hess, L. Krimmel
**Kommentar zur Gebührenordnung
für Psychotherapeuten (GOP)**

W0244936

D. Best, B. Kleinken, R. Hess, L. Krimmel

# Kommentar zur Gebührenordnung für Psychotherapeuten (GOP)

Deutscher Ärzte-Verlag Köln

Dipl. Psych. Dieter Best
Geschäftsführer, Stv. Bundesvor-
sitzender der Vereinigung der
Kassenpsychotherapeuten
Riedsaumstr. 4a
67063 Ludwigshafen

Dr. med. Bernhard Kleinken
MedWell AG
Frankenwerft 1
50667 Köln

Dr. jur. Rainer Hess
Hauptgeschäftsführer
Kassenärztliche Bundesvereinigung
Herbert-Lewin-Str. 3
50931 Köln

Dr. med. Lothar Krimmel
MedWell AG
Frankenwerft 1
50667 Köln

ISBN 3-7691-3154-1

Die Deutsche Bibliothek - CIP-Einheitsaufnahme

Kommentar zur Gebührenordnung für Psychotherapeuten (GOP) / Dieter Best .... - Köln : Dt. Ärzte-Verl.,
2002
ISBN 3-7691-3154-1

Copyright © 2002 by
Deutscher Ärzte-Verlag GmbH
Dieselstraße 2, 50859 Köln

Satz: Deutscher Ärzte-Verlag GmbH, Köln
Druck und Bindung: Warlich Druck und Verlags-
gesellschaft mbH, 53340 Meckenheim

# Inhalt

# Zu den Autoren

**Dieter Best,** geb. 1949, Psychologischer Psychotherapeut, niedergelassen als Verhaltenstherapeut seit 1983, stellvertretender Bundesvorsitzender und Bundesgeschäftsführer der Vereinigung der Kassenpsychotherapeuten. Dieter Best ist u.a. als Mitglied des Beratenden Fachausschusses Psychotherapie der KBV, als Mitglied der Vertreterversammlung der KV Pfalz und als Gutachter für Verhaltenstherapie für die gesetzlichen Krankenkassen in verschiedenen Funktionen der Selbstverwaltung tätig.

**Rainer Hess,** geb. 1940, Dr. jur., Hauptgeschäftsführer der Kassenärztlichen Bundesvereinigung. Rechtsanwalt, 1969-1971 Justitiar des Verbandes der leitenden Krankenhausärzte, 1971-1987 Justitiar der gemeinsamen Rechtsabteilung von Bundesärztekammer und Kassenärztlicher Bundesvereinigung, seit 1.1.1988 Hauptgeschäftsführer der KBV.

**Bernhard Kleinken,** geb. 1947, Dr. med., Arzt für Urologie. Seit 2001 bei der MedWell-AG Leiter des IGEL-Instituts, vorher stv. Dezernent der Bundesärztekammer im Honorardezernat (Arbeitsbereich v.a. Weiterentwicklung und Anwendung der GOÄ). Von 1993 bis Ende 2001 (zuletzt federführender) Mitautor des Kommentars zur Gebührenordnung für Ärzte des Deutschen Ärzte-Verlags. Gutachterlich tätig in GOÄ-Fragen v.a. für Gerichte.

**Lothar Krimmel,** geb. 1957, Dr. med., Facharzt für Allgemeinmedizin, Vorstand der MedWell-AG. 1986 Eintritt in die Geschäftsführung der Kassenärztlichen Bundesvereinigung als Referatsleiter für Gebührenordnungsfragen, 1988 Berufung zum stv. Dezernenten auf Lebenszeit in der Funktion des stv. Leiters der Vetragsabteilung, 1992 Berufung zum stv. Hauptgeschäftsführer, 1996 Berufung zum Dezernenten auf Lebenszeit in der Funktion des Leiters der Abteilung Grundsatz- und Planungsangelegenheiten, zusätzlich zur Funktion als stv. Hauptgeschäftsführers, im September 1999 einvernehmliche Regelung mit dem Vorstand der KBV über das Ausscheiden aus dem aktiven Dienstverhältnis zur KBV und Eintritt in den Ruhestand zum 30. Juni 2000, im November 1999 Gründung der MedWell Gesundheits-AG, Berufung zum Vorstand. Ca. 40 wissenschaftliche und gesundheitspolitische Veröffentlichungen, bis Ende 2001 Mitautor des Kommentars zur Gebührenordnung für Ärzte des Deutschen Ärzte-Verlags, Autor des Buches „Kostenerstattung und Individuelle Gesundheitsleistungen", Deutscher Ärzte-Verlag.

# Abkürzungsverzeichnis

| | | | |
|---|---|---|---|
| Abs. | Absatz | DKG | Deutsche Krankenhausgesellschaft |
| AEV | Verband der Arbeiter-Ersatzkassen e. V. | DRG | Diagnosis Related Groups |
| AOK | Allgemeine Ortskrankenkasse | DVO | Durchführungsverordnung |
| AppOÄ | Approbationsordnung für Ärzte | EBM | Einheitlicher Bewertungsmaßstab |
| Ärzte-ZV | Zulassungsverordnung für Vertragsärzte | EGO | Ersatzkassengebühren-ordnung |
| AVB | Allgemeine Vertragsbedingungen | GKV | Gesetzliche Krankenversicherung |
| Az. | Aktenzeichen | GKV-SolG | Solidaritätsstärkungs-gesetz |
| BÄK | Bundesärztekammer | GOÄ | Gebührenordnung für Ärzte |
| BAnz. | Bundesanzeiger | | |
| BÄO | Bundesärzteordnung | GOP | Gebührenordnung für Psychotherapeuten |
| BG | Berufsgenossenschaft | GOZ | Gebührenordnung für Zahnärzte |
| BGBl. | Bundesgesetzblatt | | |
| BGH | Bundesgerichtshof | GRG | Gesundheits-Reformgesetz |
| BKK | Betriebskrankenkasse | | |
| BMV-Ä | Bundesmantelvertrag - Ärzte | GSG | Gesundheitsstrukturgesetz |
| | | GWB | Gesetz gegen Wettbe-werbsbeschränkungen |
| BMG | Bundesministerium für Gesundheit | | |
| | | HPG | Heilpraktikergesetz |
| BSG | Bundessozialgericht | HVM | Honorarverteilungsmaßstab |
| BSHG | Bundessozialhilfegesetz | ICD-10 | Internationale statistische Klassifikation der Krankheiten und verwandter Gesundheitsprobleme, 10. Revision (WHO) |
| BT-Drs. | Bundestagsdrucksache | | |
| BVerfG | Bundesverfassungsgericht | | |
| BVerwG | Bundesverwaltungsgericht | | |
| DÄ | Deutsches Ärzteblatt | i.d.F. | in der Fassung |
| DIMDI | Deutsches Institut für medizinische Dokumentation und Information | IGEL | Individuelle Gesundheitsleistung |
| | | IKK | Innungskrankenkasse |
| | | i.V.m. | in Verbindung mit |

| | | | |
|---|---|---|---|
| KBV | Kassenärztliche Bundesvereinigung | PKV | Private Krankenversicherung |
| KJHG | Kinder- und Jugendhilfegesetz (SGB V. Buch) | PsychThG | Psychotherapeutengesetz |
| KJPsychTh-APrV | Ausbildungs- und Prüfungsverordnung für Kinder- und Jugendlichenpsychotherapeuten | PsychTh-AprV | Ausbildungs- und Prüfungsverordnung für Psychologische Psychotherapeuten |
| KV | Kassenärztliche Vereinigung | Psych-PV | Psychiatrische Personalverordnung |
| LKK | Landwirtschaftliche Krankenkasse | QM | Qualitätsmanagement |
| LSG | Landessozialgericht | QS | Qualitätssicherung |
| MDK | Medizinischer Dienst der Krankenversicherung | RöV | Röntgenverordnung |
| | | RVO | Reichsversicherungsordnung |
| MedR | Zeitschrift für Medizinrecht | SGB | Sozialgesetzbuch |
| MHP | Managementhandbuch für die psychotherapeutische Praxis | SGB V | Fünftes Buch Sozialgesetzbuch |
| | | SG | Sozialgericht |
| | | StGB | Strafgesetzbuch |
| MuBO | Musterberufsordnung | UV | Unfallversicherung |
| MWbO | Musterweiterbildungsordnung | UV-GOÄ | Gebührenordnung für Ärzte für die Leistungs- und Kostenabrechnung mit den gesetzlichen Unfallversicherungsträgern (UV) |
| m.W.v. | mit Wirkung vom | | |
| NJW | Neue Juristische Wochenschrift | | |
| n.n. | Nicht neben | UWG | Gesetz gegen den unlauteren Wettbewerb |
| Nr. | Nummer | | |
| NZS | Neue Zeitschrift für Sozialrecht | VdAK | Verband der Angestellten-Krankenkassen e. V. |
| ÖGDG | Gesetz über den öffentlichen Gesundheitsdienst | VwV | Verwaltungsvorschrift |
| | | WbO | Weiterbildungsordnung |
| OVG | Oberverwaltungsgericht | | |

# Vorwort

Warum ein Kommentar zur GOP? Ein Kommentar würde sich erübrigen, wäre eine Verordnung so klar und eindeutig, dass kein Spielraum für Interpretationen bliebe. Dies trifft auf die Gebührenordnung für Ärzte (GOÄ) nicht zu – und damit auch nicht auf die Gebührenordnung für Psychotherapeuten (GOP), die die GOÄ als Grundlage hat.

Zum einen liegt dies daran, dass die GOÄ selbst in manchen Abschnitten kaum verständlich und veraltet ist – so vor allem im Abschnitt G, der für Psychotherapeuten von zentraler Bedeutung ist. Zum anderen lässt die GOP offen, welche Leistungen der Abschnitte B und G tatsächlich abgerechnet werden können. Nicht alle dort aufgeführten Leistungen fallen in den Tätigkeitsbereich von Psychotherapeuten und bei manchen ist dies zumindest strittig.

So ist ein Kommentar für die alltägliche psychotherapeutische Praxis und für Kostenerstatter wie z.b. private Krankenversicherungen unverzichtbar. Er soll Hilfestellung geben bei Fragen wie: Welche Leistungen können abgerechnet werden? Wie sind diese von anderen abgegrenzt? Welche Ausschlüsse sind zu beachten? Welche Gebührenhöhe ist anzusetzen?

Abzurechnen, was tatsächlich geleistet wird, dürfte für viele Psychotherapeuten eine Umstellung bedeuten. Sie waren es gewohnt, mangels einer eigenen Gebührenordnung mit einem Minimum von Abrechnungspositionen auszukommen.

Der Kommentar hat einerseits – ganz im Sinne der gesetzlichen Vorgabe für die GOP – den „berechtigten Interessen der Leistungserbringer" Rechnung zu tragen. Mehrere Abrechnungspositionen des Abschnitts G werden, so wie die Legenden formuliert sind, aus fachlich-inhaltlichen Gründen dem aktuellen Stand der Psychotherapie und Psychodiagnostik nicht mehr gerecht. Den Autoren des Kommentars war es deshalb wichtig, die Entwicklungen im Bereich der Psychotherapie aufzunehmen.

Andererseits hat der Kommentar – ebenfalls im Sinne von §9 des Psychotherapeutengesetzes – jedoch auch den Interessen der „zur Zahlung der Entgelte Verpflichteten", also der Patienten und dahinter der Kostenerstatter, Rechnung zu tragen. Sie haben ein Recht auf Transparenz und auf Schutz vor überhöhter und ungerechtfertigter Abrechnung.

Kann in einer konkreten Abrechnungsfrage keine gütliche Einigung zwischen „Leistungserbringer" und „dem zur Zahlung Verpflichteten" erzielt werden, wird u.U. der Rechtsweg beschritten (vgl. GOÄ §12 Nr. 13). In diesen Fällen wird – sofern die Verordnung selbst nicht aussagekräftig und eindeutig genug ist – in der Regel auf die einschlägigen Kommentierungen zurückgegriffen. Der vorliegende Kommentar hat den Anspruch, auch in diesen Fällen zur Klärung beizutragen.

Wesentliche Grundlage des Kommentars ist das im Deutschen Ärzte-Verlag seit 1982 als Loseblattsammlung erscheinende Werk „Brück: Kommentar zur Gebührenordnung für Ärzte (GOÄ)". Mit Fug und Recht kann heute behauptet werden, dass der „Brück" der Standardkommentar zur GOÄ ist.

Als Ausgabe für Psychotherapeuten war dieses Werk zu umfangreich und in vielen Teilen auch nicht relevant. Deshalb wurde die Kommentierung des Leistungsteils (nur die Abschnitte B und G) von den Autoren Best und Kleinken völlig überarbeitet, dem aktuellen Stand angepasst und neu gestaltet. Gleichzeitig wurde die Kommentierung des Paragraphenteils um die für Psychotherapeuten nicht zutreffenden Teile gekürzt und ebenfalls aktualisiert. Die Erläuterungen zur Begrifflichkeit der GOÄ, praktische Hinweise zur Privatabrechnung, der Wortlaut der GOP selbst einschließlich Begründung, die neuen Beihilfevorschriften und Hinweise zur Abrechnung der sog. „Individuellen Gesundheitsleistungen" (IGEL) runden den Kommentar ab.

Dieter Best                                          Bernhard Kleinken

# Einführung zur GOP

## I    Grundlagen und Entstehung der GOP

Die Gebührenordnung der Psychotherapeuten ist wie jede Gebührenordnung bei freien Berufen die wesentliche Grundlage der freiberuflichen Tätigkeit. Sie dient dem Schutz der Patienten bzw. Kunden vor willkürlichen und ungerechtfertigten Honoraren, sie schützt andererseits auch den Behandler vor ungerechtfertigten Zweifeln hinsichtlich seines berechtigten Honoraranspruches und unlauterem Wettbewerb im Zusammenhang mit der Leistungshonorierung. Darüber hinaus ist die Gebührenordnung Ausdruck des Leistungsvermögens und der Identität eines Berufes.

In §9 des Psychotherapeutengesetzes (PsychThG) vom 16. Juni 1998 (BGBl. I S. 1311) hat der Gesetzgeber das Bundesministerium für Gesundheit (BMG) ermächtigt, „die Entgelte für psychotherapeutische Tätigkeiten von Psychologischen Psychotherapeuten und Kinder- und Jugendlichenpsychotherapeuten zu regeln." Das BMG kam diesem Auftrag schon kurz nach dem In-Kraft-Treten des Psychotherapeutengesetzes mit einem ersten Entwurf einer Gebührenordnung für Psychotherapeuten (GOP) nach, welcher eine allgemeine Verweisung auf die Gebührenordnung für Ärzte (GOÄ) vorsah. Wegen der Befürchtung, diese Verweislösung werde erhebliche Mehrausgaben für die öffentlichen Haushalte nach sich ziehen, formierte sich gegen diesen Erstentwurf eine breite Front der Ablehnung in den für die Beihilfe zuständigen Ministerien der Länder und des Bundes.

Erst ein zweiter Entwurf des BMG mit einer Einschränkung der Verweisung im Leistungsverzeichnis auf die Abschnitte B (Grundleistungen und allgemeine Leistungen) und G (Neurologie, Psychiatrie und Psychotherapie) der GOÄ konnte die Bedenken zerstreuen, so dass der Bundesrat am 19. Mai 2000 die Gebührenordnung für Psychologische Psychotherapeuten und Kinder- und Jugendlichenpsychotherapeuten (GOP) beschließen konnte. In Kraft ist die GOP seit dem 24. Juni 2000.

## II    Verweisung auf die Gebührenordnung für Ärzte (GOÄ) – Vor- und Nachteile

Eine eigenständige, „moderne" Gebührenordnung analog den Gebührenordnungen anderer freier Berufe (v. a. der GOÄ) hätte den Interessen der Psychotherapeuten und Patienten wahrscheinlich eher entsprochen als die gewählte Verweislösung.

Folgende Gründe haben jedoch sowohl die politisch Verantwortlichen als auch die Vertreter der Psychotherapeuten bewogen, die Verweisungsregelung zu akzeptieren:

• Mit der Schaffung einer eigenständigen Gebührenordnung wäre zwar eine moderne Fassung des Leistungsverzeichnisses und die Verordnung angemessener Gebühren in den Bereichen ermöglicht worden, die in der GOÄ nicht mehr zeit- und leistungsgemäße Honorare enthalten (v.a. im Abschnitt G). Die nach den Erfahrungen mit GOÄ-Novellierungen zu erwartende Länge des Zeitraumes bis zum In-Kraft-Treten dieser eigenständigen Fassung wäre jedoch gegenüber Patienten wie Leistungserbringern nicht vertretbar gewesen (s.a. unter III).

• Zusätzlich wäre eine Anpassung der GOÄ in den Leistungen, die sowohl von Psychologischen Psychotherapeuten und Kinder- und Jugendlichenpsychotherapeuten als auch von psychotherapeutisch tätigen Ärzten erbracht werden, erforderlich gewesen.

• Mit der GOP wird der berufsrechtlichen Gleichstellung der Psychologischen Psychotherapeuten und Kinder- und Jugendlichenpsychotherapeuten mit den Ärzten auch im Bereich der Privatbehandlung Rechnung getragen. Die Einheitlichkeit des psychotherapeutischen Leistungsspektrums über die verschiedenen Berufsgruppen hinweg wird durch eine GOP, die mit der GOÄ in den entsprechenden Teilen identisch ist, gewahrt. Ein Nebeneinanderbestehen zweier unterschiedlicher Gebührenordnungen für gleiche Tätigkeiten ist mit vielen praktischen Schwierigkeiten und Ungerechtigkeiten verbunden, wie das Beispiel der Mund-, Kiefer- und Gesichtschirurgen und Zahnärzte mit dem Nebeneinanderbestehen von Gebührenordnung für Zahnärzte (GOZ) und GOÄ zeigt.

- Die Verweislösung trägt außerdem der bisherigen Praxis Rechnung, dass sich Psychologische Psychotherapeuten und Kinder- und Jugendlichenpsychotherapeuten – in Ermangelung einer eigenen Gebührenordnung – in der Abrechnung psychotherapeutischer Leistungen an der GOÄ ausgerichtet haben.

- Darüber hinaus bietet die Anbindung an die GOÄ Schutz vor einer Absenkung der Gebührensätze. Denn schon seit Jahren gibt es Bestrebungen, die vorwiegend in der ungünstigen Altersstruktur der Beamtenschaft liegenden strukturellen Probleme der Beihilfe mit Einsparungen bei den Honoraren zu kompensieren. Da eine GOP mit abgesenkten Gebührensätzen die Gefahr einer nachfolgenden Absenkung der Gebührensätze nach GOÄ beinhaltet hätte, hatte sich auch die Bundesärztekammer von Beginn an für die Verweisungsregelung ausgesprochen.

## III Anpassung der GOÄ / GOP an die Erfordernisse der Psychotherapie – Möglichkeiten und Grenzen

Mit der Anbindung der GOP an die GOÄ musste auch deren Hauptmangel – der nicht mehr zeitgemäße Leistungskatalog und Bewertungen, die teils der Weiterentwicklung der Verfahren nicht mehr entsprechen – übernommen werden.

Während der Einheitliche Bewertungsmaßstab (EBM) für den Bereich der vertragsärztlichen Versorgung in kleineren Zeitabschnitten der medizinischen Entwicklung angepasst worden ist, ist die GOÄ hinter dieser Entwicklung zurückgeblieben. Zeitnahe Anpassungen sind lediglich in beschränktem Rahmen durch sog. Analogziffern möglich. Sie beschreiben Leistungen, die noch nicht in der GOÄ enthalten sind, jedoch analog „einer nach Art, Kosten- und Zeitaufwand gleichwertigen Leistung des Gebührenverzeichnisses" (vgl. GOÄ §6 Abs. 2) abgerechnet werden können.

Die Erfahrung zeigt, dass eine Novellierung an ein langwieriges Verfahren gekoppelt ist. Seit ihrer Einführung im Jahre 1965 ist die GOÄ erst zweimal – 1982 und 1995 – grundsätzlich überarbeitet worden, wobei der Abschnitt G (Neurologie, Psychiatrie und Psychotherapie) fast unverändert blieb. Auch die letzte Novellierung der GOÄ vom 1. Januar 1996 hat nur einen Teil der ärztlichen Tätigkeiten erfasst, in Abschnitt G sind nur einige wenige, von der Bundesärztekammer empfohlene Analogbewertungen in das Leistungsverzeichnis übernommen worden.

Wegen der mangelnden Anpassungsfähigkeit der GOÄ stand die Überlegung im Raum, für die GOP zwar den Rechtsverordnungscharakter der GOÄ beizubehalten, den Gebührenteil aber als Vertragslösung zu gestalten. Als Vertragspartner wären die Bundesärztekammer, der Bundesverband der privaten Krankenversicherung und das für die Bundesbeihilfe zuständige Bundesministerium des Innern, in einem späteren Schritt auch die noch zu gründende Bundespsychotherapeutenkammer in Frage gekommen.

Die Vertragslösung wurde zwischenzeitlich von der Ärzteschaft durch einen Beschluss des Deutschen Ärztetages abgelehnt. Als Gründe wurden unter anderem angeführt:

- die kaum überbrückbaren Meinungsverschiedenheiten zwischen den möglichen Partnern einer Vertragslösung und das Fehlen einer mit Autorität und Sachkunde ausgestatteten Schiedsstelle für den Konfliktfall;

- die unbegründete Hoffnung, im Rahmen einer Vertragslösung mindestens der allgemeinen Preisentwicklung zu folgen und damit steigende Gebühren zu erhalten;

- die weiter unbegründete Hoffnung, im Rahmen einer Vertragslösung endlich eine Modernisierung des Leistungsverzeichnisses und eine Beseitigung der im bisherigen Leistungsverzeichnis enthaltenen Unterbewertungen bald zu erreichen. Aus den Erfahrungen mit der privaten Krankenversicherung seien zähe Verhandlungen mit sehr großem Zeitbedarf und nur geringfügigen Ergebnissen zu erwarten.

Schließlich forderte der Deutsche Ärztetag die Bundesregierung auf, das Leistungsverzeichnis zu aktualisieren und mindestens im Zwei-Jahres-Turnus an den Stand der medizinischen Wissenschaft anzupassen.

Dabei bestehen gegen eine Vertragslösung auch erhebliche Rechtsbedenken (kartellrechtlich, „Vertrag zu Lasten Dritter" und mangelnde Abstimmung mit EU-Recht), so dass eine Vertragslösung nicht umsetzbar erscheint. In der Diskussion ist ein Vorschlagsmodell, wonach die an einer Vertragslösung Beteiligten Vorschläge erarbeiten, die dann vom Verordnungsgeber übernommen würden. Dies stößt aber teils auf dieselben Schwierigkeiten wie eine Vertragslösung, zusätzlich unterläge die vom Bundeskabinett beschlossene Fassung wie bisher der Zustimmungspflicht des Bundesrates, wobei die beteiligten Berufsgruppen und die Kostenträger unkalkulierbaren Risiken ausgesetzt wären.

Da eine Bundespsychotherapeutenkammer als Zusammenschluss der Psychotherapeutenkammern der Länder bislang (2001) noch nicht existiert, konnten die Psychotherapeuten noch nicht mit einer autorisierten Stimme in diese Entwicklung eingreifen. Dennoch können schon jetzt im Vorgriff auf die spätere Neugestaltung der für Psychotherapeuten relevanten Abschnitte einige Grundsätze formuliert werden.

Zum einen muss der Tätigkeitsbereich der Psychotherapeuten abgebildet werden, zum anderen muss der Leistungskatalog dem Versorgungsbedarf in der Privatbehandlung entsprechen.

Der Tätigkeitsbereich der Psychotherapeuten wird im Psychotherapeutengesetz definiert:

„Ausübung von Psychotherapie im Sinne dieses Gesetzes ist jede mittels wissenschaftlich anerkannter psychotherapeutischer Verfahren vorgenommene Tätigkeit zur Feststellung, Heilung oder Linderung von Störungen mit Krankheitswert, bei denen Psychotherapie indiziert ist. Im Rahmen einer psychotherapeutischen Behandlung ist eine somatische Abklärung herbeizuführen. Zur Ausübung von Psychotherapie gehören nicht psychologische Tätigkeiten, die die Aufarbeitung und Überwindung sozialer Konflikte oder sonstige Zwecke außerhalb der Heilkunde zum Gegenstand haben." (PsychThG Art. 1 Abs. 3)

Qualifikationsgrundlage der psychotherapeutischen Tätigkeit ist die Ausbildungs- und Prüfungsverordnung:

„(1)    Die Ausbildung des Psychologischen Psychotherapeuten erstreckt sich auf die Vermittlung von eingehenden Grundkenntnissen in wissenschaftlich anerkannten psychotherapeutischen Verfahren sowie auf eine vertiefte Ausbildung in einem dieser Verfahren. Sie ist auf der Grundlage des wissenschaftlichen Erkenntnisstandes praxisnah und patientenbezogen durchzuführen.

(2)    Die Ausbildung hat den Ausbildungsteilnehmern insbesondere die Kenntnisse, Fähigkeiten und Fertigkeiten zu vermitteln, die erforderlich sind, um

1.  in Diagnostik, Therapie und Rehabilitation von Störungen mit Krankheitswert, bei denen Psychotherapie indiziert ist, und

2.  bei der Therapie psychischer Ursachen, Begleiterscheinungen und Folgen von körperlichen Erkrankungen unter Berücksichtigung der ärztlichen Befunde zum körperlichen Status und der sozialen Lage des Patienten auf den wissenschaftlichen, geistigen und ethischen Grundlagen der Psychotherapie eigenverantwortlich und selbständig handeln zu können (Ausbildungsziel)."

Die vertiefte Ausbildung umfasst neben der Theorie und Praxis der Therapie auch Diagnostik und Differentialdiagnostik, Krisenintervention, Paar- und Familientherapie sowie Gruppentherapie. Grundkenntnisse werden u.a. vermittelt in psychosomatischer und psychiatrischer Krankheitslehre, in der Prävention und Rehabilitation, in der Medizin und der Pharmakologie. Ebenfalls Bestandteil der Ausbildung ist ein Psychiatriepraktikum im Umfang von 1.200 Stunden und ein Praktikum über 600 Stunden an einer psychotherapeutisch-psychosomatischen Klinik oder in der Praxis eines Psychotherapeuten.

Was den Versorgungsbedarf betrifft, bestehen – zumindest im Kernbereich der psychotherapeutischen Tätigkeit – keine Unterschiede zwischen gesetzlich und privat versicherten Patienten. Was deshalb für den EBM gilt, kann auch für die GOP gelten:

- Klar definierte, abgrenzbare Leistungsinhalte und, wo möglich und sinnvoll, Mindestzeiten.

- Ein differenziertes, den praktischen Anforderungen entsprechendes Abrechnungsspektrum für psychotherapeutische Leistungen.

- Dasselbe gilt für Leistungen, die nicht im engeren Sinne Psychotherapie sind (z.B. langfristig supportive Behandlung chronisch kranker Patienten, übende Verfahren). Vor allem benötigen die Testverfahren eine neue Systematik und Bewertung.

## IV Praktische Auswirkungen der GOP auf die Abrechnung privat erbrachter Leistungen

Die Anwendung der GOP bei der Abrechnung der psychotherapeutischen Behandlung ist verbindlich – sofern Bundesgesetze (z.B. das SGB V, das Bundessozialhilfegesetz) nicht eine andere Abrechnungsgrundlage vorsehen.

Die GOP verweist auf psychotherapeutische Leistungen im Sinne von Artikel 1, §1 Abs. 3 Psychotherapeutengesetz. Innerhalb der für Psychologische Psychotherapeuten und Kinder- und Jugendlichenpsychotherapeuten geltenden Abschnitte B und G können deshalb nur solche Leistungen berechnet werden, die aufgrund der allgemeinen Vorgaben des Psychotherapeutengesetzes zum Tätigkeitsbereich des Psychotherapeuten gehören. Dies sind die in diesem Kommentar aufgeführten Leistungen. Fachfremde Leistungen, z.B. speziell psychiatrische Leistungen oder somatisch-ärztliche Leistungen, gehören nicht zum Tätigkeitsfeld des Psychologischen Psychotherapeuten oder Kinder- und Jugendlichenpsychotherapeuten. Durch den Verweis auf die GOÄ ist auch §1 Abs. 1 GOÄ anzuwenden. Deshalb müssen auch berufstypische Leistungen von Psychologischen Psychotherapeuten oder Kinder- und Jugendlichenpsychotherapeuten wie Beratung zur Lebenshilfe oder die Anwendung nicht wissenschaftlich anerkannter Verfahren nach der GOÄ abgerechnet werden (vgl. GOÄ §1 Abs. 1und §4 Abs. 1).

Die GOP ist anzuwenden bei Selbstzahlern, bei privat Versicherten und bei Patienten mit Anspruch auf staatliche Fürsorgeleistungen (z.B. Beihilfe). Privatbehandlung bei GKV-Versicherten ist nur möglich, wenn der Patient als freiwillig Versicherter Kostenerstattung gemäß §13 Abs. 2 SGB V gewählt hat oder bis zum Ende des Quartals kein Behandlungsausweis der GKV vorgelegt wird. Ansonsten ist eine vollständige oder auch teilweise Privatbehandlung bei GKV-Versicherten im Rahmen der Richtlinienpsychotherapie ausgeschlossen. Dies heißt jedoch auch: Überschreitet die Behandlung eines GKV-Versicherten diesen Rahmen, kann privat behandelt und abgerechnet werden. Dies ist z.B. dann der Fall, wenn der Patient eine private Weiterbehandlung nach Erreichen des Höchstkontingentes oder die Anwendung nicht von den Psychotherapie-Richtlinien anerkannter Verfahren ausdrücklich wünscht. Für diesen Leistungsbereich hat sich der Begriff der Individuellen Gesundheitsleistungen (IGEL) etabliert.

Da bei der Privatbehandlung der Vertragspartner des Psychotherapeuten der Patient und nicht eine private Krankenversicherung ist, wird die Rechnung direkt an den Patienten gerichtet (vgl. GOÄ §1). Es empfiehlt sich, in einem Behandlungsvertrag die Modalitäten der Privatbehandlung darzustellen. Ist der Patient privat versichert, sollte er sich über die Einzelheiten seines Versicherungstarifs selbst informieren.

Die Rechnung muss u.a. das Datum der Erbringung der Leistung, die Nummer und die Bezeichnung der einzelnen Leistung, ggf. die in der Leistungsbeschreibung genannte Mindestdauer, den jeweiligen Betrag und den Steigerungssatz enthalten (vgl. GOÄ §12).

Die Gebührenordnung enthält einen Rahmen für Mindest- und Höchstsätze, die weder unter- noch überschritten werden dürfen. Der Mindestsatz ist das Einfache, der Höchstsatz das 3,5-fache bzw. 2,5-fache der Gebühr. Das 2,3-fache bzw. 1,8-fache ist die sog. Begründungsschwelle (vgl. GOÄ §5). Wird sie überschritten, „ist dies auf die einzelne Leistung bezogen für den Zahlungspflichtigen verständlich und nachvollziehbar schriftlich zu begründen..." und: „Auf Verlangen ist die Begründung näher zu erläutern." (Vgl. GOÄ §12 Abs. 3). Bei technischen Leistungen, in der Psychotherapie auch bei Tests nach den Nrn. 855 bis 857, liegt die Begründungsschwelle beim 1,8-fachen (vgl. GOÄ-Abschnitt A).

Nach dem Einigungsvertrag vom 31. August 1990 gelten aufgrund der dort enthaltenen Anpassungsregelung für die ostdeutschen Bundesländer verminderte GOÄ-Sätze. Seit dem 1.1.2002 beträgt der „Ost-Abschlag" 10% der West-Sätze (☞ [3] des Kommentars zu §5 GOÄ).

Mit der Gesundheitsreform 2000 wurde das Mindestalter der PKV-Versicherten, die auf einen auf das 1,7-fache der GOÄ-Sätze reduzierten Standardtarif optieren können, von 65 auf 55 Jahre herabgesetzt. Jede PKV ist verpflichtet, solche Standardtarife (auch für einige weitere, hier nicht näher bezeichnete Patientengruppen) vorzusehen. Neu ist ebenfalls, dass der Behandler verpflichtet ist, sich in der Abrechnung auf die verminderte Gebührenhöhe bei diesen Versicherten zu beschränken (vgl. GOÄ §5b).

## V    Zukünftige Entwicklungen

Die psychotherapeutische Versorgung durch Psychologische Psychotherapeuten und Kinder- und Jugendlichenpsychotherapeuten erfolgt zzt. vorwiegend in ambulanter Form. Im Hinblick darauf, dass sich für die Leistungserbringung dieser neuen Berufsgruppen ähnliche Versorgungsstrukturen wie bei den Ärzten entwickeln werden (z.B. Ausbau der stationären Versorgung, dem Belegarztsystem ähnliche Strukturen), sind in der Kommentierung, wenngleich sie zzt. noch keine wesentliche, v.a. quantitative Bedeutung haben, auch diese Strukturen bereits berücksichtigt.

# Hinweise für den Benutzer des Kommentars

## Wie ist der Kommentar aufgebaut?

Nach der Einführung in das Thema der Gebührenordnung für Psychotherapeuten folgen die Gebührenordnung für Psychotherapeuten im Wortlaut und Ausführungen zu den Themen „Psychotherapie in der privaten Krankenversicherung", „Psychotherapie in der Beihilfe" (einschließlich der neuen Beihilfevorschriften) und „Psychotherapie bei anderen Kostenträgern". Danach folgt eine Darstellung zur Privatliquidation der Psychotherapie im Rahmen der „Individuellen Gesundheitsleistungen" (IGEL).

Anschließend wird der für Psychologische Psychotherapeuten oder Kinder- und Jugendlichenpsychotherapeuten relevante Teil der GOÄ kommentiert. Der „Paragraphenteil" enthält die grundsätzlichen, kapitelübergreifenden Bestimmungen der GOÄ / GOP, wie z.b. Anwendungs-bereich, persönliche Leistungserbringung, Gebührenhöhe, Wegegelder, Abrechnung, Analogbe-wertung usw. Zum besseren Verständnis der Leistungslegenden wird in einem eigenen Abschnitt erläutert, was unter den in den Leistungslegenden immer wieder auftauchenden Begriffe „einschließlich", „nicht neben", „insgesamt", „sowie", „mit", „auch in mehreren Sitzungen" usw. zu verstehen ist. Beide Abschnitte sind für das Verständnis der GOP grundlegend und sollten deshalb gelesen werden, auch wenn sie nicht immer ins Auge fallenden Bezug zur Fragestellung im Einzelfall haben. Sie enthalten sozusagen die „Spielregeln" der GOP-Anwendung.

Die nachfolgende Kommentierung des gesamten Leistungsumfanges der GOP bildet den zentralen Teil des Kommentars. Abschnitt A des Gebührenteils legt fest, für welche Leistungen welche Multiplikatoren anzusetzen sind. In den Abschnitten B und G sind sämtliche für Psychologische Psychotherapeuten und Kinder- und Jugendlichenpsychotherapeuten in Frage kommenden Leistungspositionen aufgeführt und kommentiert, einschließlich der für die Beihilfe geltenden Bestimmungen.

Der Kommentarteil ist in Tabellenform aufgebaut. Der Komplex einer kommentierten Leistung setzt sich zusammen aus

1. Originaltext der Verordnung
2. Bewertung der Leistung mit Punktzahl sowie Einfachsatz, Schwellenwert und Höchstsatz in Euro*
3. Kommentar
4. Hinweisen zur Abrechnung
5. Hinweisen zur Analogabrechnung
6. Hinweisen zur Beihilfefähigkeit

Die Zeilen 4-6 entfallen dann, wenn aus Sicht der Kommentatoren keine besonderen Hinweise zu der Leistung erforderlich sind.

---

* Die Euro-Beträge ergeben sich durch Multiplikation des Punktwertes von 5,82873 Cent (☞ Kommentar zu §5 GOÄ) mit den Punktzahlen der jeweiligen Leistungsposition. Das Ergebnis wird kaufmännisch auf zwei Stellen hinter dem Komma gerundet, wobei nur die dritte Nachkommastelle zu berücksichtigen ist. Bei Ergebnissen von 1, 2, 3 oder 4 bei der dritten Nachkommastelle ist abzurunden und bei Ergebnissen von 5, 6, 7, 8 oder 9 aufzurunden. Die Gebührensätze bei Anwendung des Schwellenwertes und des Höchstsatzes werden durch Multiplikation des Punktwertes von 5,82873 Cent mit der Punktzahl der Leistung und darauf mit dem jeweiligen Faktor (Schwellenwert 2,3-fach oder 1,8-fach, Höchstsatz 3,5-fach oder 2,5-fach) errechnet. Der sich ergebende Betrag ist wie oben angegeben kaufmännisch zu runden. Zu den Begrifflichkeiten ☞ Kommentar zu §5 GOÄ.

Das **Layout** soll die Übersichtlichkeit des Kommentars erhöhen:

- Der Originaltext der Verordnung ist in der Schriftart Arial **fett** gedruckt und dunkelgrau schattiert.

- Die Punktzahlen und Gebührensätze sind ebenfalls in Arial gedruckt und hellgrau schattiert.

- Der Kommentartext und die sonstigen Hinweise sind in der Schriftart Times gedruckt; die in eckigen Klammern stehenden Gliederungsziffern des Kommentars entsprechen den Hinweisziffern, die in eckigen Klammern in den zitierten Originaltext gesetzt wurden. Sie stellen den Bezug zu dem jeweils kommentierten Originaltext her und unterteilen die Kommentierung in Sinnabschnitte.

Das Sachregister, das Literatur- und Abkürzungsverzeichnis vervollständigen den Kommentar.

# Gebührenordnung für Psychologische Psychotherapeuten und Kinder- und Jugendlichenpsychotherapeuten (GOP)

### Vom 8. Juni 2000 (BGBl. I S. 818)

Auf Grund des §9 des Psychotherapeutengesetzes vom 16. Juni 1998 (BGBl. I S. 1311) verordnet das Bundesministerium für Gesundheit:

### §1 (Vergütung entsprechend den Abschnitten B und G der GOÄ)

(1) Die Vergütungen für die beruflichen Leistungen der Psychologischen Psychotherapeuten und der Kinder- und Jugendlichenpsychotherapeuten im Sinne von §1 Abs. 3 Psychotherapeutengesetz richten sich nach der Gebührenordnung für Ärzte in der Fassung der Bekanntmachung vom 9. Februar 1996 (BGBl. I S. 210), geändert durch Artikel 17 des Gesetzes vom 22. Dezember 1999 (BGBl. I S. 2626), soweit nicht durch Bundesgesetz etwas anderes bestimmt ist.

(2) Vergütungen nach Absatz 1 sind nur für Leistungen berechnungsfähig, die in den Abschnitten B und G des Gebührenverzeichnisses der Gebührenordnung für Ärzte aufgeführt sind. §6 Abs. 2 der Gebührenordnung für Ärzte gilt mit der Maßgabe, dass psychotherapeutische Leistungen, die nicht im Gebührenverzeichnis der Gebührenordnung für Ärzte enthalten sind, entsprechend einer nach Art, Kosten- und Zeitaufwand gleichwertigen Leistung der Abschnitte B und G des Gebührenverzeichnisses der Gebührenordnung für Ärzte berechnet werden können.

### §2 (Vergütung in den neuen Bundesländern)

Für Leistungen nach §1, die in dem in Artikel 3 des Einigungsvertrages genannten Gebiet erbracht werden, gilt §1 der Fünften Gebührenanpassungsverordnung vom 18. Dezember 1998 (BGBl. 1 5. 3829) entsprechend.

### §3 (In-Kraft-Treten)

Diese Verordnung tritt am Tage nach der Verkündung[1] in Kraft.
Der Bundesrat hat zugestimmt.

Bonn, den 8. Juni 2000

Die Bundesministerin für Gesundheit
Andrea Fischer

---

[1] Die GOP ist im BGBl. I am 23.06.2000 verkündet worden und damit ab dem 24.06.2000 in Kraft getreten.

# Psychotherapie in der privaten Krankenversicherung

Derzeit verfügen ca. 72 Millionen Bundesbürger über eine gesetzliche Krankenversicherung und ca. 7,2 Millionen Bundesbürger über eine private Krankenvollversicherung[1]. Weitere 7 Millionen Bürger haben ergänzend zur gesetzlichen Krankenversicherung eine oder mehrere private Zusatzversicherungen.

Es verbleiben 3 Millionen Bundesbürger, die weder einen Schutz in der GKV noch in der PKV haben. Sie gehören entweder den eigenen Versorgungssystemen von Bahn und Post an, oder sie erhalten freie Heilfürsorge. Für eine verbleibende Minderheit besteht kein Krankenversicherungsschutz oder er wird von der Sozialhilfe getragen.

Von den 7,2 Millionen Bundesbürgern, die PKV-versichert sind, erhielten etwa 50% den Vollschutz ausschließlich durch die Versicherung in einem Unternehmen der privaten Krankenversicherung, während die anderen 50% insbesondere als Beamte oder Angestellte des öffentlichen Dienstes die sog. Beihilfe des öffentlichen Arbeitgebers nutzten und insofern über den beihilfekonformen Tarif der privaten Krankenversicherung lediglich einen Teilschutz zur Abdeckung des verbleibenden Krankheitskostenrisikos beanspruchten. Rund 91% der Vollversicherten hatten gleichzeitig eine Versicherung für Wahlleistungen (Ein- oder Zweibettzimmer) und Chefarztbehandlung im Krankenhaus abgeschlossen.

Die größte Bedeutung kommt dabei der Versicherung der Wahlleistungen im Krankenhaus und der Krankenhaustagegeldversicherung zu. Bei den Versicherungen gegen Einmalbetrag dominiert die Auslandsreise-Krankenversicherung, die im Jahre 1995 von 21,6 Millionen Personen abgeschlossen worden ist.

Nach In-Kraft-Treten des Gesundheitsreformgesetzes zum 1. Januar 1989 hat die Zahl der von privaten Krankenversicherungsunternehmen abgeschlossenen Verträge zugenommen, da zahlreiche freiwillige Mitglieder der gesetzlichen Krankenkassen aufgrund der mit dem Gesundheitsreformgesetz verbundenen Leistungseinschränkungen entweder gänzlich von der gesetzlichen Krankenversicherung in die private Krankenversicherung gewechselt sind oder aber einen privaten Zusatzversicherungsschutz für bestimmte Leistungsbereiche abgeschlossen haben. Auf die freiwilligen Mitglieder der gesetzlichen Krankenkassen konzentrieren sich im Übrigen die Werbeaktivitäten der privaten Krankenversicherungsunternehmen. Im Jahre 1996 waren 16,0% aller Mitglieder der gesetzlichen Krankenkassen freiwillige Mitglieder, d.h. ihr Jahresarbeitsentgelt überschritt die Versicherungspflichtgrenze, so dass ihnen ein Wechsel in die private Krankenversicherung freistand. Innerhalb der einzelnen Kassenarten der gesetzlichen Krankenversicherung ist der Anteil freiwilliger Mitglieder bei den Angestellten-Ersatzkassen mit Abstand am höchsten.

Der Schritt von der gesetzlichen in die private Krankenversicherung ist für den einzelnen Bürger durchaus mit Risiken verbunden, da eine Rückkehr in die gesetzliche Krankenversicherung praktisch kaum noch möglich ist, was angesichts der zunehmend ungünstiger werdenden Altersstruktur in der privaten Krankenversicherung zu unerwartet hohen Versicherungsbeiträgen im höheren Lebensalter führen kann. Gerade die gut verdienenden jüngeren Alleinstehenden, die noch eine Familie gründen wollen, überlegen sich daher in der Regel sehr genau, ob die vorübergehenden Beitragsentlastungen geeignet sind, die nach einem Wechsel in die private Krankenversicherung zu erwartenden Belastungen nach Familiengründung sowie im mittleren und höheren Lebensalter auszugleichen.

[1] Angaben s. Weber, Chr.: Die gesetzliche und die private Krankenversicherung, in: Behnsen, E., Bell, K., Best, D., Gerlach, H., Schirmer, H.-D., Schmid, R.: Managementhandbuch für die psychotherapeutische Praxis (MHP), Heidelberg 1999

Dem Verband der Privaten Krankenversicherung gehörten zu Beginn des Jahres 2001 52 Mitgliedsunternehmen an. Die Unternehmen unterscheiden sich hinsichtlich ihrer Marktanteile beträchtlich: Die nach Beitragseinnahmen 10 größten Versicherer nehmen mehr als 2/3 der Beiträge aller Versicherer ein.

Abb.1: Rangfolge der 10 größten deutschen privaten Krankenversicherungsunternehmen nach den Beitragseinnahmen in Mio. DM (1999)[2]

| Versicherungsunternehmen | Beitrags-einnahmen |
|---|---|
| 1. DKV | 5.447 |
| 2. Debeka | 5.154 |
| 3. Vereinte | 4.753 |
| 4. Signal | 3.031 |
| 5. Central | 2.020 |
| 6. Bayerische Beamtenkrankenkasse | 1.803 |
| 7. Continentale | 1.801 |
| 8. Barmenia | 1.631 |
| 9. DBV-Winterthur | 1.465 |
| 10. Hallesche Nationale | 1.105 |

Die Erstattung von Leistungen Psychologischer Psychotherapeuten und Kinder- und Jugendlichenpsychotherapeuten in der privaten Krankenversicherung sind auch nach dem In-Kraft-Treten des Psychotherapeutengesetzes am 1. Januar 1999 noch keine Selbstverständlichkeit.[3]

Im Kern sieht das Psychotherapeutengesetz eine berufs- und sozialrechtliche Gleichstellung der akademischen Heilberufe „Psychologische(r) Psychotherapeut(in)" und „Kinder- und Jugendlichenpsychotherapeut(in)" mit dem Arztberuf vor. Nur knapp die Hälfte der privaten Versicherungen hat bisher ihre Allgemeinen Versicherungsbedingungen entsprechend angepasst. Die Versicherungen, die ihre AVB geändert haben, fordern als Voraussetzung für die Anerkennung in der Regel den Nachweis der Fachkunde in einem der sog. Richtlinienverfahren durch den Eintrag ins Arzt- bzw. Psychotherapeutenregister einer Kassenärztlichen Vereinigung und ggf. darüber hinaus die Niederlassung in eigener Praxis.

Manche Versicherungen haben zwar ihre Tarifbedingungen, nicht jedoch ihre AVB geändert, wieder andere erkennen Psychotherapie lediglich als Kulanzleistung im Einzelfall an.

Einige wenige Versicherungen bestehen noch auf dem früheren, durch das Psychotherapeutengesetz abgeschafften Delegationsprinzip, wonach ein „Kostenzuschuss" gewährt wird, wenn die Behandlung „fachärztlich begleitet" wird. Noch drei Versicherungen schließen Leistungen von Psychologischen Psychotherapeuten oder Kinder- und Jugendlichenpsychotherapeuten – auch als Kulanzleistung – explizit aus. Ob dies rechtlich haltbar ist, ist zum jetzigen Zeitpunkt noch nicht abschließend geklärt: So vertritt das Landgericht Hamburg die Auffassung, dass sich bei einer

---

2 Zahlenangaben nach Surminski, A.: Die PKV im Jahre 1999, in: Zeitschrift für das Versicherungswesen Nr. 20 vom 15.10.2000
3 Angaben nach: Vereinigung der Kassenpsychotherapeuten: Anleitung und Antragstellung - Privatbehandlung, Ludwigshafen 2000.

Klausel einer PKV, nach der Psychotherapie nur als Leistung von Ärzten erstattungsfähig ist, „um eine Einschränkung bzw. Modifikation des Hauptleistungsversprechens, bei medizinisch notwendiger Heilbehandlung Versicherungsschutz zu gewähren, handelt." (Az 332 O 82/01). Der Versicherungsnehmer werde durch die dargelegte Leistungsbeschränkung unangemessen in einer gegen Treu und Glauben verstoßenden Weise benachteiligt, weil die Versicherung mit ihrer Klausel „ausgerechnet eine Durchführung der Psychotherapie durch die Angehörigen der Berufe Psychologischer Psychotherapeut und Kinder- und Jugendlichenpsychotherapeut ausschließt, obwohl gerade diese Berufe explizit für die Behandlung psychischer Krankheiten zuständig sind."

Zu einem Urteil des Bundesgerichtshofes von 1991, das damals die Sachlage anders beurteilt hatte, führt das Landgericht Hamburg aus:

„Da diese Entscheidung vor In-Kraft-Treten des PsychThG ergangen ist, haben sich die tatsächlichen Verhältnisse seit der Entscheidung gravierend verändert, mit der Folge, dass es zum jetzigen Zeitpunkt für die Frage der unangemessenen Benachteiligung nicht entscheidend darauf ankommt, ob durch die Leistungsbeschränkung der Versicherungsschutz ausgehöhlt wird. Da der Gesetzgeber mit dem PsychThG vielmehr eindeutig zum Ausdruck gebracht hat, dass psychotherapeutische Behandlungen nicht nur von entsprechend ausgebildeten Ärzten, sondern gleichberechtigt von Psychologischen Psychotherapeuten und Kinder- und Jugendlichenpsychotherapeuten durchgeführt werden sollen, wird der Versicherungsnehmer aus den dargelegten Gründen bereits dadurch unangemessen benachteiligt, dass ihm der Zugang zu dieser gleichberechtigten und im Vergleich zu den ärztlichen Therapeuten deutlich größeren Zahl von Behandlern versperrt ist."

Einige Versicherungen haben Spartarife eingeführt, bei denen ambulante Psychotherapie aus dem Leistungskatalog völlig ausgeschlossen ist. In der Regel sind solche Tarife für die Versicherung wirtschaftlich erfolgreich. Eine Versicherung erwirtschaftet mit ihrem „Elementar-Tarif" inzwischen mehr als die Hälfte ihres Umsatzes.

Bei der Frage, welche weiteren Voraussetzungen an die Erstattung psychotherapeutischer Leistungen in der PKV geknüpft werden, zeigt sich auch hier ein sehr unterschiedliches Bild:

• Einige Versicherungen fordern ein gesondertes, einer Psychotherapie verpflichtend vorgeschaltetes Antrags- und Genehmigungsverfahren, andere verzichten darauf.
• Einige Versicherungen halten sich an ein formalisiertes Gutachterverfahren. Danach wird jede Psychotherapie, die ein bestimmtes Sitzungskontingent überschreitet oder bei der Zweifel an ihrer Zweckmäßigkeit bestehen, gutachterlich geprüft.
• Vorwiegend kleinere Unternehmen beauftragen einen sog. Beratungsarzt mit der Beurteilung eines Antrags.
• Eher die größeren Unternehmen beschäftigen psychotherapeutisch weitergebildete Ärzte als interne Gutachter. Während in den Psychotherapie-Richtlinien für den Bereich der GKV geregelt ist, dass Psychologische Psychotherapeuten und Kinder- und Jugendlichenpsychotherapeuten neben Ärzten als Gutachter tätig sind, verlassen sich die Unternehmen der PKV bisher noch ausschließlich auf ärztlichen Sachverstand.
• Kaum eine der Versicherungen verfügt bei Leistungsabsagen über ein vorgeschriebenes und formalisiertes Widerspruchsverfahren analog zu den Psychotherapie-Richtlinien im Bereich der GKV. Bei Einsprüchen gegen ablehnende Bescheide wird – meist ohne eine stichhaltige Begründung – auf das Urteil des beratenden Arztes verwiesen. Da die Zweitbegutachtung unüblich ist, bleibt einem Versicherten nur der Klageweg. Demgegenüber ist dem institutionalisierten, Behandler und Patienten gerecht werdenden Gutachterverfahren in der GKV eindeutig der Vorzug zu geben.

- Dies betrifft auch den Datenschutz, der beim gutachterlichen Beurteilungsverfahren in der GKV hohen Anforderungen genügt. Zwischen den detaillierten persönlichen Informationen über den Patienten (die nur der Gutachter erhält) und rein formalen Angaben an die Krankenkasse wird strikt getrennt. Darüber hinaus erhält der Gutachter alle Informationen über den Patienten nur in verschlüsselter Form. In der PKV, zumindest bei kleineren Unternehmen, ist es dagegen üblich, dass Briefe, Stellungnahmen und Berichte des Behandlers in offener Form direkt an den Sachbearbeiter gelangen.
- Der Leistungsumfang ist je nach Versicherung und Tarif sehr unterschiedlich. Da Psychotherapie anscheinend zu den besonders schwer kalkulierbaren Leistungsbereichen gerechnet wird, legen die meisten Versicherungen Höchstgrenzen fest: entweder in der Sitzungsanzahl pro Jahr, im Gesamthonorar für Psychotherapie pro Jahr oder in der Beschränkung des Stundenhonorars. Aus diesen Gründen sollte Privatpatienten in deren eigenem Interesse empfohlen werden, sich über den Tarif kundig zu machen und im Zweifelsfall sich eine schriftliche Leistungszusage der Versicherung geben zu lassen.

Kritisch ist der Umstand zu werten, dass eine psychotherapeutische Vorbehandlung – gleich wegen welcher Diagnose und mit welchem Behandlungsumfang – den Wechsel zu einer privaten Krankenversicherung fast unmöglich macht. Im besten Fall ist ein hoher Risikozuschlag zu erwarten, im Regelfall aber wird ein Vertrag von Seiten der Versicherung abgelehnt. Wohl wird aus der Tatsache einer früher durchgeführten Psychotherapie automatisch auf ein hohes Kostenrisiko geschlossen. Ohne empirisch belegte Zusammenhänge zwischen psychischen Vorerkrankungen und Folgekosten wird dies dem großen Spektrum psychischer Krankheiten und Störungen von passageren psychischen Störungen bis hin zum chronifizierten psychiatrischen Krankheitsbild jedoch nicht gerecht.

Gleichgültig, wie das Erstattungsverhalten einer Versicherung ist, es sollte jedem Therapeuten bewusst sein, dass ein Behandlungsvertrag nur zwischen ihm und dem Patienten besteht. Der Therapeut ist nicht an den Versicherungsvertrag, den der Patient mit seiner Versicherung geschlossen hat, gebunden. Es liegt somit am Patienten, sich bei seiner Versicherung zu erkundigen, ob und in welcher Höhe Psychotherapie erstattet wird.

Am besten wird schon zu Beginn der Behandlung ein schriftlicher Behandlungsvertrag abgeschlossen. Ein Behandlungsvertrag kommt mit dem Beginn der Behandlung zustande, auch wenn kein förmlicher Vertrag geschlossen wurde. Es handelt sich um einen Dienstvertrag i. S. des BGB §683, d.h. der Behandler schuldet die sachgerechte Behandlung, jedoch nicht den Behandlungserfolg.[4] Dieser Behandlungsvertrag sollte einen Hinweis der folgenden Art enthalten:

*„......Sind Sie privat versichert, erkundigen Sie sich bitte selbst bei Ihrer Versicherung über deren Bedingungen bei Psychotherapie. Nicht bei jeder Versicherung und bei jedem Tarif werden die Kosten vollständig übernommen, so dass eventuell Zuzahlungen notwendig sind. Mein Honorar richtet sich nach den in der Gebührenordnung für Psychotherapeuten (GOP) festgelegten Sätzen.“*

Außerdem sollte der Vertrag eine Regelung für Honorarausfälle enthalten, die durch nicht rechtzeitige Absagen des Patienten verursacht werden, und zwar die Frist für die Terminabsage und die Höhe des Ausfallhonorars. Es sollte niedriger angesetzt werden als das entgangene Honorar, da in der Rechtsprechung in der Regel Abschläge vorgenommen werden. Ein zusätzlicher Passus sollte etwa folgendermaßen lauten:

*„Bitte teilen Sie mir Terminabsagen möglichst frühzeitig mit. Mit der Terminvereinbarung ist für Sie Praxiszeit reserviert. Zeit, in der auch Kosten entstehen. In einer Bestellpraxis ist es in der*

---

[4] Mustervertrag s. Behnsen, Bell, Best, Gerlach, Schirmer, Schmid: Managementhandbuch für die psychotherapeutische Praxis (MHP), Heidelberg 1999, 2. Ergänzungslieferung. S. a.: Joisten, H., Halbe, B.: Der Therapievertrag - ein Dienstvertrag, Psychotherapeutische Praxis, Heft 1/2001.

*Regel nicht möglich, kurzfristig ausgefallene Termine zu ersetzen. Der Termin kann nicht kurzfristig an einen anderen Patienten vergeben werden und andere Einnahmen sind in dieser Zeit meist nicht möglich. Bei kurzfristigen Absagen muss ich Ihnen das entgangene Honorar in Rechnung stellen. Dabei wären Sie selber zahlungspflichtig, Ihre Krankenversicherung oder Beihilfe zahlt dies nicht.*

*Ausgenommen von Ihrer Zahlungspflicht ist nur der Fall, dass Ihnen eine akute Erkrankung die Terminabsage unmöglich macht. Dies ist durch ein ärztliches Attest zu belegen."*

# Psychotherapie in der Beihilfe

Die Beihilfe ist eine eigenständige beamten- und soldatenrechtliche Kranken- und Pflegefürsorge, die der Versicherungsfreiheit der Beamten und Soldaten Rechnung trägt. Sie ist neben der gesetzlichen und privaten Krankenversicherung das dritte große Krankenversorgungssystem in der Bundesrepublik Deutschland mit ca. 6 Mio. beihilfeberechtigten Personen. Beihilfeberechtigt sind Beamte sowie Arbeiter und Angestellte des öffentlichen Dienstes und deren Familienangehörige.[1]

Nach §79 Bundesbeamtengesetz (BBG) ist der Dienstherr verpflichtet, im Rahmen seines Dienst- und Treueverhältnisses für das Wohl der Beamten und ihrer Familien zu sorgen. Diese Fürsorge erstreckt sich auch auf die Zeit nach dem Ausscheiden aus dem Dienst. Die Landesbeamtengesetze enthalten entsprechende Vorschriften.

Die „Allgemeine Verwaltungsvorschrift für Beihilfen in Krankheits-, Pflege-, Geburts- und Todesfällen" (kurz: „Beihilfevorschriften") ist eine Verwaltungsvorschrift, in der alles Nähere über den beihilfeberechtigten Personenkreis, beihilfeberechtigte Leistungen, Erstattungen, Antrags- und Genehmigungsverfahren geregelt ist.

„Die Beihilfevorschriften sind Ausfluss der grundgesetzlich verankerten Fürsorgepflicht des Dienstherrn. Auf die Gewährung der vorschriftsmäßigen Beihilfe besteht ein Rechtsanspruch."[2]

Beihilfefähig sind nur notwendige Aufwendungen angemessenen Umfangs, wobei als angemessen die Arzt- oder Psychotherapeutenhonorare im Rahmen der üblichen Gebührenhöhe gelten. Die Anerkennung der Beihilfefähigkeit durch die Festsetzungsstelle ist Voraussetzung für die Erstattung. So wird mit dem Einreichen der Rechnungen bei der Beihilfestelle gleichzeitig ein Antragsformular eingereicht.

Beihilfe wird nur dann gewährt, wenn keine vorrangigen Ansprüche auf Krankenversorgung oder Kostenerstattung bei anderen Versicherungsträgern bestehen. Nach den Beihilfevorschriften des Bundes beträgt der Bemessungssatz für Beihilfeberechtigte 50% (bei zwei und mehr Kindern 70%), für Versorgungsempfänger und berücksichtigungsfähige Ehegatten 70% und für Kinder 80%. Für den verbleibenden Rest hat der Beamte aus den Dienstbezügen selbst Vorsorge zu treffen. Hier kommen private Krankenversicherungen in Betracht, weil diese auf die Beihilfe abgestellte Prozenttarife anbieten. Insgesamt dürfen die Erstattungen 100% der Aufwendungen nicht übersteigen.

Weil auf Beihilfe ein Rechtsanspruch besteht, kann bei ablehnenden Bescheiden auch der Klageweg gegangen werden. In diesem Fall wird zunächst Widerspruch innerhalb eines Monats nach Zustellung des Entscheids eingelegt. Weist die Beihilfestelle den Widerspruch zurück, entscheidet die zuständige oberste Dienstbehörde. Bleibt der Widerspruch weiterhin erfolglos, wäre der nächste Schritt eine Klage vor dem Verwaltungsgericht.

Die förmliche Anpassung des Beihilferechts des Bundes und der Länder an das Psychotherapeutengesetz erfolgte am 20. Februar 2001 mit der Fünfundzwanzigsten allgemeinen Verwaltungsvorschrift zur Änderung der Beihilfevorschriften, veröffentlicht im GMBl Nr. 10/2001 am 28.02.2001.

Bis zu dieser Änderung der Anlage 1 zu §6 Abs. 1 Nr. 1 der Beihilfevorschriften waren in einer Reihe von Rundschreiben des Bundesministeriums des Innern an die obersten Bundes- und die für das Beihilferecht zuständigen obersten Landesbehörden Übergangslösungen bekannt gegeben worden. Der erste Schritt war die Streichung der Passagen, die das Delegationsverfahren bein-

---

1  Best, D.: Beihilfevorschriften, in: Behnsen, Bell, Best, Gerlach, Schirmer: Managementhandbuch für die psychotherapeutische Praxis (MHP), Heidelberg 1999, 5. Ergänzungslieferung.

2  Schröder, G., Nitze, G.: Taschenlexikon des neuen Beihilferechts, Regensburg 1999

halteten (Rundschreiben vom 22. Dezember 1998). Wie auch im Bereich der gesetzlichen Krankenversicherung vorgeschrieben, wurde ein Konsiliarverfahren zur Abklärung einer somatischen Krankheit eingerichtet.

In einem weiteren Schritt entfiel die bisherige Beschränkung der Gebührenhöhe bei Behandlungen durch Psychologische Psychotherapeuten und Kinder- und Jugendlichenpsychotherapeuten. Die Anpassung an die GOÄ-üblichen Sätze war mit dem In-Kraft-Treten der Gebührenordnung für Psychologische Psychotherapeuten und Kinder- und Jugendlichenpsychotherapeuten (GOP) am 24. Juni 2000 notwendig geworden (Rundschreiben vom 27. Juni 2000). Des Weiteren wurde darauf hingewiesen, dass – entsprechend der GOP – weitere Gebühren der Abschnitte B und G der GOÄ berechnungsfähig sind. Dies sind im Wesentlichen die auch von Ärzten berechnungsfähigen Grundleistungen für Berichte und konsiliarische Abklärungen sowie weitere Gesprächsleistungen des Abschnitts G.

Im allgemeinen Teil wird die Beihilfefähigkeit von Aufwendungen für psychotherapeutische Leistungen auf „wissenschaftlich anerkannte Verfahren nach den Abschnitte B und G der GOÄ" eingegrenzt.

Die Änderung der Beihilfevorschriften enthält nicht nur die förmliche Anpassung an das Psychotherapeutengesetz und die GOP, sondern darüber hinaus einige weitere Änderungen. Die wesentlichsten sind:

- Die Sitzungskontingente für die Behandlung von Kindern und Jugendlichen mit tiefenpsychologisch fundierter oder analytischer Psychotherapie und mit Verhaltenstherapie wurden z. T. geändert (s. Tabellen unten).
- Bei der Behandlung von Kindern und Jugendlichen wird die Möglichkeit zusätzlicher Sitzungen für die begleitende Behandlung von Bezugspersonen eingeräumt. Analog zu den Bestimmungen der Psychotherapie-Richtlinien können diese Sitzungen bis zu einem Verhältnis von 1 zu 4 zusätzlich durchgeführt werden.
- Hervorgehoben wird, dass die biografische Anamnese (Nr. 860 der GOÄ/GOP) und höchstens 5 probatorische Sitzungen auch dann beihilfefähig sind, wenn sich keine Psychotherapie anschließt.
- Bei den nicht beihilfefähigen Behandlungsverfahren wird nun auch zusätzlich die „neuropsychologische Behandlung" aufgeführt.
- Die bisher noch geltende Einschränkung der Indikationsbereiche für die Verhaltenstherapie wird aufgehoben. Die Indikationsbereiche werden denen der anderen Verfahren angeglichen (☛ Abschnitt 2.2 der Fünfundzwanzigsten allgemeinen Verwaltungsvorschrift zur Änderung der Beihilfevorschriften vom 25. Feb. 2001, die im vorliegenden Kommentar abgedruckt ist).
- Die wesentlichsten Änderungen betreffen die Qualifikationen der Behandler. Hier wird dem Grundsatz der Gleichbehandlung der Psychologischen Psychotherapeuten und der Kinder- und Jugendlichenpsychotherapeuten mit den Ärzten insofern Rechnung getragen, als die Fachkunde in einem der drei sog. Richtlinienverfahren der Maßstab ist. Dabei spielt es keine Rolle, ob der Nachweis über die Übergangsregelungen des Psychotherapeutengesetzes (§12) oder über die reguläre Ausbildung nach der Ausbildungs- und Prüfungsverordnung erbracht wurde (§2). ☛ Abschnitt 2.4.31 und 2.4.3.2 der Fünfundzwanzigsten allgemeinen Verwaltungsvorschrift zur Änderung der Beihilfevorschriften.

Die Qualifikation für die Behandlung von Kindern und Jugendlichen ist, sofern die Behandlung nicht durch einen Facharzt für Kinder- und Jugendpsychiatrie und -psychotherapie oder durch einen Kinder- und Jugendlichenpsychotherapeuten erfolgt, durch eine entsprechende Berechtigung einer Kassenärztlichen Vereinigung nachzuweisen (☛ Abschnitt 2.4.4 der Fünfundzwanzigsten allgemeinen Verwaltungsvorschrift zur Änderung der Beihilfevorschriften)[3].

---

[3]  Die qualitativen Voraussetzungen für diese sog. „Abrechnungsgenehmigung" einer KV sind in den Psychotherapievereinbarungen geregelt (§5 für Ärzte, §6 für Psychologische Psychotherapeuten, §7 für Kinder- und Jugendlichenpsychotherapeuten).

Die fachliche Befähigung für Gruppenbehandlungen ist, sofern die Behandlung nicht durch einen Facharzt für Psychotherapeutische Medizin erfolgt, durch eine entsprechende Berechtigung einer Kassenärztlichen Vereinigung nachzuweisen.

Wird die Psychotherapie (Nrn. 860 ff) durch einen ärztlichen Psychotherapeuten durchgeführt, muss dieser Facharzt für Psychotherapeutische Medizin, Facharzt für Psychiatrie und Psychotherapie, Facharzt für Kinder- und Jugendpsychiatrie und -psychotherapie oder Arzt mit der Bereichs- oder Zusatzbezeichnung „Psychotherapie" oder „Psychoanalyse" sein. Ein Facharzt für Psychotherapeutische Medizin oder für Psychiatrie und Psychotherapie oder Kinder- und Jugendpsychiatrie und -psychotherapie sowie ein Arzt mit der Bereichsbezeichnung „Psychotherapie" kann nur tiefenpsychologisch fundierte Psychotherapie (Nummern 860 bis 862 des Gebührenverzeichnisses der GOÄ) erbringen. Ein Arzt mit der Bereichs- oder Zusatzbezeichnung „Psychoanalyse" oder mit der vor dem 1. April 1984 verliehenen Bereichsbezeichnung „Psychotherapie" kann auch analytische Psychotherapie (Nummern 863, 864 des Gebührenverzeichnisses der GOÄ) erbringen.

Nicht erfüllt hat sich die Hoffnung, die Beihilfefähigkeit der Leistung nach der Nr. 849 („Psychotherapeutische Behandlung bei psychoreaktiven, psychosomatischen oder neurotischen Störungen") auch für Psychologische Psychotherapeuten und Kinder- und Jugendlichenpsychotherapeuten zu eröffnen. In einem Rundschreiben des Bundesministeriums des Innern an die Beihilfen vom 27.06.2000 war dies vorübergehend eingeräumt worden (s.a. Kommentar zu Nr. 849).

In der Beihilfe gilt ein gesondertes Antrags- und Genehmigungsverfahren, das in der Anlage 1 zu §6 Abs. 1 Nr. 1 der Beihilfevorschriften festgelegt ist. Demnach sind ambulante psychotherapeutische Aufwendungen – neben dem Vorliegen einer seelischen Krankheit nach dem Indikationskatalog und den fachlichen Voraussetzungen des Behandlers – dann beihilfefähig, wenn die Festsetzungsstelle vor Beginn der Behandlung die Beihilfefähigkeit der Aufwendungen aufgrund der Stellungnahme eines vertrauensärztlichen Gutachters zur Notwendigkeit und zu Art und Umfang der Behandlung anerkannt hat.

Vor der Antragstellung können (für alle drei Richtlinienverfahren gleichermaßen) bis zu 5 probatorische Sitzungen und die Erhebung der biografischen Anamnese vorausgehen.[4] Nachdem die Indikation für eine Psychotherapie gestellt worden ist, beantragt der beihilfeberechtigte Patient bei der zuständigen Beihilfestelle die Beihilfefähigkeit der beabsichtigten Behandlung mittels der von der Beihilfestelle zur Verfügung gestellten Formblätter. Der Behandler ergänzt diesen Antrag um einige weitere Angaben. Der beihilfeberechtigte Patient erhält dann einen zustimmenden oder ablehnenden Bescheid von seiner zuständigen Beihilfestelle.

Im Unterschied zur tiefenpsychologisch fundierten und analytischen Psychotherapie können in der Verhaltenstherapie bis zu 10 Sitzungen Einzeltherapie zu je 50 Min. oder bis zu 20 Sitzungen Gruppentherapie zu je 100 Min. ohne Gutachterverfahren durchgeführt werden. In der Antragstellung muss begründet werden, dass diese Kontingente voraussichtlich ausreichend sind. Sind weitere Sitzungen erforderlich, ist ein gutachterpflichtiger Antrag zu stellen.

Analog zur Psychotherapie in der GKV nach den Maßgaben der Psychotherapie-Richtlinien sind auch in der Beihilfe längere Psychotherapien in Bewilligungsschritte aufgeteilt. Jeder Bewilligungsschritt erfordert eine erneute gutachtliche Beurteilung.

---

[4] Das BMI vertrat hierzu bisher die (nicht sachgerechte) Auffassung, dass in der Verhaltenstherapie die Erhebung der biografischen Anamnese nicht nach Ziffer 860 GOÄ abrechenbar ist. Der Umstand ergebe sich insbesondere aus dem Wortlaut der Ziffer 860 GOÄ, worin die Verhaltenstherapie keine Erwähnung findet.

# Bewilligungsschritte in der Beihilfe
# (in Klammern kumulierte Sitzungskontingente)

**Tiefenpsychologisch fundierte Psychotherapie, Erwachsene:**

|  | Einzel (50 Min.) Erwachsene | Gruppe (100 Min.) Erwachsene |
|---|---|---|
| Probatorische Sitzungen | 5 | 5 |
| 1. Bewilligungsschritt | 50 | 40 |
| 2. Bewilligungsschritt | 30 (80) | 20 (60) |
| 3. Bewilligungsschritt | 20 (100) | 20 (80) |

**Analytische Psychotherapie, Erwachsene:**

|  | Einzel (50 Min.) Erwachsene | Gruppe (100 Min.) Erwachsene |
|---|---|---|
| Probatorische Sitzungen | 5 | 5 |
| 1. Bewilligungsschritt | 80 | 40 |
| 2. Bewilligungsschritt | 80 (160) | 40 (80) |
| 3. Bewilligungsschritt | 80 (240) | 40 (120) |

**Tiefenpsychologisch fundierte oder analytische Psychotherapie, Kinder:**

|  | Einzel (50 Min.) Kinder | Gruppe (100 Min.) Kinder |
|---|---|---|
| Probatorische Sitzungen | 5 | 5 |
| 1. Bewilligungsschritt | 70 | 40 |
| 2. Bewilligungsschritt | 50 (120) | 20 (60) |
| 3. Bewilligungsschritt (Ausnahmefall) | 30 (150) | 15 (75) |

In „medizinisch besonders begründeten Einzelfällen" kann eine weitere begrenzte Behandlungsdauer anerkannt werden.

Im Verhältnis von 1 zu 4 können Bezugspersonen begleitend behandelt werden. Bei Vermehrung der Begleittherapie sind die Leistungen bei den Leistungen für das Kind abzuziehen.

**Tiefenpsychologisch fundierte oder analytische Psychotherapie, Jugendliche:**

|  | Einzel (50 Min.) Jugendliche | Gruppe (100 Min.) Jugendliche |
|---|---|---|
| Probatorische Sitzungen | 5 (5) | 5 |
| 1. Bewilligungsschritt | 70 | 40 |
| 2. Bewilligungsschritt | 60 (130) | 30 (70) |
| 3. Bewilligungsschritt (Ausnahmefall) | 50 (180) | 20 (90) |

In „medizinisch besonders begründeten Einzelfällen" kann eine weitere begrenzte Behandlungsdauer anerkannt werden.

Im Verhältnis von 1 zu 4 können Bezugspersonen begleitend behandelt werden. Bei Vermehrung der Begleittherapie sind die Leistungen bei den Leistungen für den Jugendlichen abzuziehen.

**Verhaltenstherapie, Erwachsene:**

|  | Einzel (50 Min.) Erwachsene | Gruppe (100 Min.) Erwachsene |
|---|---|---|
| Probatorische Sitzungen | 5 | 5 |
| 1. Bewilligungsschritt | 40  *45* | 40 |
| 2. Bewilligungsschritt | 40 (80)  *15* | 40 (80) |

*20*

**Verhaltenstherapie, Kinder und Jugendliche:**

|  | Einzel (50 Min.) Kinder und Jugendliche | Gruppe (100 Min.) Kinder und Jugendliche |
|---|---|---|
| Probatorische Sitzungen | 5 | 5 |
| 1. Bewilligungsschritt | 50 | 40 |
| 2. Bewilligungsschritt | 40 (90) | 40 (80) |

In der Verhaltenstherapie sind Sitzungen für die begleitende Behandlung von Bezugspersonen im Kontingent für die Behandlung des Patienten enthalten.

Bei der Frage, welche Gebührenziffern von der Beihilfe anerkannt werden, wenn sie von Psychologischen Psychotherapeuten oder von Kinder- und Jugendlichenpsychotherapeuten abgerechnet werden, gibt ein Rundschreiben des BMI vom 27.06.2000 Auskunft (veröffentlicht im GMBl. 2000, Seite 466).

„Dabei dürfte es sich insbesondere um folgende Gebührenziffern handeln:

Abschnitt B der GOA: 1, 3, 4, 34, 60, 70 (ausgenommen Dienst- bzw. Arbeitsunfähigkeitsbescheinigungen), 75, 80, 85, 95

Abschnitt G der GOA: 808, 835, 845, 846, 847, 849, 855, 856, 857, 860, 861 862, 863, 864, 865, 870, 871"

Die hier erwähnte Nr. 849 (Psychotherapeutische Behandlung bei psychoreaktiven, psychosomatischen oder neurotischen Störungen, Dauer mindestens 20 Minuten) wurde in einem späteren Rundschreiben (vom 7. November 2000, GMBl. S. 1118) wieder gestrichen, so dass diese wichtige Leistung außerhalb einer antragspflichtigen Therapie von der Beihilfe nicht erstattet wird, wenn sie von einem Psychologischen Psychotherapeuten oder einem Kinder- und Jugendlichenpsychotherapeuten erbracht wurde. Dies heißt jedoch nicht, dass die Leistung dem Patienten gegenüber nicht berechnet werden kann (☞ §1 Nr. 3.3).

# Fünfundzwanzigste allgemeine Verwaltungsvorschrift zur Änderung der Beihilfevorschriften

## Vom 28. Februar 2001

### Anlage 1 zu §6 Abs. 1 Nr. 1 der Beihilfevorschriften[1]

Ambulant durchgeführte psychotherapeutische Behandlungen und Maßnahmen der psychosomatischen Grundversorgung

**1. Allgemeines**

1.1 Im Rahmen des §6 Abs. 1 Nr. 1 BhV sind Aufwendungen für ambulante psychotherapeutische Leistungen mittels wissenschaftlich anerkannter Verfahren nach den Abschnitten B und G des Gebührenverzeichnisses für ärztliche Leistungen der Gebührenordnung für Ärzte (GOÄ) nach Maßgabe der folgenden Nummern 2 bis 4 beihilfefähig.

Die Beihilfefähigkeit von Aufwendungen für psychotherapeutische Behandlungen im Rahmen einer stationären Krankenhaus- oder Sanatoriumsbehandlung wird hierdurch nicht eingeschränkt.

1.2 Zur Ausübung von Psychotherapie gehören nicht psychologische Tätigkeiten, die die Aufarbeitung und Überwindung sozialer Konflikte oder sonstige Zwecke außerhalb der Heilkunde zum Gegenstand haben. Deshalb sind Aufwendungen für Behandlungen, die zur schulischen, beruflichen oder sozialen Anpassung (z.B. zur Berufsförderung oder zur Erziehungsberatung) bestimmt sind, nicht beihilfefähig.

1.3 Gleichzeitige Behandlungen nach den Nummern 2, 3 und 4 schließen sich aus.

**2. Tiefenpsychologisch fundierte und analytische Psychotherapie**

2.1 Aufwendungen für psychotherapeutische Behandlungen der tiefenpsychologisch fundierten und der analytischen Psychotherapie nach den Nummern 860 bis 865 des Gebührenverzeichnisses der GOÄ sind nur dann beihilfefähig, wenn

– die vorgenommene Tätigkeit der Feststellung, Heilung oder Linderung von Störungen mit Krankheitswert, bei denen Psychotherapie indiziert ist, dient und

– beim Patienten nach Erhebung der biographischen Anamnese, gegebenenfalls nach höchstens fünf probatorischen Sitzungen, die Voraussetzungen für einen Behandlungserfolg gegeben sind und

– die Festsetzungsstelle vor Beginn der Behandlung die Beihilfefähigkeit der Aufwendungen aufgrund der Stellungnahme eines vertrauensärztlichen Gutachters zur Notwendigkeit und zu Art und Umfang der Behandlung anerkannt hat.

Die Aufwendungen für die biographische Anamnese (Nummer 860 des Gebührenverzeichnisses der GOÄ) und höchstens fünf probatorische Sitzungen sind beihilfefähig. Dies gilt auch dann, wenn sich eine psychotherapeutische Behandlung als nicht notwendig erweist.

---

[1] GMBI S.186

2.2 Indikationen zur Anwendung tiefenpsychologisch fundierter und analytischer Psychotherapie sind nur:
- psychoneurotische Störungen (z.B. Angstneurosen, Phobien, neurotische Depressionen, Konversionsneurosen),
- vegetativ-funktionelle und psychosomatische Störungen mit gesicherter psychischer Ätiologie,
- Abhängigkeit von Alkohol, Drogen oder Medikamenten nach vorangegangener Entgiftungsbehandlung, das heißt im Stadium der Entwöhnung unter Abstinenz,
- seelische Behinderung aufgrund frühkindlicher emotionaler Mangelzustände, in Ausnahmefällen seelische Behinderungen, die im Zusammenhang mit frühkindlichen körperlichen Schädigungen oder Missbildungen stehen,
- seelische Behinderung als Folge schwerer chronischer Krankheitsverläufe, sofern sie noch einen Ansatz für die Anwendung von Psychotherapie bietet (z.B. chronisch verlaufende rheumatische Erkrankungen, spezielle Formen der Psychosen),
- seelische Behinderung aufgrund extremer Situationen, die eine schwere Beeinträchtigung der Persönlichkeit zur Folge hatten (z.B. schicksalhafte psychische Traumen),
- seelische Behinderung als Folge psychotischer Erkrankungen, die einen Ansatz für spezifische psychotherapeutische Interventionen erkennen lassen.

2.3 Die Aufwendungen für eine Behandlung sind je Krankheitsfall nur in folgendem Umfang beihilfefähig:

2.3.1 bei tiefenpsychologisch fundierter Psychotherapie 50 Stunden, bei Gruppenbehandlung 40 Doppelstunden, darüber hinaus in besonderen Fällen nach einer erneuten eingehenden Begründung des Therapeuten und der vorherigen Anerkennung entsprechend Nummer 2.1 weitere 30 Stunden, bei Gruppenbehandlung weitere 20 Doppelstunden. Zeigt sich bei der Therapie, dass das Behandlungsziel innerhalb der Stundenzahl nicht erreicht wird, kann in medizinisch besonders begründeten Einzelfällen eine weitere begrenzte Behandlungsdauer von höchstens 20 Sitzungen anerkannt werden. Voraussetzung für die Anerkennung ist das Vorliegen einer Erkrankung nach Nummer 2.2, die nach ihrer besonderen Symptomatik und Struktur eine besondere tiefenpsychologisch fundierte Bearbeitung erfordert und eine hinreichende Prognose über das Erreichen des Behandlungsziels erlaubt. Die Anerkennung, die erst im letzten Behandlungsabschnitt erfolgen darf, erfordert eine Stellungnahme eines vertrauensärztlichen Gutachters;

2.3.2 bei analytischer Psychotherapie 80 Stunden, bei Gruppenbehandlung 40 Doppelstunden, darüber hinaus nach jeweils einer erneuten eingehenden Begründung des Therapeuten und der vorherigen Anerkennung entsprechend Nummer 2.1 weitere 80 Stunden, bei Gruppenbehandlung weitere 40 Doppelstunden, in besonderen Ausnahmefällen nochmals weitere 80 Stunden, bei Gruppenbehandlung weitere 40 Doppelstunden. Zeigt sich bei der Therapie, dass das Behandlungsziel innerhalb der Stundenzahl noch nicht erreicht wird, kann in medizinisch besonders begründeten Einzelfällen eine weitere begrenzte Behandlungsdauer anerkannt werden. Voraussetzung für die Anerkennung ist das Vorliegen einer Erkrankung nach Nummer 2.2, die nach ihrer besonderen Symptomatik und Struktur eine besondere analytische Bearbeitung erfordert und eine hinreichende Prognose über das Erreichen des Behandlungsziels erlaubt. Die Anerkennung, die erst im letzten Behandlungsabschnitt erfolgen darf, erfordert eine Stellungnahme eines vertrauensärztlichen Gutachters;

2.3.3 bei tiefenpsychologisch fundierter oder analytischer Psychotherapie von Kindern 70 Stunden, bei Gruppenbehandlung 40 Doppelstunden, darüber hinaus nach einer erneuten eingehenden Begründung des Therapeuten und der vorherigen Anerkennung entsprechend Nummer 2.1, weitere 50 Stunden, bei Gruppenbehandlung weitere 20 Doppelstunden; in besonderen Ausnahmefällen nochmals weitere 30 Stunden, bei Gruppenbehandlung weitere 15 Doppelstunden. Zeigt sich bei der Therapie, dass das Behandlungsziel innerhalb der Stundenzahl noch nicht erreicht wird, kann in medizinisch besonders begründeten Einzelfällen eine weitere begrenzte Behandlungsdauer anerkannt werden. Voraussetzung für die Anerkennung ist das Vorliegen einer Erkrankung nach Nummer 2.2, die nach ihrer besonderen Symptomatik und Struktur eine besondere analytische Bearbeitung erfordert und eine hinreichende Prognose über das Erreichen des Behandlungszieles erlaubt. Die Anerkennung, die erst im letzten Behandlungsabschnitt erfolgen darf, erfordert eine Stellungnahme eines vertrauensärztlichen Gutachters;

2.3.4 bei tiefenpsychologisch fundierter oder analytischer Psychotherapie von Jugendlichen 70 Stunden, bei Gruppenbehandlung 40 Doppelstunden, darüber hinaus nach einer erneuten eingehenden Begründung des Therapeuten und der vorherigen Anerkennung entsprechend Nummer 2.1 weitere 60 Stunden, bei Gruppenbehandlung weitere 30 Doppelstunden, in besonderen Ausnahmefällen nochmals weitere 50 Stunden, bei Gruppenbehandlung weitere 20 Doppelstunden. Zeigt sich bei der Therapie, dass das Behandlungsziel innerhalb der Stundenzahl noch nicht erreicht wird, kann in medizinisch besonders begründeten Einzelfällen eine weitere begrenzte Behandlungsdauer anerkannt werden. Voraussetzung für die Anerkennung ist das Vorliegen einer Erkrankung nach Nummer 2.2, die nach ihrer besonderen Symptomatik und Struktur eine besondere analytische Bearbeitung erfordert und eine hinreichende Prognose über das Erreichen des Behandlungszieles erlaubt. Die Anerkennung, die erst im letzten Behandlungsabschnitt erfolgen darf, erfordert eine Stellungnahme eines vertrauensärztlichen Gutachters;

2.3.5 bei einer die tiefenpsychologisch fundierte oder analytische Psychotherapie von Kindern und Jugendlichen begleitenden Einbeziehung ihrer Bezugspersonen in der Regel im Verhältnis 1 zu 4. Abweichungen bedürfen der Begründung. Bei Vermehrung der Begleittherapie sind die Leistungen bei den Leistungen für das Kind oder den Jugendlichen abzuziehen.

2.4.1 Wird die Behandlung durch einen ärztlichen Psychotherapeuten durchgeführt, muss dieser Facharzt für Psychotherapeutische Medizin, Facharzt für Psychiatrie und Psychotherapie, Facharzt für Kinder- und Jugendpsychiatrie und -psychotherapie oder Arzt mit der Bereichs- oder Zusatzbezeichnung „Psychotherapie" oder „Psychoanalyse" sein. Ein Facharzt für Psychotherapeutische Medizin oder für Psychiatrie und Psychotherapie oder Kinder- und Jugendpsychiatrie und -psychotherapie sowie ein Arzt mit der Bereichsbezeichnung „Psychotherapie" kann nur tiefenpsychologisch fundierte Psychotherapie (Nummern 860 bis 862 des Gebührenverzeichnisses der GOÄ) erbringen. Ein Arzt mit der Bereichs- oder Zusatzbezeichnung „Psychoanalyse" oder mit der vor dem 1. April 1984 verliehenen Bereichsbezeichnung „Psychotherapie" kann auch analytische Psychotherapie (Nummern 863, 864 des Gebührenverzeichnisses der GOÄ) erbringen.

2.4.2.1 Ein Psychologischer Psychotherapeut mit einer Approbation nach §2 Psychotherapeutengesetz – PsychThG – kann Leistungen für diejenige anerkannte Psychotherapieform erbringen, für die er eine vertiefte Ausbildung erfahren hat (tiefenpsychologisch fundierte und/oder analytische Psychotherapie).

2.4.2.2. Wird die Behandlung durch einen Psychologischen Psychotherapeuten mit einer Approbation nach §12 PsychThG durchgeführt, muss er
– zur vertragsärztlichen Versorgung der gesetzlichen Krankenkassen zugelassen oder
– in das Arztregister eingetragen sein oder
– über eine abgeschlossene Ausbildung in tiefenpsychologisch fundierter und analytischer Psychotherapie an einem bis zum 31. Dezember 1998 von der Kassenärztlichen Bundesvereinigung anerkannten psychotherapeutischen Ausbildungsinstitut verfügen.
Ein Psychologischer Psychotherapeut kann nur Leistungen für diejenige Psychotherapieform (tiefenpsychologisch fundierte und/oder analytische Psychotherapie) erbringen, für die er zur vertragsärztlichen Versorgung der gesetzlichen Krankenkassen zugelassen oder in das Arztregister eingetragen ist. Ein Psychologischer Psychotherapeut, der über eine abgeschlossene Ausbildung an einem anerkannten psychotherapeutischen Ausbildungsinstitut verfügt, kann tiefenpsychologisch fundierte und analytische Psychotherapie erbringen (Nummern 860, 861 und 863 GOÄ).

2.4.3.1 Ein Kinder- und Jugendlichenpsychotherapeut mit einer Approbation nach §2 PsychThG kann Leistungen für diejenige Psychotherapieform bei Kindern und Jugendlichen erbringen, für die er eine vertiefte Ausbildung erfahren hat (tiefenpsychologisch fundierte und/oder analytische Psychotherapie).

2.4.3.2 Wird die Behandlung von Kindern und Jugendlichen von einem Kinder- und Jugendlichenpsychotherapeuten mit einer Approbation nach §12 PsychThG durchgeführt, muss er
– zur vertragsärztlichen Versorgung der gesetzlichen Krankenkassen zugelassen oder
– in das Arztregister eingetragen sein oder
– über eine abgeschlossene Ausbildung in tiefenpsychologisch fundierter und analytischer Psychotherapie an einem bis zum 31. Dezember 1998 von der Kassenärztlichen Bundesvereinigung anerkannten psychotherapeutischen Ausbildungsinstitut für Kinder- und Jugendlichenpsychotherapie verfügen.
Ein Kinder- und Jugendlichenpsychotherapeut kann nur Leistungen für diejenige Psychotherapieform (tiefenpsychologisch fundierte und/oder analytische Psychotherapie) erbringen, für die er zur vertragsärztlichen Versorgung der gesetzlichen Krankenkassen zugelassen oder in das Arztregister eingetragen ist. Ein Kinder- und Jugendlichenpsychotherapeut, der über eine abgeschlossene Ausbildung an einem anerkannten psychotherapeutischen Ausbildungsinstitut für Kinder- und Jugendlichenpsychotherapie verfügt, kann tiefenpsychologisch fundierte und analytische Psychotherapie erbringen (Nummern 860, 861 und 863 GOÄ).

2.4.4 Die fachliche Befähigung für die Behandlung von Kindern und Jugendlichen ist, sofern die Behandlung nicht durch einen Facharzt für Kinder- und Jugendpsychiatrie und -psychotherapie oder durch einen Kinder- und Jugendlichenpsychotherapeuten erfolgt, neben der Berechtigung nach den Nummern 2.4.1, 2.4.2.1 oder 2.4.2.2, durch eine entsprechende Berechtigung einer Kassenärztlichen Vereinigung nachzuweisen.
Die fachliche Befähigung für Gruppenbehandlungen ist, sofern die Behandlung nicht durch einen Facharzt für Psychotherapeutische Medizin erfolgt, neben der Berechtigung nach den Nummern 2.4.1, 2.4.2.1 oder 2.4.2.2, durch eine entsprechende Berechtigung einer Kassenärztlichen Vereinigung nachzuweisen.

2.5    Erfolgt die Behandlung durch Psychologische Psychotherapeuten oder
       Kinder- und Jugendlichenpsychotherapeuten, muss spätestens nach den pro-
       batorischen Sitzungen und vor der Begutachtung von einem Arzt der
       Nachweis einer somatischen (organischen) Abklärung erbracht werden
       (Konsiliarbericht).

**3.     Verhaltenstherapie**

3.1    Aufwendungen für eine Verhaltenstherapie nach den Nummern 870 und 871
       des Gebührenverzeichnisses der GOÄ sind nur dann beihilfefähig, wenn
       – die vorgenommene Tätigkeit der Feststellung, Heilung oder Linderung von
         Störungen mit Krankheitswert, bei denen Psychotherapie indiziert ist, dient
         und
       – beim Patienten nach Erstellen einer Verhaltensanalyse und gegebenenfalls
         nach höchstens fünf probatorischen Sitzungen die Voraussetzungen für
         einen Behandlungserfolg gegeben sind und
       – die Festsetzungsstelle vor Beginn der Behandlung die Beihilfefähigkeit der
         Aufwendungen aufgrund der Stellungnahme eines vertrauensärztlichen
         Gutachters zur Notwendigkeit und zu Art und Umfang der Behandlung
         anerkannt hat.
       Die Aufwendungen für höchstens fünf probatorische Sitzungen einschließlich
       des Erstellens der Verhaltensanalyse sind beihilfefähig. Dies gilt auch dann,
       wenn sich die Verhaltenstherapie als nicht notwendig erweist.
       Von dem Anerkennungsverfahren ist abzusehen, wenn der Festsetzungsstelle
       nach den probatorischen Sitzungen die Feststellung des Therapeuten vorge-
       legt wird, dass bei Einzelbehandlung die Behandlung bei je mindestens
       50minütiger Dauer nicht mehr als zehn Sitzungen sowie bei Gruppenbehand-
       lung bei je mindestens 100minütiger Dauer nicht mehr als 20 Sitzungen erfor-
       dert. Muss in besonders begründeten Ausnahmefällen die Behandlung über
       die festgestellte Zahl dieser Sitzungen hinaus verlängert werden, ist die
       Festsetzungsstelle hiervon unverzüglich zu unterrichten. Aufwendungen für
       weitere Sitzungen sind nur nach vorheriger Anerkennung durch die Festset-
       zungsstelle aufgrund der Stellungnahme eines vertrauensärztlichen Gutach-
       ters zur Notwendigkeit und zu Art und Umfang der Behandlung beihilfefähig.

3.2    Indikationen zur Anwendung der Verhaltenstherapie sind nur:
       – psychoneurotische Störungen (z.B. Angstneurosen, Phobien),
       – vegetativ-funktionelle Störungen mit gesicherter psychischer Ätiologie,
       – Abhängigkeit von Alkohol, Drogen oder Medikamenten nach vorangegan-
         gener Entgiftungsbehandlung, das heißt im Stadium der Entwöhnung unter
         Abstinenz,
       – seelische Behinderung als Folge schwerer chronischer Krankheitsverläufe,
         sofern sie noch einen Ansatzpunkt für die Anwendung von Verhaltensthe-
         rapie bietet,
       – seelische Behinderung aufgrund extremer Situationen, die eine schwere
         Beeinträchtigung der Persönlichkeit zur Folge hatten (z.B. schicksalhafte
         psychische Traumen),
       – seelische Behinderung aufgrund frühkindlicher emotionaler Mangelzustän-
         de, in Ausnahmefällen seelische Behinderungen, die im Zusammenhang
         mit frühkindlichen körperlichen Schädigungen oder Missbildungen stehen,
       – seelische Behinderung als Folge psychotischer Erkrankungen, die einen
         Ansatz für spezifische verhaltenstherapeutische Interventionen – beson-
         ders auch im Hinblick auf die Reduktion von Risikofaktoren für den Aus-
         bruch neuer psychotischer Episoden – erkennen lassen.

3.3 Die Aufwendungen für eine Behandlung sind nur in dem Umfang beihilfefähig, wie deren Dauer je Krankheitsfall in Einzelbehandlung
– 40 Sitzungen,
– bei Behandlung von Kindern und Jugendlichen einschließlich einer notwendigen begleitenden Behandlung ihrer Bezugspersonen 50 Sitzungen nicht überschreiten.

Bei Gruppenbehandlung mit einer Teilnehmerzahl von höchstens acht Personen und einer Dauer von mindestens 100 Minuten sind die Aufwendungen für 40 Sitzungen beihilfefähig. Zeigt sich bei der Therapie, dass das Behandlungsziel innerhalb der Stundenzahl nicht erreicht wird, kann in medizinisch besonders begründeten Fällen eine weitere Behandlungsdauer von höchstens 40 weiteren Sitzungen anerkannt werden. Voraussetzung für die Anerkennung ist das Vorliegen einer Erkrankung nach Nummer 3.2, die nach ihrer besonderen Symptomatik und Struktur eine besondere Bearbeitung erfordert und eine hinreichend gesicherte Prognose über das Erreichen des Behandlungsziels erlaubt. Die Anerkennung erfordert eine Stellungnahme eines vertrauensärztlichen Gutachters.

3.4.1 Wird die Behandlung durch einen ärztlichen Psychotherapeuten durchgeführt, muss dieser Facharzt für Psychotherapeutische Medizin, Facharzt für Psychiatrie und Psychotherapie, Facharzt für Kinder- und Jugendpsychiatrie und -psychotherapie oder Arzt mit der Bereichs- oder Zusatzbezeichnung „Psychotherapie" sein. Ärztliche Psychotherapeuten können die Behandlung durchführen, wenn sie den Nachweis erbringen, dass sie während ihrer Weiterbildung schwerpunktmäßig Kenntnisse und Erfahrungen in Verhaltenstherapie erworben haben.

3.4.2.1 Ein Psychologischer Psychotherapeut mit einer Approbation nach §2 PsychTG kann Verhaltenstherapie erbringen, wenn er dafür eine vertiefte Ausbildung erfahren hat.

3.4.2.2 Wird die Behandlung durch einen Psychologischen Psychotherapeuten oder Kinder- und Jugendlichenpsychotherapeuten mit einer Approbation nach §12 PsychThG durchgeführt, muss er
– zur vertragsärztlichen Versorgung der gesetzlichen Krankenkassen zugelassen oder
– in das Arztregister eingetragen sein oder
– über eine abgeschlossene Ausbildung in Verhaltenstherapie an einem bis zum 31. Dezember 1998 von der Kassenärztlichen Bundesvereinigung anerkannten verhaltenstherapeutischen Ausbildungsinstitut verfügen.

3.4.3 Die fachliche Befähigung für die Behandlung von Kindern und Jugendlichen ist, sofern die Behandlung nicht durch einen Facharzt für Kinder- und Jugendpsychiatrie und -psychotherapie oder durch einen Kinder- und Jugendlichenpsychotherapeuten erfolgt, neben der Berechtigung nach den Nummern 3.4.1, 3.4.2.1 oder 3.4.2.2, durch eine entsprechende Berechtigung einer Kassenärztlichen Vereinigung nachzuweisen.
Die fachliche Befähigung für Gruppenbehandlungen ist, sofern die Behandlung nicht durch einen Facharzt für Psychotherapeutische Medizin erfolgt, neben der Berechtigung nach den Nummern 3.4.1, 3.4.2.1 oder 3.4.2.2, durch eine entsprechende Berechtigung einer Kassenärztlichen Vereinigung nachzuweisen.

3.5 Erfolgt die Behandlung durch Psychologische Psychotherapeuten oder Kinder- und Jugendlichenpsychotherapeuten, muss spätestens nach den probatorischen Sitzungen und vor der Begutachtung von einem Arzt der Nachweis einer somatischen (organischen) Abklärung erbracht werden (Konsiliarbericht).

**4. Psychosomatische Grundversorgung**
Die psychosomatische Grundversorgung umfasst verbale Interventionen im Rahmen der Nummer 849 des Gebührenverzeichnisses der GOÄ und die Anwendung übender und suggestiver Verfahren nach den Nummern 845 bis 847 des Gebührenverzeichnisses der GOÄ (autogenes Training, Jacobsonsche Relaxationstherapie, Hypnose).

4.1 Aufwendungen für Maßnahmen der psychosomatischen Grundversorgung sind nur dann beihilfefähig, wenn bei einer entsprechenden Indikation die Behandlung der Besserung oder der Heilung einer Krankheit dient und deren Dauer je Krankheitsfall die folgenden Stundenzahlen nicht überschreitet:
– bei verbaler Intervention als einzige Leistung zehn Sitzungen;
– bei autogenem Training und bei der Jacobsonschen Relaxationstherapie als Einzel- oder Gruppenbehandlung zwölf Sitzungen;
– bei Hypnose als Einzelbehandlung zwölf Sitzungen.
Neben den Aufwendungen für eine verbale Intervention im Rahmen der Nummer 849 des Gebührenverzeichnisses der GOÄ sind Aufwendungen für körperbezogene Leistungen des Arztes beihilfefähig.

4.2 Aufwendungen für eine verbale Intervention sind ferner nur beihilfefähig, wenn die Behandlung von einem Facharzt für Allgemeinmedizin (auch praktischer Arzt), Facharzt für Augenheilkunde, Facharzt für Frauenheilkunde und Geburtshilfe, Facharzt für Haut- und Geschlechtskrankheiten, Facharzt für Innere Medizin, Facharzt für Kinderheilkunde, Facharzt für Kinder- und Jugendpsychiatrie und -psychotherapie, Facharzt für Neurologie, Facharzt für Phoniatrie und Pädaudiologie, Facharzt für Psychiatrie und Psychotherapie, Facharzt für psychotherapeutische Medizin oder Facharzt für Urologie durchgeführt wird.

4.3 Aufwendungen für übende und suggestive Verfahren (autogenes Training, Jacobsonsche Relaxationstherapie, Hypnose) sind nur dann beihilfefähig, wenn die Behandlung von einem Arzt, Psychologischen Psychotherapeuten oder Kinder- und Jugendlichenpsychotherapeuten erbracht werden, soweit dieser über entsprechende Kenntnisse und Erfahrungen in der Anwendung übender und suggestiver Verfahren verfügt.

4.4 Eine verbale Intervention kann nicht mit übenden und suggestiven Verfahren in derselben Sitzung durchgeführt werden. Autogenes Training, Jacobsonsche Relaxationstherapie und Hypnose können während eines Krankheitsfalles nicht nebeneinander durchgeführt werden.

**5. Nicht beihilfefähige Behandlungsverfahren**
Aufwendungen für die nachstehenden Behandlungsverfahren sind nicht beihilfefähig:
Familientherapie, funktionelle Entspannung nach M. Fuchs, Gesprächspsychotherapie (z.B. nach Rogers), Gestalttherapie, körperbezogene Therapie, konzentrative Bewegungstherapie, Logotherapie, Musiktherapie, Heileurhythmie, Psychodrama, respiratorisches Biofeedback, Transaktionsanalyse, neuropsychologische Behandlung.
Katathymes Bilderleben ist nur im Rahmen eines übergeordneten tiefenpsychologischen Therapiekonzepts beihilfefähig.
Rational Emotive Therapie ist nur im Rahmen eines umfassenden verhaltenstherapeutischen Behandlungskonzepts beihilfefähig.

# Sonstige Kostenträger

## 1. Berufsgenossenschaften

Eine kleine, jedoch zunehmende Zahl von Psychotherapiepatienten ist bei einer der 35 gewerblichen Berufsgenossenschaften (BGen), den Trägern der gesetzlichen Unfallversicherung, unfallversichert. Die im SGB VII geregelte gesetzliche Unfallversicherung sichert den versicherten Arbeitnehmer gegen die Folgen von Arbeitsunfällen oder Wegeunfällen ab. Psychotherapeuten sind in der Regel mit posttraumatischen Störungen in Folge solcher Unfälle konfrontiert.

Im ärztlichen Bereich greift als Gebührenordnung in diesen Fällen die sog. UV-GOÄ. Es handelt sich dabei nicht um eine staatliche Gebührenordnung, sondern um einen Vertrag Ärzte/Unfallversicherungsträger. Der an die Stelle des Abkommens Ärzte/Unfallversicherungsträger getretene „Vertrag Ärzte/Unfallversicherungsträger" regelt die Durchführung der Heilbehandlung, die Vergütung sowie die Art und Weise der Abrechnung. Vertragspartner auf ärztlicher Seite ist die KBV.

Die Frage, ob die UV-GOÄ auch für Psychologische Psychotherapeuten und Kinder- und Jugendlichenpsychotherapeuten zutrifft, ist insoweit geklärt, als entsprechende Rahmenverträge zwischen Unfallversicherungsträgern und Psychotherapeuten bzw. explizite Regelungen im Vertrag Ärzte/Unfallversicherungsträger zur Zeit nicht existieren. Dies hat zur Folge, dass zwischen dem Psychologischen Psychotherapeuten oder Kinder- und Jugendlichenpsychotherapeuten und der BG jeweils eine Einzelabsprache zur Vergütung getroffen werden muss.[1]

Auch die gesetzliche Grundlage der Unfallversicherung, das SGB VII, sieht in den entsprechenden Passagen keine explizite Gültigkeit des Gesetzes für die Psychologischen Psychotherapeuten und Kinder- und Jugendlichenpsychotherapeuten vor.

Sofern in einem konkreten Behandlungsfall eines Unfall- oder Überfallopfers die Zuständigkeit des Unfallversicherungsträgers in Abrede gestellt wird, ist ein Psychotherapeut nicht verpflichtet, BG-Versicherte zu behandeln. Führt er die Behandlung trotzdem durch, sollte er sich mit der BG einigen, zu welchen Sätzen dies geschehen sollte. Die UV-GOÄ-Sätze bei Psychotherapie entsprechen jedenfalls weder den durch gesetzliche und rechtliche Vorgaben für genehmigungspflichtige psychotherapeutische Leistungen vorgesehenen Honoraren im Bereich der GKV noch den in der Privatbehandlung üblichen Honoraren.

Früher waren die Sätze der UV-GOÄ für alle Verfahren gleich, seit Mai 2001 hat sich dies geändert:

| Leistung | | Allgemeine Heilbehandlung | Besondere Heilbehandlung |
|---|---|---|---|
| 861 | Tiefenpsychologisch fundierte Psychotherapie, Einzelbehandlung... | € 47,63 | € 59,27 |
| 863 | Analytische Psychotherapie, Einzelbehandlung... | € 47,63 | € 59,27 |
| 870 | Verhaltenstherapie, Einzelbehandlung... | € 51,77 | € 64,42 |

---

[1] Mitteilung der KBV vom 19.10.2001 auf eine Anfrage des Beratenden Fachausschusses Psychotherapie der KBV.

Wird die Vergütung bei Psychotherapeuten nicht vorab geregelt, erstatten die Berufsgenossenschaften in der Regel die Sätze der UV-GOÄ oder die ortsüblichen KV-Honorare. Im Übrigen gilt bei der Unfallversicherung eine weit gehende Auskunftspflicht des Behandlers gegenüber dem Kostenträger:

*(1) Ärzte und Zahnärzte, die nicht an einer Heilbehandlung nach §34 beteiligt sind, sind verpflichtet, dem Unfallversicherungsträger auf Verlangen Auskunft über die Behandlung, den Zustand sowie über Erkrankungen und frühere Erkrankungen des Versicherten zu erteilen, so weit dies für die Heilbehandlung und die Erbringung sonstiger Leistungen erforderlich ist. Der Unfallversicherungsträger soll Auskunftsverlangen zur Feststellung des Versicherungsfalls auf solche Erkrankungen oder auf solche Bereiche von Erkrankungen beschränken, die mit dem Versicherungsfall in einem ursächlichen Zusammenhang stehen können. §98 Abs. 2 Satz 2 des Zehnten Buches gilt entsprechend. (SGB VII, §203, Auskunftspflicht von Ärzten)*

Deshalb ist mit der BG vor der Behandlung zu klären, wie dies im Einzelfall gehandhabt werden kann, ohne den Vertrauensschutz des Patienten zu verletzen (was u. U. die therapeutische Arbeitsbeziehung stark belasten könnte).

## 2. Krankenversorgung der Bundesbahnbeamten (KVB)

Bei der Behandlung von Bundesbahnbeamten gilt ein Vertrag zwischen der Krankenversorgung der Bundesbahnbeamten (KVB) und der Kassenärztlichen Bundesvereinigung (KBV). Danach gelten die in den Psychotherapie-Richtlinien getroffenen Regelungen. Bei Mitgliedern und Mitversicherten der Beitragsklassen I bis III kann ein GOÄ-Satz vom 2,2-fachen des Einfachsatzes auf der Grundlage eines GOÄ-Punktwertes von 5,82873 Cent berechnet werden. Die KVB erstattet nur 80% der erstattungsfähigen Aufwendungen, der Rest ist Selbstbeteiligung. KVB-Versicherte sind Selbstzahler, deshalb werden sie wie privat Versicherte behandelt. Die Rechnung muss den Vermerk „KVB-Vertrag" enthalten. Von der KVB unterschieden werden muss die BKK Bundesbahn. Sie ist wie die BKK Bundespost eine Primärkasse. Abgerechnet wird hier mit der Krankenversichertenkarte direkt mit der KV; die geltende Gebührenordnung ist hier der Bewertungsmaßstab für ärztliche Leistungen (BMÄ).

## 3. Postbeamtenkrankenkasse (PbeaKK)

Für die Behandlung von Postbeamten der Gruppe B (übrige Beamte und Versorgungsempfänger, Angestellte) gelten anders als bei der Gruppe A die Beihilfevorschriften des Bundes. Wegen der Privatisierung der Bundespost wurde die PBeaKK am 01.01.1995 für neue Mitglieder geschlossen. Sie wird jedoch nach den bisherigen Vorschriften und Tarifen für den Bestand der alten Mitglieder weitergeführt. Die Mitglieder der Gruppe B werden wie Privatversicherte auf Rechnung behandelt. Postbeamten der Gruppe B wird nur das 1,9-fache der Aufwendungen erstattet.

# Privatliquidation bei Individuellen Gesundheitsleistungen (IGEL)

Im Folgenden werden die Grundlagen dargestellt, die zur Privatliquidation von Individuellen Gesundheitsleistungen (IGEL) führen, typische IGEL für Psychotherapeuten und Grundsätze zur Privatliquidation bei IGEL werden benannt.

Im Rahmen der Thematik des Kommentars zur GOP kann nicht auf spezielle Fragestellungen zu IGEL eingegangen werden (z.b. Inhalte von IGEL, Marketing, Behandlungsvertrag). Dies bleibt der speziellen Literatur vorbehalten.

### Grundlagen – Was sind IGEL?

Die Grundlagen für die Definition von IGEL enthält das Fünfte Sozialgesetzbuch.

§11 (Leistungsarten) des dritten Kapitels, fünfter Abschnitt des SGB V verweist auf die einzelnen Vorschriften, nach denen Versicherte Anspruch auf Leistungen zur Verhütung von Krankheiten und von deren Verschlimmerung sowie zur Empfängnisverhütung, bei Sterilisation und bei Schwangerschaftsabbruch, zur Früherkennung von Krankheiten, zur Behandlung einer Krankheit u.a. haben.

Nach §27 (Krankenbehandlung) haben Versicherte Anspruch auf Krankenbehandlung, wenn sie notwendig ist, um eine Krankheit zu erkennen, zu heilen, ihre Verschlimmerung zu verhüten oder Krankheitsbeschwerden zu lindern.

Nach §28 (Ärztliche und zahnärztliche Behandlung) umfasst die ärztliche Behandlung die Tätigkeit des Arztes, die zur Verhütung, Früherkennung und Behandlung von Krankheiten nach den Regeln der ärztlichen Kunst ausreichend und zweckmäßig ist.

In Einzelvorschriften wiederum ist der Anspruch auf GKV-Leistung ausgeführt (z.b. §25 zur Gesundheitsuntersuchung, §26 zur Kinderuntersuchung).

Eine besondere Rolle kommt dabei dem Bundesausschuss der Ärzte und Krankenkassen zu. Er bestimmt in Richtlinien (§92) über Art und Umfang der Untersuchungen sowie über die Einführung neuer Untersuchungs- und Behandlungsmethoden.

§27 (Wirtschaftlichkeitsgebot) bestimmt, dass die Leistungen ausreichend, zweckmäßig und wirtschaftlich sein müssen; sie dürfen das Maß des Notwendigen nicht überschreiten. Leistungen, die nicht notwendig oder unwirtschaftlich sind, können Versicherte nicht beanspruchen, dürfen die Leistungserbringer nicht bewirken und die Krankenkassen nicht bewilligen.

Dazu ist zu bemerken, dass das „Notwendige" anders definiert ist als im Verständnis von Psychotherapeut und Patient. Das „Notwendige" des SGB ist das Obermaß für die GKV-Leistung. Das „Notwendige" der Krankenkassen ist durch die Verknüpfung des „Notwendigen" mit „zweckmäßig, ausreichend und (aus kollektiver Sicht) wirtschaftlich" nicht das „medizinisch Notwendige" aus individueller Sicht des Therapeuten und Patienten, das durch das „medizinisch Sinnvolle, Nützliche und Optimale" definiert ist.

**IGEL für Psychotherapeuten**

Aus der Gesetzgebung und der angewandten Methodik ergeben sich im Wesentlichen drei Auslöser psychotherapeutischer IGEL:

- Keine Behandlungsindikation zulasten der GKV. Die Behandlung dient nicht der Heilung oder Besserung einer seelischen Krankheit, sondern z.b. der beruflichen oder sozialen Anpassung. Beispiel: Verhaltenstherapie bei Flugangst.
- Das Behandlungs-Verfahren entspricht nicht den Psychotherapie-Richtlinien. Beispiel: Kunst- und Körpertherapien.
- Der Behandlungs-Umfang entspricht nicht den Richtlinien oder geht über das dort zulässige Maß hinaus. Beispiel: Durchgehend hochfrequente Psychotherapie (mehr als 3 Sitzungen pro Woche) oder Psychotherapie-Sitzungen über das Richtlinien-Gesamt-Höchstmaß hinaus.

Selbstverständlich gibt es in dieser Einteilung Übergänge und Mischformen. Wesentlich und allen Klassen gemeinsam ist, dass es sich um Leistungen handelt, die nicht zulasten der GKV berechnet werden dürfen.

Schon 1998 hat die KBV eine Liste ärztlicher IGEL veröffentlicht. Diese Liste wurde zuletzt im Frühjahr 1999 ergänzt und umfasste 79 Leistungen. Inzwischen ist die von der MedWell-AG herausgegebene IGEL-Liste die umfangreichste Aufstellung von IGEL. Beispiele von IGEL für Psychotherapeuten:

– Hirnleistungs-Check zur Früherkennung von Hirnleistungsstörungen mit Anwendung standardisierter Fragebögen
– Untersuchung zur Überprüfung des intellektuellen und psychosozialen Leistungsniveaus (z.b. Schullaufbahnberatung auf Wunsch der Eltern)
– Durchführung von psychometrischen Tests auf Wunsch des Patienten und ohne zwingende psychotherapeutische Indikation
– Hypnose außerhalb der GKV-Leistungspflicht, z.B. vor Zahnbehandlung auf Wunsch des Patienten
– Psychotherapeutische Behandlung nach einem Richtlinienverfahren, aber in höherer Frequenz oder über das genehmigte Maß hinaus
– Biofeedbackbehandlung
– Kunst- und Körpertherapien, auch als ergänzende Therapieverfahren
– Verhaltenstherapie bei Flugangst
– Raucherentwöhnung
– Beratung zur Suchtmittelentwöhnung (z.B. Alkohol) ohne Vorliegen einer behandlungsbedürftigen Erkrankung
– Psychotherapeutische Verfahren zur Selbsterfahrung ohne medizinische Indikation
– Selbstbehauptungstraining
– Stressbewältigungstraining
– Entspannungsverfahren als Präventionsleistung
– Sexualberatung (Paartherapie)
– Hausbesuch auf Patientenwunsch ohne medizinische Indikation
– Bearbeitung einer privaten Versicherungsanfrage als Bescheinigung oder Befundbericht
– Erstellung eines privaten Gutachtens

**Abrechnung von IGEL**

Durch den Verweis der GOP auf die GOÄ ist die Bestimmung des §1 Abs. 1 GOÄ auf psychotherapeutische IGEL zu übertragen. IGEL sind berufstypische Leistungen und fallen nicht unter die in §1 Abs. 1 genannten Ausnahmen zur GOÄ-Anwendung. IGEL müssen nach der GOÄ liquidiert werden. ☞ Kommentar zu §1 Abs.1, Nr. 4.

Damit sind auch für IGEL die Bestimmungen der GOÄ maßgeblich:

- IGEL können im Rahmen der normalen Steigerungssätze (1- bis 3,5-fach) berechnet werden (vgl. §5). Dies gilt auch für Patienten, denen z.b. eine private IGEL-Zusatzversicherung nicht die vollen GOÄ-Sätze erstattet (☛ §1, Kommentar Nr. 3.3). Wenn solche Patienten den besonderen Versicherungsstatus und die eingeschränkten Erstattungssätze offen gelegt haben, muss aber auf die entstehende Differenz zwischen Rechnung und Erstattung vor Behandlung hingewiesen werden (sog. Wirtschaftliche Nebenpflicht aus dem Behandlungsvertrag).
- Die Berechnung von Pauschalen ist unzulässig. Das bei IGEL häufig angestrebte Erreichen glatter Endbeträge kann durch Anwendung entsprechender, „krummer" Steigerungsfaktoren erreicht werden.
- Auch bei IGEL muss beim Überschreiten des Schwellenwertes (z.b. 2,3-fach) in der Rechnung eine Begründung angegeben werden (☛ §12, Kommentar Nr. 7). Höhere Sätze als die jeweiligen GOÄ-Höchstsätze (3,5- bzw. 2,5-fach) sind mit einer Abdingung nach §2 der GOÄ zu erreichen (☛ zu §2). Der Einfachsatz (1,0-fach) darf nicht unterschritten werden (☛ zu §2, Kommentar Nr. 12.2). Das Erbringen von IGEL zulasten der GKV (z.b. mit sog. „Gefälligkeitsdiagnosen") stellt nicht nur einen Verstoß gegen die Berufsord-nungen der Landespsychotherapeutenkammern dar, sondern ist als Abrechnungsbetrug zu werten. Ein solches Verhalten schädigt die Gesamtheit der Psychotherapeuten beim budgetierten GKV-Honorar und ist ebenso wie das Unterschreiten des Einfachsatzes ein Verstoß gegen Wettbewerbsrecht.
- Auch IGEL können, wenn sie in der GOÄ nicht enthalten sind, analog berechnet werden (☛ Kommentar zu §6 Abs. 2).

Eine Zusammenarbeit von Psychotherapeuten untereinander oder mit Ärzten bei der Gestaltung des IGEL-Angebotes ist möglich. Die Absprache der Höhe der Honorare verstößt jedoch gegen Gebührenrecht und Wettbewerbsrecht.

# Gebührenordnung für Ärzte - GOÄ

vom 12. November 1982 (BGBl. I S. 1522), zuletzt geändert durch das GKV-Gesundheitsreformgesetz 2000 vom 22. Dezember 1999 (BGBl. I S. 2626ff.)

Auf Grund des §11 der Bundesärzteordnung in der Fassung der Bekanntmachung vom 16. April 1987 (BGBl. I S. 1218) verordnet die Bundesregierung mit Zustimmung des Bundesrates: [1]

| §1 Anwendungsbereich | **(1) Die Vergütungen [2] für die beruflichen Leistungen [3] der Ärzte bestimmen sich nach dieser Verordnung, soweit nicht durch Bundesgesetz etwas anderes bestimmt ist [4].** |
|---|---|
| | **(2) Vergütungen darf der Arzt nur für Leistungen berechnen, die nach den Regeln der ärztlichen Kunst für eine medizinisch notwendige Versorgung erforderlich sind [5]. Leistungen, die über das Maß einer medizinisch notwendigen ärztlichen Versorgung hinausgehen, darf er nur berechnen, wenn sie auf Verlangen des Zahlungspflichtigen erbracht worden sind [6].** |

**Kommentar**

[1]
Die GOÄ ist eine durch den Bundesrat zustimmungspflichtige Rechtsverordnung der Bundesregierung. Sie ist rechtsverbindlich.

[2]
☞ Kommentar zu §3

[3]
[3.1] Die GOÄ gilt für Ärzte, Psychologische Psychotherapeuten und Kinder- und Jugendlichenpsychotherapeuten. Sie findet keine Anwendung bei anderen Berufen, z.B. Apothekern, Zahnärzten, Heilpraktikern.

[3.2] Voraussetzung für den Vergütungsanspruch ist, dass dem Psychologischen Psychotherapeuten und Kinder- und Jugendlichenpsychotherapeuten aufgrund einer Rechtsbeziehung ein Liquidationsanspruch zusteht. Die Rechtsbeziehung entsteht in der Regel durch den Behandlungsvertrag. Dieser wird im Allgemeinen nicht schriftlich, sondern durch konkludentes Verhalten geschlossen, indem der Patient den in freier Praxis tätigen Psychologischen Psychotherapeuten oder Kinder- und Jugendlichenpsychotherapeuten aufsucht. Der Behandlungsvertrag kann auch durch Geschäftsführung ohne Auftrag zustande kommen, z.B. bei geschäftsunfähigen Patienten.

[3.3] Zu unterscheiden ist der Vergütungsanspruch vom Erstattungsanspruch. Der Patient ist aufgrund des Behandlungsvertrags gegenüber dem Psychologischen Psychotherapeuten oder Kinder- und Jugendlichenpsychotherapeuten honorarpflichtig. Der Patient seinerseits hat einen Erstattungsanspruch gegenüber seinem Kostenträger, z.B. private Krankenversicherung oder Beihilfe. Aufgrund der beiden unterschiedlichen Rechtsverhältnisse müssen sich Honoraranspruch und Erstattungsanspruch nicht decken. Eine Deckungslücke entsteht z.B., wenn im Versicherungsvertrag oder in den Beihilfevorschriften bestimmte Leistungen von der Erstattung ausgeschlossen oder nur eingeschränkt erstattungsfähig sind. In manchen sog. „Spartarifen" der privaten Krankenversicherung ist die Erstattung psychotherapeutischer Leistungen sogar völlig ausgeschlossen. Es liegt somit beim Patienten, sich bei seiner Versicherung oder Beihilfe zu erkunden, ob und in welcher Höhe Psychotherapie erstattet wird. Der Psychologische Psycho-therapeut oder Kinder- und Jugendlichenpsychotherapeut ist aber aus sog. wirtschaftlicher Nebenpflicht aus dem Behandlungsvertrag heraus verpflichtet, in Fällen, in denen Erstattungsschwierigkeiten bekannt oder absehbar sind, den Patienten einen entsprechenden Hinweis zu geben.

Eine Übersicht über das Leistungsverhalten privater Krankenversicherungen bei ambulanter Psychotherapie findet sich im Deutschen Ärzteblatt, Jg. 98, Heft 15 vom 13. April 2001, und z.B. in der Broschüre der Vereinigung der Kassenpsychotherapeuten „Anleitung zur Antragstellung und Abrechnung – Privatliquidation" (www.vereinigung.de). ☞ Kommentar zu §12.

[3.4] Die GOÄ kommt nicht zur Anwendung, wenn der Psychologische Psychotherapeut oder Kinder- und Jugendlichenpsychotherapeut im Rahmen eines Angestellten- oder Beamtenverhältnisses seine beruflichen Leistungen gegenüber seinem Arbeitgeber oder Dienstherrn erbringt und dafür ein Gehalt oder eine Besoldung erhält. Die Ausnahme ist, wenn dem Psychologischen Psychotherapeuten oder Kinder- und Jugendlichenpsychotherapeuten von seinem Arbeitgeber oder Dienstherrn ein Liquidationsrecht nach Maßgabe der GOÄ eingeräumt ist.

[3.5] Berufliche Leistungen sind berufstypische Leistungen, nicht aber Leistungen, die auch von anderen Berufen in gleicher Weise erbracht werden können. Schriftstellerische, künstlerische oder sonstige Tätigkeit, auch Vortragstätigkeit, darf deshalb nicht nach der GOÄ berechnet werden. Nach der GOÄ sind auch Leistungen zu liquidieren, die im Gebührenverzeichnis der GOÄ nicht enthalten sind. In diesem Fall ist eine Analogbewertung vorzunehmen (☞ §6 Abs. 2).

[4]

Abweichende Regelungen durch Bundesgesetz sind z.B. das Sozialgesetzbuch (mit der Auswirkung des EBM) und das Gesetz über die Entschädigung von Zeugen und Sachverständigen (ZSEG). Ansonsten ist die Honorarforderung nach der GOÄ zu berechnen. Dies gilt auch für Leistungen gegenüber gesetzlich Krankenversicherten, wenn die Kosten nicht von der gesetzlichen Krankenversicherung getragen werden, zum Beispiel bei Inanspruchnahme von Psychotherapie über den genehmigten Umfang hinaus oder bei nicht zu Lasten der gesetzlichen Krankenversicherung berechenbaren psychotherapeutischen Methoden (bspw. Biofeedbackverfahren). Solche psychotherapeutischen IGEL (Individuelle Gesundheitsleistungen) sind nach der GOÄ zu liquidieren. Ebenfalls nach der GOÄ sind die Leistungen zu liquidieren, wenn
– bis zum Ende des Quartals kein Behandlungsausweis der GKV vorgelegt wird
– der GKV-Versicherte auf den Anspruch auf die Behandlung durch den Psychologischen Psychotherapeuten oder Kinder- und Jugendlichenpsychotherapeuten zu Lasten der GKV freiwillig und schriftlich verzichtet (analog der Regelung in §18 des Bundesmantelvertrags Ärzte)
– der GKV-Versicherte als freiwillig Versicherter die Kostenerstattung anstatt der Sachleistung gewählt hat.

[5]
Dies ist das „Wirtschaftlichkeitsgebot" der GOÄ. Es ist nicht so stringent formuliert wie im SGB V, da es nicht die Begriffe „wirtschaftlich" und „ausreichend" enthält. In der GOÄ sind also auch Leistungen berechenbar, die mehr als nur ausreichend sind, und vor allem ist die Privatbehandlung nicht vom Wirtschaftlichkeitsgebot des SGB V geprägt, welches die Wirtschaftlichkeit aus kollektiver und nicht aus individueller Sicht betrachtet. Mit den Begriffen des „Notwendigen" und „Erforderlichen" stellt die GOÄ auf das ab, was im Einzelfall medizinisch indiziert ist.

Durch den Bezug auf die „Regeln der ärztlichen Kunst" in Verbindung mit den Begriffen „notwendig" und „erforderlich" sind aber auch in der Privatliquidation diejenigen Leistungen nicht berechenbar, welche entweder über das Maß des medizinisch Indizierten hinausgehen („Übermaßbehandlung") oder zur Erreichung des Behandlungszieles ungeeignet sind.

„Nach den Regeln der ärztlichen Kunst" ist der Psychologische Psychotherapeut oder Kinder- und Jugendlichenpsychotherapeut grundsätzlich an die Grenzen seines Fachgebietes gebunden. Er darf also keine Leistungen berechnen, die nicht im Rahmen des Psychotherapeutengesetzes Leistungen der Psychologischen Psychotherapeuten oder Kinder- und Jugendlichenpsychotherapeuten sind.

[6]
Soweit der Patient vom Psychologischen Psychotherapeuten oder Kinder- und Jugendlichenpsychotherapeuten Leistungen fordert, die über das Notwendige hinausgehen, muss der Therapeut sich dies vom Patienten gesondert bescheinigen lassen. ☞ §12 Abs. 3.

**Beihilfe**          ☞ [3.3]

**§2 Abweichende Vereinbarung [1], [12]**

**(1) Durch Vereinbarung kann eine von dieser Verordnung abweichende Gebührenhöhe festgelegt werden. [2] Für Leistungen nach §5a ist eine Vereinbarung nach Satz 1 ausgeschlossen. [3] Die Vereinbarung einer abweichenden Punktzahl (§5 Abs. 1 Satz 2) oder eines abweichenden Punktwertes (§5 Abs. 1 Satz 3) ist nicht zulässig. [4] Notfall- und akute Schmerzbehandlungen dürfen nicht von einer Vereinbarung nach Satz 1 abhängig gemacht werden. [5]**

**(2) Eine Vereinbarung nach Absatz 1 Satz 1 ist nach persönlicher Absprache im Einzelfall zwischen Arzt und Zahlungspflichtigem vor Erbringung der Leistung des Arztes in einem Schriftstück zu treffen. [6] Dieses muß neben der Nummer und der Bezeichnung der Leistung, dem Steigerungssatz und dem vereinbarten Betrag auch die Feststellung enthalten, daß eine Erstattung der Vergütung durch Erstattungsstellen möglicherweise nicht in vollem Umfang gewährleistet ist. [7] Weitere Erklärungen darf die Erklärung nicht enthalten. [8] Der Arzt hat dem Zahlungspflichtigen einen Abdruck der Vereinbarung auszuhändigen. [9]**

**(3) Für Leistungen nach den Abschnitten A, E, M und O ist eine Vereinbarung nach Absatz 1 Satz 1 unzulässig. [10] Im übrigen ist bei vollstationären, teilstationären sowie vor- und nachstationären wahlärztlichen Leistungen eine Vereinbarung nach Absatz 1 Satz 1 nur für vom Wahlarzt höchstpersönlich erbrachte Leistungen zulässig. [11]**

**Kommentar**

[1]
Für den im Gesetzestext gebrauchten Begriff „abweichende Vereinbarung" wird im ärztlichen Sprachgebrauch „Abdingung" verwendet. Die Abdingung stellt die Vertragsfreiheit innerhalb der GOÄ her. Sie dient dazu, zwischen Psychologischem Psychotherapeuten oder Kinder- und Jugendlichenpsychotherapeuten und dem Zahlungspflichtigen (i.d.R. der Patient) ein angemessenes Honorar auch in den Fällen zu erzielen, in denen eine angemessene Vergütung unter Anwendung der Gebührensätze der GOÄ nicht möglich ist.

[2]
Dadurch, dass nur die Gebührenhöhe vereinbart werden kann, ist eine Abdingung der GOÄ als Ganzes (z.B. Berechnung nach frei gewählten Stundensätzen oder ein Pauschalhonorar) unzulässig.

[3]
Leistungen bei rechtswidrigem, aber straffreiem Schwangerschaftsabbruch.

[4]
Mit der Abdingung kann nur ein höherer Steigerungssatz als die in der GOÄ enthaltenen Sätze vereinbart werden, z.B. statt des 3,5-fachen ein 6-facher Gebührensatz. Die Vereinbarung von Pauschalen, eines höheren Punktwertes, einer höheren Punktzahl, nicht in der GOÄ enthaltener Leistungen oder des Ausschlusses von Abrechnungsbestimmungen der GOÄ ist unzulässig.

[5]
Bei Notfällen und akuten Schmerzen ist zwar eine Abdingung grundsätzlich möglich, die Behandlung darf aber nicht vom Unterzeichnen der Abdingung abhängig gemacht werden. Da in der Regel der Patient in Notfallsituationen nicht mehr frei ist, über die Annahme der Abdingung zu entscheiden oder einen anderen Psychologischen Psychotherapeuten oder Kinder- und Jugendlichenpsychotherapeuten aufzusuchen, ist eine in solcher Situation getroffene Honorarvereinbarung meist nichtig.

[6]
Die Abdingung muss mit dem Zahlungspflichtigen persönlich („in direktem Blickkontakt und Ansprache") getroffen werden. Es ist nicht zulässig, dass die Abdingungserklärung von einer Helferin oder einer Sekretärin oder einem Anderen als dem leistungserbringenden Psychologischen Psychotherapeuten oder Kinder- und Jugendlichenpsychotherapeuten getroffen wird oder Abdingungserklärungen in der Praxis ausgelegt werden. Die Abdingung muss zeitlich vor der Leistungserbringung erfolgen. Dies gilt auch für Fälle, in denen die Leistungen zu Beginn der Behandlung noch nicht definiert werden können oder die Umstände, die eine Abdingung erfordern, noch nicht absehbar sind. In solchen Fällen kann auch im Behandlungsverlauf eine Abdingung getroffen werden. Diese bezieht sich dann aber nur auf die noch zu erbringenden Leistungen, eine rückwirkende Abdingung ist unzulässig. Bei absehbaren Folgebehandlungen können aber alle Leistungen in einer Abdingungserklärung gefasst werden. Es ist nicht erforderlich, vor jedem neuen Termin eine neue Vereinbarung zu treffen. Die Schriftform ist zwingend. Mündliche Absprachen, auch vor Zeugen getroffene, sind unwirksam.

[7]
Die Erklärung muss Angaben zu den zu erbringenden Leistungen, deren GOÄ-Nummer (ggf. mit Analogabgriff, ☛ §6 Abs. 2), dem Endbetrag und einen Hinweis, dass die Erstattung durch Erstattungsstellen nicht oder nicht in voller Höhe gewährleistet ist, enthalten. Viele Versicherungsbedingungen und Beihilferichtlinien schließen die Erstattung oberhalb der in der in der GOÄ enthaltenen Gebührenspanne aus.

[8]
Weitere Hinweise, z.B. eine Vertretungsregelung, sind unzulässig. Ob Gründe für die Honorarvereinbarung aufgeführt werden dürfen, ist umstritten. Sie wegzulassen ist zu empfehlen. Davon unberührt ist, dass dem Patienten die Gründe für die Honorarvereinbarung dargelegt werden müssen. Dazu ist ihm auch ein Vergleich mit den in der GOÄ vorgesehenen Honoraren zu ermöglichen (z.B. durch Einsicht in die GOÄ).

[9]
Dem Zahlungspflichtigen ist ein Abdruck der Vereinbarung (Kopie oder Durchschlag) auszuhändigen.

[10]
Leistungen der Abschnitte E, M und O sind für Psychologische Psychotherapeuten oder Kinder- und Jugendlichenpsychotherapeuten ohnehin nicht berechenbar. Leistungen des Abschnittes A (☛ Kommentar zu Abschnitt A) sind Leistungen des eingeschränkten Gebührenrahmens, z.B. Tests nach den Nummern 856 und 857.

[11]
Dies betrifft den Fall, dass dem angestellten oder beamteten Psychologischen Psychotherapeuten oder Kinder- und Jugendlichenpsychotherapeuten vom Arbeitgeber oder Dienstherrn das Liquidationsrecht übertragen ist. „Höchstpersönlich" heißt hier „eigenhändig". Diese Bindung an die Person kann nicht abgedungen werden. Im Falle der Verhinderung und Vertretung können die von einem Vertreter erbrachten Leistungen deshalb nur zu den in der GOÄ vorgesehenen Sätzen liquidiert werden.

[12]
Weitere Hinweise:

[12.1] Die Höhe des zu vereinbarenden Steigerungssatzes ist grundsätzlich frei wählbar. Der Psychologische Psychotherapeut oder Kinder- und Jugendlichenpsychotherapeut muss aber ein berechtigtes Interesse an der Abdingung vorweisen können. Berechtigtes Interesse kann z.b. vorliegen bei besonders schwierigen oder zeitaufwendigen Fällen oder wenn die mit der Leistungserbringung verbundenen Kosten besonders hoch sind. Der vereinbarte Steigerungssatz ist aber nicht willkürlich zu wählen. Obergrenze ist nach dem Berufsrecht die „Angemessenheit". Der Endbetrag muss damit in einem nachvollziehbaren Verhältnis zur Art, der Schwierigkeit und dem Zeitaufwand, den Kosten und der Qualifikation des Psychologischen Psychotherapeuten oder Kinder- und Jugendlichenpsychotherapeuten stehen. Dabei sind auch die Einkommens- und Vermögensverhältnisse des Patienten zu berücksichtigen.

[12.2] Die Vereinbarung von Gebührensätzen unterhalb des Einfachsatzes der GOÄ ist unzulässig, wenn sie dem Ziel dient, sich einen Wettbewerbsvorteil zu verschaffen. Urteil LG Kleve vom 19. Dez. 2000 (Az. 8 O 57/00): „..... verurteilt, es bei Meidung eines ... Ordnungsgeldes von bis zu 500 000 DM ... zu unterlassen... im geschäftlichen Verkehr zu Zwecken des Wettbewerbs die Einfachsätze des Gebührenverzeichnisses der Tierärztegebührenordnung (GOT) zu unterschreiten..." (die Regelungen zu den Gebührensätzen und den möglichen Ausnahmen in der Anwendung sind in der GOT und der GOÄ identisch).

[12.3] Die Abdingung ersetzt nicht die Rechnungsstellung (☛ § 12 Abs. 3).

[12.4] Vordrucke sind nur soweit zulässig, als sie die Rahmenangaben der Vereinbarung enthalten. Persönliche Angaben, Leistungen, Steigerungssatz, resultierende Beträge und Unterschriften müssen von Hand eingesetzt werden. Anderenfalls ist ein Verstoß gegen das AGB-Gesetz zu unterstellen. Muster von Abdingungserklärungen werden von verschiedenen Verbänden bereit gehalten.

**Beihilfe**     ☛ [7] des Kommentars

| | |
|---|---|
| **§3 Vergütungen** | **Als Vergütungen stehen dem Arzt Gebühren, Entschädigungen und Ersatz von Auslagen zu.** [1] |
| Kommentar | [1]<br>Gebühren sind die Vergütungen, die sich für die im Gebührenverzeichnis der GOÄ (Nrn. 1 ff) aufgeführten Leistungen aus der Multiplikation der Punktzahl, des Punktwertes und dem Steigerungssatz ergeben.<br><br>Entschädigungen sind Wegegeld und Reiseentschädigung der §§8 und 9.<br><br>Ersatz von Auslagen ist der nach §10 berechenbare Auslagenersatz. |

| | |
|---|---|
| **§4 Gebühren** | **(1)**<br>**Gebühren sind Vergütungen für die im Gebührenverzeichnis genannten ärztlichen Leistungen.** [1]<br><br>**(2) Der Arzt kann Gebühren nur für selbständige ärztliche Leistungen [2] berechnen, die er selbst erbracht hat oder die unter seiner Aufsicht nach fachlicher Weisung erbracht wurden (eigene Leistungen). [3] Als eigene Leistungen gelten auch von ihm berechnete Laborleistungen des Abschnittes M II des Gebührenverzeichnisses (Basislabor), die nach fachlicher Weisung unter der Aufsicht eines anderen Arztes in Laborgemeinschaften oder in von Ärzten ohne eigene Liquidationsberechtigung geleiteten Krankenhauslabors erbracht werden. [4]**<br><br>**Als eigene Leistungen im Rahmen einer wahlärztlichen stationären, teilstationären oder vor- und nachstationären Krankenhausbehandlung [5] gelten nicht**<br><br>**1. Leistungen nach den Nummern 1 bis 62 des Gebührenverzeichnisses innerhalb von 24 Stunden nach der Aufnahme und innerhalb von 24 Stunden vor der Entlassung,**<br><br>**2. Visiten nach den Nummern 45 und 46 des Gebührenverzeichnisses während der gesamten Dauer der stationären Behandlung sowie**<br><br>**3. Leistungen nach den Nummern 56, 200, 250, 250a, 252, 271 und 272 der Gebührenverzeichnisses während der gesamten Dauer der stationären Behandlung,**<br><br>**wenn diese nicht durch den Wahlarzt oder dessen vor Abschluß des Wahlarztvertrages dem Patienten benannten ständigen ärztlichen Vertreter persönlich erbracht werden; der ständige ärztliche Vertreter muß Facharzt desselben Gebiets sein. [5] Nicht persönlich durch den Wahlarzt oder dessen ständigen ärztlichen Vertreter erbrachte Leistungen nach Abschnitt E [4] des Gebührenverzeichnisses gelten nur dann als eigene wahlärztliche Leistungen, wenn der Wahlarzt oder dessen ständiger ärztlicher Vertreter durch die Zusatzbezeichnung „Physikalische Therapie" oder durch die Gebietsbezeichnung „Facharzt für Physikalische und Rehabilitative Medizin" qualifiziert ist und die Leistungen nach fachlicher Weisung unter deren Aufsicht erbracht werden.** |

**(2a) Für eine Leistung, die Bestandteil oder eine besondere Ausführung einer anderen Leistung nach dem Gebührenverzeichnis ist, kann der Arzt eine Gebühr nicht berechnen, wenn er für die andere Leistung eine Gebühr berechnet.** [6] **Dies gilt auch für die zur Erbringung der im Gebührenverzeichnis aufgeführten operativen Leistungen methodisch notwendigen operativen Einzelschritte.** [4] **Die Rufbereitschaft sowie das Bereitstehen eines Arztes oder Arztteams sind nicht berechnungsfähig.** [7]

**(3) Mit den Gebühren sind die Praxiskosten einschließlich der Kosten für den Sprechstundenbedarf sowie die Kosten für die Anwendung von Instrumenten und Apparaten abgegolten, soweit nicht in dieser Verordnung etwas anderes bestimmt ist.** [8] **Hat der Arzt ärztliche Leistungen unter Inanspruchnahme Dritter, die nach dieser Verordnung selbst nicht liquidationsberechtigt sind, erbracht, so sind die hierdurch entstandenen Kosten ebenfalls mit der Gebühr abgegolten.** [9]

**(4) Kosten, die nach Absatz 3 mit den Gebühren abgegolten sind, dürfen nicht gesondert berechnet werden. Eine Abtretung des Vergütungsanspruchs in Höhe solcher Kosten ist gegenüber dem Zahlungspflichtigen unwirksam.** [10]

**(5) Sollen Leistungen durch Dritte erbracht werden, die diese dem Zahlungspflichtigen unmittelbar berechnen, so hat der Arzt ihn darüber zu unterrichten.** [11]

**Kommentar**

[1]
Zum Begriff „Gebühren" ☞ Kommentar zu §3.

Für die beruflichen Leistungen des Psychologischen Psychotherapeuten oder Kinder- und Jugendlichenpsychotherapeuten dürfen andere als die im Gebührenverzeichnis enthaltenen Leistungspositionen nicht berechnet werden. Dies gilt auch für Leistungen, die als solche nicht in das Gebührenverzeichnis aufgenommen sind, da sie nach §6 Abs. 2 analog einer im Gebührenverzeichnis enthaltenen Leistung berechnet werden müssen.

Zu „ärztlichen" Leistungen (von Psychologischen Psychotherapeuten oder Kinder- und Jugendlichenpsychotherapeuten) ☞ [3.5] des Kommentars zu §1.

[2]
Leistungen sind dann nicht selbstständig berechenbar, wenn sie Bestandteil einer anderen, abgerechneten Leistung sind. Man spricht vom „Zielleistungsprinzip der GOÄ". Diese abstrakte Regelung führt zu vielen Auseinandersetzungen, besonders bei operativen Leistungen. Hilfe bei der Entscheidung, ob neben einer Zielleistung eine andere Leistung selbstständig berechenbar ist, gibt die Beurteilung, ob die andere Leistung in der Durchführung von der Zielleistung inhaltlich klar abgrenzbar ist und auch ohne zwingenden Zusammenhang mit der Zielleistung eigenständig indiziert war. Sie darf keinesfalls zur Erreichung des Leistungszieles obligat sein. In der Regel ist die eigenständige Berechenbarkeit auch dann zu verneinen, wenn sich aufgrund der Weiterentwicklung der Medizin die zur in der GOÄ genannten Leistung zusätzlich erbrachte Leistung als Standard etabliert hat. Für Varianten, die sich über die bei Fassung der GOÄ zugrunde

liegenden Verfahren hinaus etabliert haben, aber nach wie vor unter dem in der GOÄ genannten Begriff subsumierbar sind, ist keine zusätzliche Gebühr zu berechnen, sondern ist der Steigerungssatz anzuwenden.

In vielen Fällen enthält die GOÄ zu den in ihr genannten Leistungen keine Abrechnungsbestimmungen, welche die Frage der eigenständigen Berechenbarkeit neben einer anderen abgerechneten Leistung klären. In Zweifels-fällen können auch die Erläuterungen aus dem Abschnitt „Zum Verständnis der Leistungslegenden" des vorliegenden Kommentars herangezogen werden.

[3]
Leistungen von Psychologischen Psychotherapeuten oder Kinder- und Jugendlichenpsychotherapeuten sind grundsätzlich auch delegierbar und können als eigene Leistungen berechnet werden. Dies hat jedoch beim Psychologischen Psychotherapeuten oder Kinder- und Jugendlichenpsychotherapeuten enge Grenzen und kann sich nur auf Leistungen beziehen, die weitgehend standardisiert sind. Höchstpersönlich sind z.b. alle Untersuchungen, Anamnesen, Beratungen und psychiatrische oder psychotherapeutische Behandlungen zu erbringen.

Sofern bei bestimmten Testverfahren (z.B. Fragebogentests, orientierende Leistungstests) Durchführung und Auswertung standardisiert sind, kann beides an besonders geschultes Personal delegiert werden. Kommt jedoch der Verhaltensbeobachtung des Probanden für die Interpretation des Ergebnisses eine wichtige Bedeutung zu, ist auch die Durchführung nicht delegierbar, allenfalls die standardisierte Auswertung. Projektive Verfahren sind in jedem Fall vom Psychotherapeuten höchstpersönlich durchzuführen und auszuwerten.

Bei Hinzuziehung von angestellten Psychologischen Psychotherapeuten oder Kinder- und Jugendlichenpsychotherapeuten können die Leistungen vom liquidationsberechtigten Psychologischen Psychotherapeuten oder Kinder- und Jugendlichenpsychotherapeuten berechnet werden.

Die Berechnung als eigene Leistung bei Delegation von Leistungen setzt voraus, dass der Psychologische Psychotherapeut oder Kinder- und Jugendlichenpsychotherapeut die Indikation zur Leistung gestellt hat, deren Durchführung zumindest stichprobenartig kontrolliert, das Ergebnis zur Kenntnis nimmt, bewertet und einordnet, während der Leistungserbringung in unmittelbarer Nähe erreichbar ist und sich zuvor von der Qualifikation desjenigen, an den die Leistung delegiert worden ist, überzeugt hat.

[4]
Für Psychologische Psychotherapeuten oder Kinder- und Jugendlichenpsychotherapeuten nicht relevant.

[5]
[5.1] Bei Krankenhausbehandlung schließt der Privatpatient einen Aufnahmevertrag mit dem Krankenhaus. Dieser umfasst Krankenhausleistungen wie Unterbringung, Pflege und die ärztliche Behandlung durch sog. Wahl-ärzte (im Allgemeinen „Chefärzte"). Dem Patienten werden vom Kranken-haus die Krankenhausleistungen, von den Wahlärzten (Psychologischen Psychotherapeuten oder Kinder- und Jugendlichenpsychotherapeuten als liquidationsberechtigte Leiter entsprechender Krankenhausabteilungen) die ärztlichen Leistungen (der Psychologischen Psychotherapeuten oder Kinder-

und Jugendlichenpsychotherapeuten) in Rechnung gestellt. Möglich ist auch die In-Rechnung-Stellung beider Bestandteile durch das Krankenhaus und der interne Ausgleich mit dem „Wahlarzt".

Die stationäre, teilstationäre, vor- oder nachstationäre Behandlung setzt einen Leistungsvertrag mit dem Krankenhaus voraus. Der Patient zahlt das Entgelt gemäß einer der in der Bundespflegesatzverordnung vorgesehenen Entgeltstrukturen an das Krankenhaus (Fallpauschale, Sonderentgelt, Ab-teilungspflegesatz, Basispflegesatz, Pflegesatz für teilstationäre Leistung gemäß Katalog nach §112 SGB V oder Pflegesatz für vor- oder nachstationäre Behandlung gemäß §115a SGB V). Damit sind die stationären, teilstationären, vor- und nachstationären Leistungen abgegrenzt von der ambulanten Sprechstundenbehandlung und der ambulanten Notfallbehandlung durch am Krankenhaus angestellte Psychologische Psychotherapeuten oder Kinder- und Jugendlichenpsychotherapeuten. Praktisches Kriterium für die Unterscheidung von Krankenhausbehandlung und ambulanter Behandlung ist, ob der Patient die Krankenhausaufnahme durchlaufen hat.

Noch wurde auch leitenden Psychologen und Psychotherapeuten in Krankenhäusern und Reha-Kliniken vom Träger keine Berechtigung zur Privatliquidation eingeräumt. In den nächsten Jahren wird dies jedoch häufiger eintreten, da mit dem Psychotherapeutengesetz und der GOP die Rechtslage eine andere geworden ist.

[5.2] Nicht unter die Begriffe der „wahlärztlichen stationären Behandlung" fallen die Leistungen von Belegärzten (Beleg-Psychologischen Psychotherapeuten oder Kinder- und Jugendlichenpsychotherapeuten). §22 Abs. 3 Bundespflegesatzverordnung: „Eine Vereinbarung über wahlärztliche Leistungen erstreckt sich auf alle an der Behandlung beteiligten Ärzte des Krankenhauses..." und §23 Abs. 1: „Belegärzte im Sinne dieser Verordnung sind nicht am Krankenhaus angestellte Vertragsärzte...".

[5.3] In letzter Zeit sind eine Reihe von Urteilen ergangen, die eine Nichterfüllung des Wahlarztvertrages unterstellen, wenn der Wahlarzt nicht zumindest die „Kernleistungen" der Behandlung höchstpersönlich erbracht hat. Dies ist nachvollziehbar vor dem Hintergrund, dass der Wahlleistungspatient mit dem Wahlleistungsvertrag und den damit verbundenen höheren Kosten die Erwartung an die Behandlung durch besonders qualifizierte Ärzte seines Vertrauens stellt.

Unbeschadet davon ist die Benennung eines „ständigen Vertreters" möglich. Dieser muss Facharzt desselben Gebietes (hier also ebenfalls Psychologischer Psychotherapeut oder Kinder- und Jugendlichenpsychotherapeut) sein, eine „Oberarzt-Funktion" ist nicht zwingend. Für jeden Patienten kann aber nur ein Vertreter benannt werden, die Benennung mehrerer Vertreter oder ein Wechsel während der stationären Behandlung ist nicht zulässig. Von den Wahlärzten verschiedener Fachgebiete kann jeweils ein eigener ständiger Vertreter benannt werden. Auch bei Leistungserbringung durch den ständigen Vertreter gilt, dass der „Wahlarzt" zumindest die Kernleis-tungen selbst erbracht haben muss, um den Wahlarztvertrag zu erfüllen.

☛ [3], [4] des Kommentars zu §1 und [11] zu §2

[6]
☛ [2] des Kommentars zu §4

[7]
Dies schließt insbesondere aus, für Rufbereitschaft oder Wartezeiten vor dem Beginn der Leistungserbringung die Verweilgebühr nach Nr. 56 GOÄ zu berechnen.

[8]
Die GOÄ lässt neben der Vergütung die Berechnung entstandener Kosten nur im Rahmen des §10 zu. Alle anderen Kosten sind mit der Vergütung abgegolten. Praxiskosten sind z.b. Raumkosten einschließlich Nebenkosten, Personalkosten, Einrichtung, Reparaturen, Versicherungen, Fortbildungskosten und Fachliteratur, der Praxis-PKW (zu Wegegeld und Reisekosten s. §§8 und 9), Büro- und Sachbedarf, Darlehenszinsen und die Anschaffung einer Praxis (Übernahmekosten) sowie die Abgaben des am Krankenhaus tätigen Psychologischen Psychotherapeuten oder Kinder- und Jugend-lichenpsychotherapeuten an das Krankenhaus.

[9]
Hier handelt es sich lediglich um eine Klarstellung, dass der Grundsatz der Abgeltung von Praxiskosten mit den Gebühren auch dann gilt, wenn der Psychologische Psychotherapeut oder Kinder- und Jugendlichenpsychotherapeut zur Erbringung eigener Leistungen einen anderen in Anspruch nimmt und diesem Kostenerstattung schuldet. Ein Beispiel ist das von dem am Krankenhaus tätigen Psychologischen Psychotherapeuten oder Kinder- und Jugendlichenpsychotherapeuten zu zahlende Nutzungsentgelt an den Krankenhausträger.

[10]
Der Satz 1 ist nochmals klarstellend und leitet Satz 2 ein. Der gesamte Absatz 4 stellt auf den Fall des am Krankenhaus tätigen Psychologischen Psychotherapeuten oder Kinder- und Jugendlichenpsychotherapeuten ab. Mit dem Abtretungsverbot soll verhindert werden, dass das Krankenhaus die Sachkosten der Leistungen des Psychologischen Psychotherapeuten oder Kinder- und Jugendlichenpsychotherapeuten, die mit den GOÄ-Gebühren abgegolten sind, auch bei ambulanter Behandlung, nochmals dem Patienten in Rechnung stellt.

[11]
Dies betrifft den Fall, dass der Psychologische Psychotherapeut oder Kinder- und Jugendlichenpsychotherapeut den Patienten an einen anderen Psychologischen Psychotherapeuten oder Kinder- und Jugendlichenpsychotherapeuten oder Arzt zur Mitbehandlung überweist. In der Regel reicht die mündliche Information des Patienten über die Mitbehandlung und die gesonderte Rechnungsstellung durch den mitbehandelnden Psychologischen Psychotherapeuten oder Kinder- und Jugendlichenpsychotherapeuten oder Arzt und ein Vermerk über die erfolgte Aufklärung im Krankenblatt.

**§5 Bemessung der Gebühren für Leistungen des Gebührenverzeichnisses**

(1) Die Höhe der einzelnen Gebühr bemißt sich, soweit in den Absätzen 3 bis 5 nichts anderes bestimmt ist, nach dem Einfachen bis Dreieinhalbfachen des Gebührensatzes. [1] Gebührensatz ist der Betrag, der sich ergibt, wenn die Punktzahl der einzelnen Leistung des Gebührenverzeichnisses mit dem Punktwert vervielfacht wird. [2] Der Punktwert beträgt 11,4 Deutsche Pfennige (5,82873 Cent). [3] Bei der Bemessung von Gebühren sind sich ergebende Bruchteile eines Pfennigs unter 0,5 abzurunden und Bruchteile von 0,5 und mehr aufzurunden. [4]

(2) Innerhalb des Gebührenrahmens sind die Gebühren unter Berücksichtigung der Schwierigkeit und des Zeitaufwandes der einzelnen Leistung sowie der Umstände bei der Ausführung nach billigem Ermessen zu bestimmen. [5] Die Schwierigkeit der einzelnen Leistung kann auch durch die Schwierigkeit des Krankheitsfalles begründet sein; dies gilt nicht für die in Absatz 3 genannten Leistungen. [6] Bemessungskriterien, die bereits in der Leistungsbeschreibung berücksichtigt worden sind, haben hierbei außer Betracht zu bleiben. In der Regel darf eine Gebühr nur zwischen dem Einfachen und dem 2,3fachen des Gebührensatzes bemessen werden; ein Überschreiten des 2,3fachen des Gebührensatzes ist nur zulässig, wenn Besonderheiten der in Satz 1 genannten Bemessungskriterien dies rechtfertigen.

(3) Gebühren für die in den Abschnitten A, E und O des Gebührenverzeichnisses genannten Leistungen bemessen sich nach dem Einfachen bis Zweieinhalbfachen des Gebührensatzes. Absatz 2 Satz 4 gilt mit der Maßgabe, daß an die Stelle des 2,3fachen des Gebührensatzes das 1,8fache des Gebührensatzes tritt. [7]

(4) Gebühren für die Leistung nach Nummer 437 des Gebührenverzeichnisses sowie für die in Abschnitt M des Gebührenverzeichnisses genannten Leistungen bemessen sich nach dem Einfachen bis 1, 3fachen des Gebührensatzes. Absatz 2 Satz 4 gilt mit der Maßgabe, daß an die Stelle des 2,3fachen des Gebührensatzes das 1,15fache des Gebührensatzes tritt. [8]

(5) Bei wahlärztlichen Leistungen, die weder von dem Wahlarzt noch von dessen vor Abschluß des Wahlarztvertrages dem Patienten benannten ständigen ärztlichen Vertreter persönlich erbracht werden, tritt an die Stelle des Dreieinhalbfachen des Gebührensatzes nach §5 Abs. 1 Satz 1 das 2,3fache des Gebührensatzes und an die Stelle des Zweieinhalbfachen des Gebührensatzes nach §5 Abs. 3 Satz 1 das 1,8fache des Gebührensatzes. [9]

**Kommentar**

[1]
Gebührenrahmen: Den Bereich vom Einfachen bis Dreieinhalbfachen bezeichnet man als „Gebührenspanne" oder „Gebührenrahmen". Bei Leistungen, die ohne Begründung bis zum 2,3-fachen und mit Begründung bis zum 3,5-fachen Steigerungssatz berechnet werden können, spricht man vom „großen Gebührenrahmen", bei Leistungen mit dem Schwellenwert 1,8 und dem Höchstwert 2,5 vom „kleinen Gebührenrahmen".

Gebührensatz: Bei Multiplikation der Punktzahl einer Leistung mit dem 1,0-fachen entsteht der „Einfachsatz" oder „Gebührensatz".

Höchstwert: Aus der Anwendung des höchstzulässigen Multiplikators (z.b. 3,5-fach) resultiert der „Höchstsatz".

Schwellenwert: Als „Schwellenwert" bezeichnet man das Ergebnis der Multiplikation, bis zu der keine Begründung anzugeben ist (2,3- oder 1,8-fach). ☞ §12 Abs. 3.

§5 bezieht sich auf „Gebühr". Dadurch sind Wegegeld (☞ §8), Reiseentschädigung (☞ §9), Auslagenersatz (☞ §10), die meisten Zuschläge (Ausnahme z.b. Nrn. 402/403) und Gebührenpositionen, bei denen dies in der Anmerkung oder Allgemeinen Bestimmung des betreffenden Abschnittes bestimmt ist (z.b. Schreibgebühren nach den Nrn. 95/96), nicht steigerungsfähig.

[2]
☞ [1]

[3]
Der oben angegebene Cent-Betrag wurde redaktionell eingefügt und ist nicht Bestandteil der Verordnungstextes.

Nach dem Achten Euro-Einführungsgesetz wurde mit dem 1. Januar 2002 auch die GOÄ auf Euro umgestellt. Der Punktwert beträgt 5,82873 Cent (alte Bundesländer). Im Artikel 17 des Gesetzes über den Beruf der Po-dologin und des Podologen (Podologengesetz – PodG) ist eine Klarstellung hinsichtlich des Punktwertes in der GOÄ erfolgt (BGBl 2001 Teil 1 Nr. 64 vom 7. Dezember 2001). Danach wird „die Angabe „11,4 Deutsche Pfen-nige" durch die Angabe „5,82873 Cent" ersetzt".

Die vielen Nachkommastellen sind beabsichtigt, um Rundungsfehler zu vermeiden.

Abweichend davon beträgt der Punktwert in den neuen Bundesländern zur Zeit nur 5,24586 Cent. Grund ist, dass im Einigungsvertrag in Anlage I, Kapitel VII, Sachgebiet G, Abschnitt II die Einführung der GOÄ mit abgesenkter Vergütungshöhe verankert ist. Deren Höhe wird durch eine jeweilige „Verordnung zur Anpassung der Höhe der Vergütungen nach der Gebührenordnung für Ärzte, der Gebührenordnung für Zahnärzte und der Hebammenhilfe-Gebührenordnung" (Gebührenanpassungsverordnung) festgesetzt. Mit der sechsten Gebührenanpassungsverordnung wurde die Vergütungshöhe in den neuen Bundesländern von ursprünglich 45% ab dem 1.1.2002 auf 90% angehoben.

Im Einigungsvertrag ist in Artikel 3 auf das Hoheitsgebiet der ehemaligen DDR abgestellt. Dazu zählt auch das ehemalige Ost-Berlin. Durch die Abstellung auf das DDR-Hoheitsgebiet ist ein „Tatortprinzip" ausschlaggebend. Damit ist einzig der Ort der Leistungserbringung ausschlaggebend, nicht etwa der Wohnort des Patienten, des Arztes oder die Frage, ob der Patient in den alten Bundesländern versichert ist.

Der „Ostabschlag" ist auf „Gebühren" bezogen. Daraus folgend sind Entschädigungen und Auslagenersatz in voller Höhe berechenbar. Mit „Gebühren" müssen aber auch die Positionen des Leistungsverzeichnisses mit Kostenersatzcharakter, z.B. die Schreibgebühren nach den Nummern 95 und

96 und die nur zum Einfachsatz berechenbaren Leistungen, z.b. Zuschläge, gemindert berechnet werden.

Nähere Ausführungen zur Gebührenanwendung in den neuen Bundesländern finden sich z.b. im Internet bei der Bundesärztekammer.

[4]
Prinzip der kaufmännischen Rundung.

[5]
„Gebührenrahmen" ☛ [1]. „Gebühren" ☛ Kommentar zu §3.

Die genannten Kriterien sind abschließend. Einen „Koryphäenzuschlag" kennt die GOÄ nicht. Ebenso wenig sind die mit der Leistungserbringung verbundenen Kosten ein zulässiges Kriterium für die Gebührenbemessung oberhalb des Schwellenwertes (vgl. aber [12] des Kommentars zu §2). Die genannten Kriterien sind nicht nur bei Überschreitung des Schwellenwertes zu berücksichtigen, sondern auch innerhalb der Spanne vom Einfachsatz bis zum Schwellenwert. Im Einzelfall besonders einfache und/oder weniger als durchschnittlich zeitaufwendige Leistungen sind durch den Ansatz eines Steigerungssatzes unterhalb des Schwellenwertes zu berücksichtigen. Die GOÄ fordert mit §5 eine differenzierte Anwendung des Steigerungssatzes, was sowohl gegen die schematische Anwendung der Schwellenwerte spricht als auch dagegen, Überschreitungen der Schwellenwerte prinzipiell auszuschließen.

Subjektive Schwierigkeiten, z.b. Unerfahrenheit des Psychologischen Psychotherapeuten oder Kinder- und Jugendlichenpsychotherapeuten, können bei der Gebührenbemessung nicht berücksichtigt werden. Ebenso wenig muss aber der Erfahrene einen niedrigeren Steigerungssatz wählen, wenn ihm aufgrund seiner Erfahrung eine Leistung weniger Schwierigkeiten bereitet als dem Unerfahrenen. Die Schwierigkeit ergibt sich objektiv aus dem Krankheitsbild oder der Person des Patienten (z.b. ist eine Sprachstörung als ein die Leistungserbringung objektiv erschwerender Umstand zu werten).

Wenn Leistungen schon in sich nach Schwierigkeit unterschiedlich bewertet sind, ist die Schwierigkeit der höher bewerteten Leistung kein zulässiges Kriterium für einen höheren Steigerungssatz (z.b. Relation zwischen den Nrn. 804 und 812).

Das Kriterium „Zeitaufwand" ist eng mit der „Schwierigkeit" verknüpft. Aber auch bei mittlerer oder niedrigerer Schwierigkeit kann ein höherer Zeitaufwand z.b. dadurch entstehen, dass die Vorgeschichte eines Patienten besonders umfangreich ist.

Sind in der GOÄ Zeitmaße als Mindestzeiten genannt, ist nur eine sehr erhebliche Überschreitung der Mindestdauer (z.b. um 50%) eine ausreichende Begründung für die Wahl eines die Begründungsschwelle überschreitenden höheren Steigerungssatzes. Bei Unterschreiten der Mindestdauer ist der Leistungsinhalt nicht erbracht.

Als Umstand bei der Ausführung gilt nicht die schon einer Leistung innewohnende Besonderheit, sondern nur ein vom Regelfall abweichender Umstand. Solches kann z.b. sein die Ausführung der Leistung außerhalb von Klinik oder Praxis, eine Notfallbehandlung (wenn nicht schon die Leistungslegende auf den Notfall abgestellt ist) oder die Leistung zur Unzeit, z.b. an Sonn- und Feiertagen. Sieht die GOÄ für Leistungen zur Unzeit Zuschläge vor (z.b. A ff. in Abschnitt B), so sind diese bei Berechnung einer der den Zuschlag auslösenden Leistungen anzuwenden. Die Tatsache, dass Zuschläge für Leistungserbringung zur Unzeit prinzipiell vorgesehen ist, zeigt aber, dass die Leistungserbringung zur Unzeit als zulässiges Kriterium des Umstandes anwendbar ist.

[6]
Dies ist insoweit unklar gefasst, als sich die Schwierigkeit des Krankheitsfalles schon in der Schwierigkeit der Leistung niederschlägt. Ihren Sinn hat die Bestimmung aber dann, wenn gemäß §12 Abs. 3 für die Überschreitung des Schwellenwertes eine Begründung gegeben werden muss. Dabei kann die besondere Schwere der Erkrankung als Begründung angegeben werden. Ein besonders schwieriger Krankheitsverlauf kann aber auch bei an sich „einfachen" Krankheitsbildern im Einzelfall die Schwierigkeit des Krankheitsfalles begründen.

[7]
Hier nur relevant für Leistungen des Abschnittes A.

[8]
Für Psychologische Psychotherapeuten oder Kinder- und Jugendlichenpsychotherapeuten nicht relevant.

[9]
Zu „wahlärztlichen Leistungen" ☛ [11] des Kommentars zu §4.

Werden „wahlärztliche Leistungen" weder vom Wahlarzt noch von dessen ständigen Vertreter erbracht, ist deren Berechnung – außer den Fällen des §4 Abs. 2 Nr. 1 bis 3 – nicht ausgeschlossen. Obergrenze der Anwendung des Steigerungssatzes ist dann aber der Schwellenwert.

| | |
|---|---|
| **Beihilfe** | Es steht der Beihilfe frei, in ihren Richtlinien die Erstattung oberhalb der Schwellenwerte auszuschließen. ☛ [3.3] des Kommentars zu §1 sowie Kommentar zu §12 Abs. 3. |

| | |
|---|---|
| **§5a Bemessung der Gebühren in besonderen Fällen** | **Im Fall eines unter den Voraussetzungen des §218a Abs. 1 des Strafgesetzbuches vorgenommenen Abbruchs einer Schwangerschaft dürfen Gebühren für die in §24b Abs. 4 des Fünften Buches Sozialgesetzbuch genannten Leistungen nur bis zum 1,8fachen des Gebührenrahmens nach §5 Abs. 1 Satz 2 berechnet werden. [1]** |
| **Kommentar** | [1]<br>Für Psychologische Psychotherapeuten oder Kinder- und Jugendlichenpsychotherapeuten nur im Zusammenhang mit der Leistung nach Nummer 90 GOÄ (Schriftliche Feststellung über das Vorliegen oder Nichtvorliegen einer Indikation für einen Schwangerschaftsabbruch) relevant. |
| **Hinweis zur Abrechnung** | Statt des 2,3-fachen ist höchstens der 1,8-fache Steigerungssatz berechenbar. Eine Abdingung nach §2 ist unzulässig (☛ [3] des Kommentars zu §2). |

| | |
|---|---|
| **§5b Bemessung der Gebühren bei Versicherten des Standard-Tarifes der privaten Krankenversicherung** | **Für Leistungen, die in einem brancheneinheitlichen Standardtarif nach §257 Absatz 2a des Fünften Buches Sozialgesetzbuch versichert sind, [1] dürfen Gebühren nur bis zum 1,7fachen des Gebührensatzes nach §5 Absatz 1 Satz 2 berechnet werden. [2] Bei Gebühren für die in den Abschnitten A, E und O des Gebührenverzeichnisses genannten Leistungen gilt Satz 1 mit der Maßgabe, dass an die Stelle des 1,7fachen des Gebührensatzes das 1,3fache des Gebührensatzes tritt. [3] Bei Gebühren für die in Abschnitt M des Gebührenverzeichnisses genannten Leistungen gilt Satz 1 mit der Maßgabe, dass an die Stelle des 1,7fachen des Gebührensatzes das 1,1fache des Gebührensatzes tritt. [4]** |

**Kommentar**

[1]

[1.1] Mit dem Gesundheitsstrukturgesetz zum 1.1.1993 wurde die private Krankenversicherung verpflichtet, für ältere Versicherungsnehmer brancheneinheitlich einen Tarif anzubieten, der in den Leistungen den Leistungen der GKV vergleichbar ist und dessen Beitragssatz den durchschnittlichen Höchstbeitrag zur GKV nicht übersteigt. Der Tarif war (und ist) unabhängig von den Vermögensverhältnissen des Versicherten wählbar. Damit begegnete man der Diskussion um die teils extrem steigenden Beiträge älterer privat Krankenversicherter. Mit der GKV-Gesundheitsreform wurde älteren privat Krankenversicherten der vorher noch unter gewissen Voraussetzungen mögliche Rückweg in die GKV vollends verbaut. Parallel wurde die Alters-grenze, ab der in den Standardtarif gewechselt werden kann, gesenkt, der Tarif weiteren Personenkreisen geöffnet und der §5b in die GOÄ eingeführt. Während bis dahin die Ärzteschaft fast vollständig die Erstattungsbedin-gungen des Standardtarifes freiwillig in der Liquidationshöhe berücksichtigte, ist dies seitdem verbindlich.

Zwar handelt es sich gegenüber Standardtarifversicherten nach wie vor um Leistungen gegenüber Privatpatienten, die Gebührenbegrenzung ist aber verpflichtend.

[1.2] Demgegenüber sind andere Spezialtarife mit eingeschränkter Erstattungshöhe der privaten Krankenversicherung oder Erstattungsrichtlinien sonstiger Kostenträger (z.B. private Zusatzversicherungen, studentische private Krankenversicherung, Postbeamten-Krankenkasse oder Krankenversorgung der Bundesbahn) für den Psychologischen Psychotherapeuten oder Kinder- und Jugendlichenpsychotherapeuten rechtlich nicht verbindlich hinsichtlich der Wahl des Steigerungssatzes. Es empfiehlt sich jedoch, auf solche Einschränkungen der Erstattungshöhe in der Liquidation Rücksicht zu nehmen. Bei vielen solcherart versicherten Patienten handelt es sich um Personenkreise, die grundsätzlich auch in der GKV versicherungsfähig wären oder für die deren Kostenträger die Übernahme in die GKV-Versicherungspflicht bewirken könnten. Diese Personen würden wahrscheinlich zu einem großen Teil als Privatpatienten verloren gehen, wenn sie regelmäßig eine Zuzahlung zur Arztrechnung leisten müssten.

[1.3] Da der §5b der GOÄ verpflichtend ist, kann ein Standardtarifversicherter auch eine nachträgliche Rechnungskorrektur verlangen. Hat er aber den Versicherungsstatus trotz Nachfrage verschwiegen, kam der

Behandlungsvertrag als Grundlage des Liquidationsanspruchs nicht auf der Grundlage von §5b zustande und der Psychologische Psychotherapeut oder Kinder- und Jugendlichenpsychotherapeut ist nicht zur Korrektur der Rechnung verpflichtet. Abweichend hiervon wird die Auffassung vertreten, eine Verpflichtung zur Rechnungskorrektur auf die Sätze des Standardtarifes hin sei sogar rückwirkend zwingend, auch wenn der Versicherte den besonderen Versicherungsstatus trotz Nachfrage nicht angegeben hat. In diesem Fall liegt jedoch eine Täuschung vor, und der Psychologische Psychotherapeut oder Kinder- und Jugendlichenpsychotherapeut kann den Patienten wegen des Differenzbetrages, der aus der korrigierten Liquidation zu den Sätzen des Standardtarifes und einer Liquidation zu normalen GOÄ-Sätzen entstanden ist, auf Schadenersatz in Anspruch nehmen.

Auf jeden Fall sollte der Psychologische Psychotherapeut oder Kinder- und Jugendlichenpsychotherapeut sich bei der Frage nach dem Versicherungsstatus nicht mit der Auskunft „Privat versichert" zufrieden geben. Die Frage nach Spezialtarifen sollte gestellt werden. Zum einen vermeidet dies spätere Auseinandersetzungen um die Höhe der Liquidation, zum anderen gibt es eine wirtschaftliche Nebenpflicht aus dem Behandlungsvertrag (beruhend auf §242 BGB), wonach der Psychologische Psychotherapeut oder Kinder- und Jugendlichenpsychotherapeut den Patienten über die wirtschaftlichen Folgen des Behandlungsvertrags aufklären muss, wenn abzusehen ist, dass die Erstattung nicht gewährleistet ist.

[2]
Die gesetzliche Gebührenbegrenzung entspricht den derzeitigen Erstattungsobergrenzen der Standardtarife.

[3]
Eine Abdingung gemäß §2 GOÄ ist zulässig, da sich das Verbot abweichender Vereinbarungen in §2 nicht auf den §5b bezieht. §2 Abs. 3 gilt aber auch für den Standardtarif, so dass eine Abdingung für Leistungen der Abschnitte A, E, M und O ausgeschlossen bleibt.

[4]
Für Psychologische Psychotherapeuten oder Kinder- und Jugendlichenpsychotherapeuten nicht relevant.

**Beihilfe**

Der Psychologische Psychotherapeut oder Kinder- und Jugendlichenpsychotherapeut ist bei beihilfeberechtigten Standardtarifversicherten genauso wie bei nur in der privaten Krankenversicherung Standardtarifversicherten an den §5b gebunden.

| §6 Gebühren für andere Leistungen | (1) Erbringen Mund-Kiefer-Gesichtschirurgen, Hals-Nasen-Ohrenärzte oder Chirurgen Leistungen, die im Gebührenverzeichnis für zahnärztliche Leistungen – Anlage zur Gebührenordnung für Zahnärzte vom 22. Oktober 1987 (BGBl. I S. 2316) – aufgeführt sind, sind die Vergütungen für diese Leistungen nach den Vorschriften der Gebührenordnung für Zahnärzte in der jeweils geltenden Fassung zu berechnen. [1] |
|---|---|
| | (2) [2] Selbständige ärztliche Leistungen, die in das Gebührenverzeichnis nicht aufgenommen sind [3], können entsprechend einer nach Art, Kosten- und Zeitaufwand gleichwertigen Leistung [4] des Gebührenverzeichnisses berechnet werden. [5], [6] |

**Kommentar**

[1]
Für Psychologische Psychotherapeuten oder Kinder- und Jugendlichenpsychotherapeuten nicht relevant.

[2]
Die geläufige Bezeichnung für die in §6 Abs. 2 beschriebenen Leistungen lautet „Analoge Bewertungen".

[3]
Nach EBM können nur Leistungen berechnet werden, die explizit im EBM genannt sind oder unter einer der vorhandenen EBM-Leistungen subsumiert werden können. In der GOÄ eröffnet §6 Abs. 2 dagegen die Möglichkeit, auch in der GOÄ nicht enthaltene Leistungen abzurechnen (Analogabrechnung). Demgemäß kann es keine berufliche Leistung des Psychologischen Psychotherapeuten oder Kinder- und Jugendlichenpsychotherapeuten geben, die nicht nach GOÄ abzurechnen wäre, es sei denn, es bestehen gesetzliche Sonderregelungen. (☞ §1 Abs. 1).

Der häufigste Grund, warum eine Leistung in der GOÄ nicht enthalten ist, besteht darin, dass die GOÄ mit ihren langen Novellierungszeiträumen den medizinischen Fortschritt nicht zeitnah berücksichtigen kann. Erschwerend hinzu kommt die Vorlaufzeit im Gesetzgebungsverfahren. Es gibt aber auch Leistungen, die in die Erstfassung der GOÄ versehentlich nicht aufgenommen wurden. Auch nachträglich wurden diese Leistungen nicht berücksichtigt, weil in den letzten Novellierungen nie eine vollständige Überarbeitung stattgefunden hat. Eine weitere wesentliche Gruppe nicht in die GOÄ aufgenommener Leistungen sind solche, deren medizinische Wertigkeit zu umstritten ist, um in einer amtlichen Gebührenordnung berücksichtigt zu werden. Auch diese Leistungen müssen aber nach GOÄ (eben analog) berechnet werden.

Wesentliche Voraussetzung für die Berechenbarkeit als Analogleistung ist deren Selbstständigkeit. ☞ [2] des Kommentars zu §4.

[4]
[4.1] Die beim Abgriff einer analogen Leistung zu beachtenden Kriterien sind „Art, Kosten- und Zeitaufwand". Das Kriterium „Art" der Leistung ist vorrangig zu beachten. Entscheidend ist aber die „Gleichwertigkeit". Das heißt, wenn es keine in der Art vergleichbare Leistung in der GOÄ gibt, sind die Kriterien Kosten- bzw. Zeitaufwand ausschlaggebend für den Analogabgriff. Die „Art" der Leistung richtet sich nach ihren äußeren

Merkmalen (Objekt der Behandlung, Behandlungstechnik, operative oder konservative Leistung, Gutachtenleistung) und ihren inneren Merkmalen (Schwierigkeit der Leistung). Für einen Analogabgriff zu bevorzugen sind daher die Leistungen der eigenen Fachgruppe und desjenigen GOÄ-Abschnitts, dem die analog abzurechnende Leistung ihrer Art nach zuzuordnen ist. Ist dies nicht möglich, ist auch der Abgriff aus anderen GOÄ-Abschnitten und/oder eine Analogbewertung durch Abgriff mehrerer anderer Leistungen (Baukastenprinzip) legitim.

Da sich die Forderung der „Gleichwertigkeit" der Leistung auf alle drei Kriterien bezieht, kann es vorkommen, dass in der GOÄ eine Leistung ihrer äußeren Art nach vorrangig für den Analogabgriff infrage käme, unter den Kriterien „Kosten- und Zeitaufwand" jedoch die geforderte Vergleichbarkeit eher auf einer andere Leistung zutrifft. In dem Fall ist diese andere Leistung zu wählen.

Bei Findung der gleichwertigen Leistung sind die auf die Leistung bezogenen Sachkosten zu beachten.

Wegen des Prinzips der „Gleichwertigkeit" gelten für die analoge Leistung dieselben Rahmenbedingungen (Gebührenrahmen, Abrechnungsausschlüsse) wie für die abgegriffene, in der GOÄ enthaltene Leistung.

[4.2] Wertvolle Hinweise zum Verfahren der Analogabrechnung finden sich im Internet auf den Seiten der Bundesärztekammer (www.baek.de). Dort ist auch die „Liste der analogen Bewertungen der Bundesärztekammer" zu finden. Diese Liste ist zwar nicht abschließend und nicht rechtsverbindlich, aber rechtswirksam dadurch, dass sie als Ergebnis langer und umfassender Beratungen in aller Regel von den Kostenträgern akzeptiert wird. Ein Psychologischer Psychotherapeut oder Kinder- und Jugendlichenpsycho-therapeut, der beim Analog-abgriff eine im Analogverzeichnis der Bundes-ärztekammer aufgeführte analoge Leistung durch eine andere in der GOÄ enthaltene Leistung ersetzt, handelt in aller Regel rechtsunsicher.

[5]
Beim Analogabgriff sind in der Rechnung die in ☞ §12 Abs. 4 genannten Vorgaben zu beachten.

[6]
Manche Tarife der privaten Krankenversicherung schränken die Erstattung analog berechneter Leistungen erheblich ein oder schließen sie sogar aus. Nach geltender Rechtsprechung ist diese Verfahrensweise zulässig, sie wird von der privaten Krankenversicherung im Allgemeinen aber nur dann angewendet, wenn es sich um medizinisch umstrittene Leistungen handelt oder die Analogberechnung erkennbar unsachgemäß ist. Es ist z.B. kein Fall bekannt, in dem die Erstattung einer Herztransplantation – diese Leistung ist nicht in der GOÄ enthalten und erfordert deswegen einen Analogabgriff – unter Bezug auf die entsprechende Klausel der Versicherungsbedingungen abgelehnt worden wäre. Durchaus bekannt ist dagegen, dass private Krankenversicherungen Leistungen nach den Nrn. 808 und 860, die im Falle einer Verhaltenstherapie nur analog berechnet werden können, mit Hinweis auf entsprechende Klauseln des Versicherungsvertrags nicht erstatten. Die Verhaltenstherapie war in der Fassung der GOÄ von 1988 noch nicht enthalten und wurde erst 1996 in die GOÄ eingeführt (Nrn. 870, 871). Obwohl es naheliegend gewesen wäre, die Legende der Nrn. 808 und 860 im Hinblick

auf die Verhaltenstherapie anzupassen, hat der Verordnungsgeber dies versäumt (☞ [6] des Kommentars zu Nr. 808). Das Recht des Psychologischen Psychotherapeuten oder Kinder- und Jugendlichenpsychotherapeuten auf analoge Berechnung nicht in der GOÄ enthaltener Leistungen ist von den Versicherungsbedingungen unberührt (☞ [3] des Kommentars zu §1). Im Streitfalle sollte der Psychologische Psychotherapeut oder Kinder- und Jugendlichenpsychotherapeut – eine korrekte Analogabrechnung vorausgesetzt – den Patienten auf diese Rechtsbedingungen hinweisen und ggf. anbieten, dass der Patient die Rechnung von einer unabhängigen gutachterlichen Stelle überprüfen lassen kann. In Streitfällen sollte der Patient nicht in der Absicht eines Versicherungswechsels bestärkt werden. In der Regel ist dies mit erheblichen Nachteilen für den Patienten verbunden (keine Mitnahme von Altersrückstellungen).

**Analoge Bewertung**

§6 Abs. 2 GOÄ eröffnet grundsätzlich die Möglichkeit, auch in der GOÄ nicht enthaltene Leistungen abzurechnen (Analogabrechnung).

**Beihilfe**

Beihilfestellen sind in der Erstattung analog abgerechneter Leistungen oft sehr restriktiv. Viele erkennen nur die im Analogverzeichnis der Bundes-ärztekammer enthaltenen Leistungen an. ☞ [6] des Kommentars zu §6.

---

**§6a Gebühren bei stationärer Behandlung**

**(1) Bei vollstationären, teilstationären sowie vor- und nachstationären [1] privatärztlichen Leistungen sind die nach dieser Verordnung berechneten Gebühren um 25% vom Hundert zu mindern. [2] Abweichend davon beträgt die Minderung für Leistungen nach Satz 1 von Belegärzten und niedergelassenen anderen Ärzten 15 vom Hundert. [3] Ausgenommen von der Minderungspflicht ist der Zuschlag nach Buchstabe J in Abschnitt B V des Gebührenverzeichnisses.**

**(2) Neben den nach Abs. 1 geminderten Gebühren darf der Arzt Kosten nicht berechnen; die §§7 – 10 bleiben unberührt. [4]**

**Kommentar**

[1]
Zu „stationär" usw. ☞ [5] des Kommentars zu §4 .

[2]
[2.1] Sinn der Minderungspflicht nach §6a GOÄ ist, beim Privatpatienten eine Doppelbelastung durch sowohl in den Krankenhausentgelten als auch in der Privatrechnung des liquidationsberechtigten Psychologischen Psychotherapeuten oder Kinder- und Jugendlichenpsychotherapeuten enthaltene Sach- oder Personalkosten zu vermeiden.
Eine solche Doppelbelastung findet nicht nur im Fall des am Krankenhaus angestellten liquidationsberechtigten Psychologischen Psychotherapeuten oder Kinder- und Jugendlichenpsychotherapeuten statt, sondern auch dann, wenn ein niedergelassener Psychologischer Psychotherapeut oder Kinder- und Jugendlichenpsychotherapeut einen Privatpatienten konsiliarisch im Krankenhaus betreut. Auch er nimmt zumindest Sachkosten des Krankenhauses in Anspruch (und seien es nur die Raumkosten). §6a GOÄ nimmt hier keine Differenzierung nach der Höhe der Sachkosten vor. Folglich ist auch in diesem Konsiliarfall bei in den Räumen des Krankenhauses erbrachten Leistungen zu mindern. ☞ [3].

[2.2] Nicht zu mindern ist die Rechnung aber, wenn der in stationärer Behandlung befindliche Patient zur Behandlung in die Praxisräume des Psychologischen Psychotherapeuten oder Kinder- und Jugendlichenpsychotherapeuten kommt. In diesem Fall findet keine Doppelbelastung statt, da die Praxiskosten des niedergelassenen Psychologischen Psychotherapeuten oder Kinder- und Jugendlichenpsychotherapeuten nicht in die Krankenhausentgelte einkalkuliert sind. Bei gesetzlich Krankenversicherten ist dies anders. Hier erfolgt die Rechnungsstellung nicht gegenüber dem Patienten, sondern gegenüber dem Krankenhaus. Diese Kosten sind folglich in den Krankenhausentgelten einkalkuliert. Gegenüber dem Krankenhaus ist die Rechnung aber nicht zu mindern, da es sich um keine „wahlärztliche" Behandlung im Sinne der Bundespflegesatzverordnung handelt und eine Doppelbelastung nicht stattfindet.

[2.3] Um die Frage der Minderungspflicht bei konsiliarärztlichen Leistungen wird seit vielen Jahren heftig gestritten. In den weitaus meisten Gerichtsurteilen wurde zugunsten des niedergelassenen Arztes entschieden, wenn die Leistung außerhalb des Krankenhauses erfolgte. Die Bedingung der Leistungserbringung „außerhalb des „Krankenhauses" ist auch dann erfüllt, wenn der Arzt seine Praxis innerhalb des Krankenhausgebäudes oder Krankenhausgeländes betreibt, die Praxis aber wirtschaftlich vom Krankenhaus unabhängig ist. In diesem Fall bejahte aber eine größere Zahl der Gerichte die Minderungspflicht, weil die Trennung zwischen stationärer und ambulanter Behandlung für den Patienten nicht klar erkennbar war.

Die Diskussion wird oft mit Hinweis auf zwei Urteile des Bundesgerichtshofes geführt (IV ZR 61/97 vom 14. Jan. 1998 und III ZR 222/97 vom 17. Sept. 1998). Beiden Urteilen lagen aber Spezialfälle zugrunde, bei denen die stationäre Aufnahme nur zum Zweck der Behandlung in der Arztpraxis (Herzkatheterleistungen) erfolgte und die Behandlung in der Arztpraxis nicht ohne stationäre Vor- und Nachbehandlung hätte erfolgen können. Der BGH sah deshalb – auch aus Sicht der Verfasser dieses Kommentars zutreffend – die Behandlung in der Arztpraxis als Teil der stationären Behandlung an und bejahte die Minderungspflicht. Da dargelegt wurde, dass die Kosten der Arztpraxis jedoch nicht in den Entgeltsätzen des Krankenhauses einkalkuliert waren, sah der BGH die Sachkosten (bei solchen Behandlungen oft einige Tausend DM) als neben der Arztleistung gesondert berechenbar an.

Ein Problem bei der Minderungspflicht ist, dass zunehmend Leistungen aus dem Krankenhaus „outgesourct" werden, die vormals Krankenhausleistungen und mit den Krankenhausentgelten abgegolten waren. Dies betrifft aber v.a. ärztliche Leistungen und darf nicht zu einer falschen Anwendung des §6a führen. Das Problem ist über die Anpassung der Krankenhausentgelte zu lösen.

[2.4] Im Falle von Privatkliniken ist für die Frage der evtl. Minderungspflicht entscheidend, ob die Klinik in den Krankenhausbedarfsplan aufgenommen ist und damit die Bundespflegesatzverordnung Anwendung findet. Wenn dies nicht der Fall ist, werden die Kosten für die ärztlichen Leistungen oft von den reinen Pflege- und Unterbringungskosten getrennt. Eigentlich müsste in diesen Fällen vom Sinn der Bestimmung her nicht gemindert werden. Der §6a GOÄ unterscheidet dies jedoch nicht, seine Anwendung kann auch in diesen Fällen nicht bestritten werden.

Bietet ein Sanatorium jedoch, ähnlich einem Hotel, nur Unterkunft und Verpflegung an und überlässt es seinen Gästen, in welchem Umfange sie ärztliche Behandlung oder Leistungen von Psychologischen Psychotherapeuten oder Kinder- und Jugendlichenpsychotherapeuten in Anspruch nehmen, liegt keine stationäre Behandlung vor, §6a GOÄ ist nicht zutreffend.

[2.5] Zur Frage der Minderungspflicht finden sich wertvolle Hinweise auf den Internetseiten der Bundesärztekammer, einschließlich einer Übersicht über bisher ergangene Gerichtsurteile (www.baek.de).

[3]
Die Minderung um 15 bzw. 25% ist bei den berechneten Gebühren vorzunehmen, also bei dem Gebührensatz nach Anwendung des Steigerungssatzes. Dies trifft auch für den Fall eines höheren Steigerungssatzes nach Anwendung des §2 GOÄ zu.

Die Minderungshöhe von 25% betrifft die am Krankenhaus angestellten Ärzte bzw. Psychologischen Psychotherapeuten oder Kinder- und Jugendlichenpsychotherapeuten, für niedergelassene Ärzte bzw. Psychologische Psychotherapeuten oder Kinder- und Jugendlichenpsychotherapeuten beträgt die Minderungspflicht, wenn sie nach den oben dargestellten Kriterien zutrifft, nur 15%. Dies gilt auch für den Fall, dass ein Patient, der sich in einer auswärtigen Klinik in stationärer Behandlung befindet, von dem an einer anderen Klinik angestellten Psychologischen Psychotherapeuten oder Kinder- und Jugendlichenpsychotherapeuten konsiliarisch behandelt wird.

„Belegärztlich" tätige Psychologische Psychotherapeuten oder Kinder- und Jugendlichenpsychotherapeuten sind keine Ärzte des Krankenhauses, ☛ [5.2] des Kommentars zu §4. Für sie trifft bei stationärer Behandlung nur der Satz von 15% Minderungspflicht zu.

[4]
Dies überträgt die Regelung des §4 Abs. 3 auf den Krankenhausbereich. Sachkosten und Personalkosten des Krankenhauses (Pflege, allgemeiner ärztlicher Dienst) sind in der Regel in den Krankenhausentgelten enthalten und damit abgegolten. Wenn aber nicht pflegesatzfähige Kosten (§§ 7-9 der Bundespflegesatzverordnung) vom Krankenhausträger dem Psychologischen Psychotherapeuten oder Kinder- und Jugendlichenpsychotherapeuten in Rechnung gestellt werden oder niedergelassenen Psychologischen Psychotherapeuten oder Kinder- und Jugendlichenpsychotherapeuten bei der Behandlung eines in stationärer Behandlung befindlichen Patienten nach §10 GOÄ berechnungsfähige Kosten entstehen, können sie diese in ihrer Liquidation geltend machen. Gleiches gilt für Wegegeld (§8 GOÄ) und Reiseentschädigung (§9 GOÄ).

| §7 Entschä-digungen | **Als Entschädigungen für Besuche erhält der Arzt Wegegeld und Reiseentschädigung [1], hierdurch sind Zeitversäumnisse [2] und die durch den Besuch bedingten Mehrkosten [3] abgegolten.** |
|---|---|
| Kommentar | [1]<br>☞ §8 und 9<br><br>[2]<br>Neben der Besuchsgebühr darf der Psychologische Psychotherapeut oder Kinder- und Jugendlichenpsychotherapeut Zeitversäumnis nicht berechnen. Der Zeitaufwand kann deshalb auch nicht bei der Bemessung des Steigerungssatzes berücksichtigt werden. Mit einem Besuch verbundener ungewöhnlich hoher Zeitaufwand (z.B. bei verkehrstechnisch erforderlichen Umwegen) erhöht nicht den Zeitaufwand zum Leistungsinhalt der Nr. 50 GOÄ, sondern den des Wegegeldes bzw. der Reisenentschädigung. Diese Sätze sind aber nicht steigerungsfähig.<br><br>[3]<br>Dies besagt, dass die im Vergleich zur Sprechstundenpraxis erhöhten Kosten nicht extra neben dem berechenbaren Wegegeld bzw. Reiseentschädigung berechnet werden können. |

| §8 Wegegeld | **(1) Der Arzt kann für jeden Besuch ein Wegegeld berechnen. Das Wegegeld beträgt für einen Besuch innerhalb eines Radius um die Praxisstelle des Arztes [1] von** | |
|---|---|---|
| | **1. bis zu zwei Kilometern** | **7,- Deutsche Mark**<br>(3,58 €) [1a] |
| | **bei Nacht (zwischen 20 und 8 Uhr)** | **14,- Deutsche Mark**<br>(7,16 €) |
| | **2. mehr als zwei Kilometern**<br>**bis zu fünf Kilometern** | **13,- Deutsche Mark**<br>(6,65 €) |
| | **bei Nacht** | **20,- Deutsche Mark**<br>(10,23 €) |
| | **3. mehr als fünf Kilometern**<br>**bis zu zehn Kilometern** | **20,- Deutsche Mark**<br>(10,23 €) |
| | **bei Nacht** | **30,- Deutsche Mark**<br>(15,34 €) |
| | **4. mehr als zehn Kilometern**<br>**bis zu 25 Kilometern** | **30,- Deutsche Mark**<br>(15,34 €) |
| | **bei Nacht** | **50,- Deutsche Mark**<br>(25,56 €). |
| | **(2) Erfolgt der Besuch von der Wohnung des Arztes aus, so tritt bei der Berechnung des Radius die Wohnung des Arztes an die Stelle der Praxisstelle. [2]** | |
| | **(3) Werden mehrere Patienten in derselben häuslichen Gemeinschaft oder in einem Heim, insbesondere in einem Alten- oder** | |

| | **Pflegeheim besucht, darf der Arzt das Wegegeld unabhängig von der Anzahl der besuchten Patienten und deren Versichertenstatus insgesamt nur einmal und nur anteilig berechnen.** [3] |
|---|---|

**Kommentar**

[1]
Die Höhe des Wegegeldes richtet sich nach der Entfernung in Luftlinie („System Fleurop").

Ein Besuch liegt vor, wenn der Psychologische Psychotherapeut oder Kinder- und Jugendlichenpsychotherapeut seine Praxisräume verlässt und den Patienten in seiner Wohnung oder am Notfallort aufsucht.ein Besuch liegt nicht vor, wenn der Psychologische Psychotherapeut oder Kinder- und Jugendlichenpsychotherapeut seine berufliche Arbeitsstätte aufsucht. Dies ist nicht nur die Praxis oder das Krankenhaus, an dem er angestellt ist, sondern auch eine Praxis oder ein Krankenhaus, in dem er regelmäßig tätig ist. Wegegeld, Reiseentschädigung und Besuchsgebühr sind in diesen Fällen nicht berechenbar.

Das ist auch der Fall, wenn der Psychologische Psychotherapeut oder Kinder- und Jugendlichenpsychotherapeut in einem Krankenhaus oder in einer anderen Praxis zu festgesetzten Zeiten konsiliarisch tätig ist. Eine „regelmäßige Tätigkeit" liegt jedoch nicht vor, wenn der niedergelassene Psychologische Psychotherapeut oder Kinder- und Jugendlichenpsychotherapeut in Notfällen individuell zu einer nicht vor der Anforderung festgelegten Zeit tätig wird. Wegegeld bzw. Reiseentschädigung und die Besuchsgebühr sind in diesem Fall berechenbar.

[1a]
Zum 1. Januar 2002 wurden die Beträge mit Division durch 1,95583 und centgenauer Rundung auf Euro umgestellt. Eine Rundung der resultierenden Beträge bleibt einer Novelle der GOÄ vorbehalten. Die oben angegebenen Euro-Beträge wurden redaktionell eingefügt und sind nicht Bestandteil des Verordnungstextes (ebenso §§ 9 und 12).

[2]
Hält sich der Psychologische Psychotherapeut oder Kinder- und Jugendlichenpsychotherapeut zum Zeitpunkt der Anforderung des Besuches in seiner Wohnung oder an einem anderen Ort (z.B. Restaurant) auf, so zählt dieser momentane Aufenthaltsort als Ausgangspunkt der Entfernungsmessung. Es gibt keine ausdrückliche Bestimmung dafür, dass der Patient den nächsterreichbaren Psychologischen Psychotherapeuten oder Kinder- und Jugendlichenpsychotherapeuten in Anspruch nehmen muss. Erfolgt die Beauftragung eines weiter entfernten Psychologischen Psychotherapeuten oder Kinder- und Jugendlichenpsychotherapeuten aber ohne medizinisch zwingenden Grund, so kann der Kostenträger die Erstattung auf die beim Besuch durch einen näher erreichbaren Psychologischen Psychotherapeuten oder Kinder- und Jugendlichenpsychotherapeuten entstandenen Kosten begrenzen.

[3]
Die Wegepauschale fällt für jeden Besuch gesondert an, auch wenn auf einem Wege mehrere Patienten hintereinander besucht werden („Kettenbesuch"). Werden aber mehrere Patienten in einer häuslichen Gemeinschaft oder in einem Heim auf einem Weg besucht, kann die Wegepauschale nur einmal und anteilig berechnet werden. Bei der Aufteilung spielt der Versicherungsstatus keine Rolle. Wird beispielsweise ein Privatversicherter

und ein Kassenpatient in einem Haus besucht, ist für den Kassenversicherten das Wegegeld zu Lasten der GKV zu berechnen und beim Privatpatienten nur die Hälfte des Wegegeldes berechenbar. Vergütet aber die gesetzliche Krankenkasse weniger als den entsprechenden Bruchteil (im Beispiel also weniger als die Hälfte), kann dem Privatpatienten der Differenzbetrag in Rechnung gestellt werden.

Der Begriff „dieselbe häusliche Gemeinschaft" bezieht sich auf die in einer Wohneinheit lebenden Personen. Es bezieht sich nicht auf die unter einem Dach lebenden Personen, da dies nicht dem Begriff der „häuslichen Gemeinschaft" erfüllt. Z.B. ist in einem Hochhaus jede Wohnung eine neue „häusliche Gemeinschaft".

☞ [2] und [3] des Kommentars zu §7

| §9 Reiseent-<br>schädigung | **(1) Bei Besuchen über eine Entfernung von mehr als 25 Kilometern zwischen Praxisstelle des Arztes und Besuchsstelle tritt an die Stelle des Wegegeldes eine Reiseentschädigung.**<br><br>**(2) Als Reiseentschädigung erhält der Arzt**<br><br>**1. 50 Deutsche Pfennige** (26 Cent) [1] **für jeden zurückgelegten Kilometer, wenn er einen eigenen Kraftwagen benutzt, bei Benutzung anderer Verkehrsmittel die tatsächlichen Aufwendungen,**<br><br>**2. bei Abwesenheit bis zu 8 Stunden 100,- Deutsche Mark** (51,13 €) [1]**, bei Abwesenheit von mehr als 8 Stunden 200,- Deutsche Mark** (102,26 €) [1] **je Tag,**<br><br>**3. Ersatz der Kosten für notwendige Übernachtungen.** [2]<br><br>**(3) §8 Abs. 2 und 3 gilt entsprechend.** |
| --- | --- |
| **Kommentar** | [1]<br>Mit dem 1. Januar 2002 wurden die Beträge mit Division durch 1,95583 und centgenauer Rundung auf Euro umgestellt. Eine Glättung durch Rundung der resultierenden Beträge bleibt einer Novelle der GOÄ vorbehalten.<br><br>[2]<br>Die Reiseentschädigung setzt sich aus dem Kilometergeld gemäß Absatz 2 Nr. 1 und der Zeitentschädigung gemäß Absatz 2 Nr. 2 zusammen.<br><br>Im Gegensatz zum Wegegeld des §8 wird die Reiseentschädigung nicht nach dem Radius, sondern nach den tatsächlich zurückgelegten Kilometern berechnet. Da auf eine „Entfernung" von 25 km abgestellt ist, zählt nur der einfache Weg für die Entscheidung, ob Wegegeld nach §8 oder Reiseentschädigung nach §9 berechenbar ist. Für die Berechnung nach §9 zählt dann aber der Rückweg mit.<br><br>Es können nur die reinen Übernachtungskosten berechnet werden. Betragen sie mehr als 50 DM (25,56 €), muss ein Nachweis beigefügt werden (☞ §12 Abs. 2 Nr. 4).<br><br>☞ [1] bis [3] des Kommentars zu §8<br><br>☞ [2] und [3] des Kommentars zu §7 |

§10 Ersatz
von Auslagen

(1) Neben den für die einzelnen ärztlichen Leistungen vorgesehenen Gebühren können als Auslagen [1] nur berechnet werden

1. die Kosten für diejenigen Arzneimittel, Verbandmittel und sonstigen Materialien, die der Patient zur weiteren Verwendung behält oder die mit einer einmaligen Anwendung verbraucht sind [2], soweit in Absatz 2 nichts anderes bestimmt ist,
2. Versand- und Portokosten, soweit deren Berechnung nach Absatz 3 nicht ausgeschlossen ist [3],
3. die im Zusammenhang mit Leistungen nach Abschnitt O bei der Verwendung radioaktiver Stoffe durch deren Verbrauch entstandenen Kosten sowie
4. die nach den Vorschriften des Gebührenverzeichnisses als gesondert berechnungsfähig ausgewiesenen Kosten.

Die Berechnung von Pauschalen ist nicht zulässig. [1]

(2) Nicht berechnet werden können die Kosten für

1. Kleinmaterialien wie Zellstoff, Mulltupfer, Schnellverbandmaterial, Verbandspray, Gewebeklebstoff auf Histoacrylbasis, Mullkompressen, Holzspatel, Holzstäbchen, Wattestäbchen, Gummifingerlinge,
2. Reagenzien und Narkosemittel zur Oberflächenanästhesie,
3. Desinfektions- und Reinigungsmittel,
4. Augen-, Ohren-, Nasentropfen, Puder, Salben und geringwertige Arzneimittel zur sofortigen Anwendung sowie für
5. folgende Einmalartikel: Einmalspritzen, Einmalkanülen, Einmalhandschuhe, Einmalharnblasenkatheter, Einmalskalpelle, Einmalproktoskope, Einmaldarmrohre, Einmalspekula, [4]

(3) Versand- und Portokosten können nur von dem Arzt berechnet werden, dem die gesamten Kosten für Versandmaterial, Versandgefäße sowie für den Versand oder Transport entstanden sind. Kosten für Versandmaterial, für den Versand des Untersuchungsmaterials und die Übermittlung des Untersuchungsergebnisses innerhalb einer Laborgemeinschaft oder innerhalb eines Krankenhausgeländes sind nicht berechnungsfähig; dies gilt auch, wenn Material oder ein Teil davon unter Nutzung der Transportmittel oder des Versandweges oder der Versandgefäße einer Laborgemeinschaft zur Untersuchung einem zur Erbringung von Leistungen beauftragten Arzt zugeleitet wird. Werden aus demselben Körpermaterial sowohl in einer Laborgemeinschaft als auch von einem Laborarzt Leistungen aus den Abschnitten M oder N ausgeführt, so kann der Laborarzt bei Benutzung desselben Transportweges Versandkosten nicht berechnen; dies gilt auch dann, wenn ein Arzt eines anderen Gebietes Auftragsleistungen aus den Abschnitten M oder N erbringt. Für die Versendung der Arztrechnung dürfen Versand- und Portokosten nicht berechnet werden. [5]

**Kommentar**

[1]
Auslagen sind Kosten, die keine Praxiskosten im Sinne des §4 Abs. 3 sind (☞ [8] des Kommentars zu §4) sind und die im Zusammenhang mit der Erbringung einer Leistung des Psychologischen Psychotherapeuten oder Kinder- und Jugendlichenpsychotherapeuten stehen. Auslagen, die nicht im Zusammenhang mit einer Leistungserbringung nach der Gebührenordnung stehen, z.b. Literaturnachweise oder Telefonate auf Bitten des Patienten, können nach §670 BGB als Aufwendungsersatz berechnet werden.

Auslagen können nur in tatsächlich entstandener Höhe berechnet werden. Es dürfen keine Aufschläge erhoben werden, erhaltene Rabatte sind an den Patienten weiterzugeben. Pauschalen dürfen nicht berechnet werden. Die Berechnung höherer als tatsächlich entstandener Kosten erfüllt die tatbestandlichen Merkmale des Betruges nach §263 Strafgesetzbuch.

Der Begriff „Auslagen" deckt sich weitgehend mit dem Begriff „Sprechstundenbedarf" in der Versorgung von GKV-Versicherten. In der Privatliquidation werden die Auslagen aber direkt dem Patienten neben den einzelnen Leistungen des Psychologischen Psychotherapeuten oder Kinder- und Jugendlichenpsychotherapeuten in Rechnung gestellt.

Alternativ zur In-Rechnung-Stellung von Auslagen ist die Verordnung auf Privatrezept möglich, was aber bei Leistungen von Psychologischen Psychotherapeuten oder Kinder- und Jugendlichenpsychotherapeuten kaum relevant ist.

Dolmetscherkosten sind weder Praxiskosten noch Auslagen im Sinne des §10 GOÄ. Sie müssen direkt vom Dolmetscher mit dem Patienten abgerechnet werden.

[2]
Materialien im Sinne der Nr. 1 von §10 Abs. 1 kommen bei Leistungen von Psychologischen Psychotherapeuten oder Kinder- und Jugendlichenpsychotherapeuten selten vor. Testbögen fallen meist unter die nach Abs. 2 Nr. 1 nicht berechenbaren Kleinmaterialien. Erst wenn der Betrag etwa 1 € übersteigt, ist nicht mehr von „Kleinmaterial" zu sprechen.

[3]
Als Versand- und Portokosten kommen v.a. die Kosten für die Versendung von „Arztbriefen", Berichten oder Gutachten infrage. Kosten für die Versendung der Liquidation dürfen nicht berechnet werden.

[4]
Für Psychologische Psychotherapeuten oder Kinder- und Jugendlichenpsychotherapeuten nicht relevant.

[5]
Versandkosten innerhalb einer Gemeinschaftspraxis dürfen nicht berechnet werden, wohl aber innerhalb einer Praxisgemeinschaft.

| §11 Zahlung durch öffentliche Leistungsträger | **(1) Wenn ein Leistungsträger im Sinne des §12 des Ersten Buches des Sozialgesetzbuches oder ein sonstiger öffentlich-rechtlicher Kostenträger die Zahlung leistet [1], sind die ärztlichen Leistungen nach den Gebührensätzen des Gebührenverzeichnisses (§5 Abs. 1 Satz 2) zu berechnen.** [2] |
| --- | --- |
| | **(2) Absatz 1 findet nur Anwendung, wenn dem Arzt vor der Inanspruchnahme eine von dem die Zahlung Leistenden ausgestellte Bescheinigung vorgelegt wird. In dringenden Fällen kann die Bescheinigung auch nachgereicht werden.** [3] |

**Kommentar**

[1]

[1.1] Leistungsträger im Sinne des §12 SGB I sind z.b. die gesetzlichen Rentenversicherungsträger, Arbeitsämter, Betriebskrankenkassen, Ersatzkassen, Innungskrankenkassen, Ortskrankenkassen, Gemeinden als Versicherungsträger, Jugendämter, Kreise, kreisfreie Städte, nach Landesrecht bestimmte Behörden, Sozialhilfeträger, Versorgungsämter.

Sonstige öffentlich-rechtliche Kostenträger sind z.b. Bund, Länder und Gemeinden als Kostenträger nach dem Bundesversorgungsgesetz, der Kriegsopferversorgung, nach dem Soldatenversorgungsgesetz oder dem Lastenausgleichsgesetz.

[1.2] Mit der Bundeswehr und dem Innenministerium als Vertreter des Bundesgrenzschutzes hat die Bundesärztekammer eigene Honorarvereinbarungen getroffen, die auf die Leistungen von Psychologischen Psychotherapeuten oder Kinder- und Jugendlichenpsychotherapeuten übertragen werden müssten. Eine Honorarvereinbarung mit dem Verband Deutscher Rentenversicherungsträger bestand in früherer Zeit, ist zur Zeit jedoch ausgelaufen. Näheres zu diesen Regelungsbereichen ist auf den Internetseiten der Bundesärztekammer dargestellt (www.baek.de).

[1.3] Krankenhäuser in Trägerschaft z.B. von Gemeinden oder Kirchen sind keine öffentlich-rechtlichen Kostenträger. Die ihnen gewährten steuerlichen Vergünstigungen als „gemeinnützig" haben keine Auswirkung auf §11 GOÄ. Der Psychologische Psychotherapeut oder Kinder- und Jugendlichenpsychotherapeut ist deshalb bei der Berechnung z.B. Konsiliarleistungen für GKV-Patienten gegenüber dem Krankenhaus nicht an den Einfachsatz der GOÄ gebunden. Die Höhe der Vergütung bestimmt sich in diesen Fällen nach dem Konsiliarvertrag mit dem Krankenhaus.

§11 kommt nicht zum Zuge, wenn zwar der Patient einen Kostenerstattungsanspruch gegenüber einem öffentlich-rechtlichen Kostenträger, z.B. über die Beihilfe, hat, dieser aber nicht direkt die Zahlung leistet, da gegenüber dem Psychologischen Psychotherapeuten oder Kinder- und Jugendlichenpsychotherapeuten ausschließlich der Patient zahlungspflichtig bleibt.

[2]
Zum Begriff „Gebührensatz" ☞ [1] des Kommentars zu §5.

[3]
Der Anspruchsberechtigte soll sich gegenüber dem Psychologischen Psychotherapeuten oder Kinder- und Jugendlichenpsychotherapeuten vor der ersten Inanspruchnahme mit einer Bescheinung dahingehend ausweisen, dass der Kostenträger die Kosten der Behandlung gemäß GOÄ übernimmt.

In dringenden Fällen kann die Bescheinigung nachgereicht werden. Als Frist dafür gelten im allgemeinen 10 Tage. Wird dies nicht erfüllt, kann der Psychologische Psychotherapeut oder Kinder- und Jugendlichenpsychotherapeut die Liquidation gemäß den Vorgaben des §5 der GOÄ vornehmen.

**§12 Fälligkeit und Abrechnung der Vergütung; Rechnung [12] [13] [14] [15]**

**(1)** Die Vergütung wird fällig, wenn dem Zahlungspflichtigen eine dieser Verordnung entsprechende Rechnung erteilt worden ist. [1]

**(2)** Die Rechnung muß insbesondere enthalten: [2]
1. das Datum der Erbringung der Leistung,
2. bei Gebühren die Nummer und die Bezeichnung der einzelnen berechneten Leistung einschließlich einer in der Leistungsbeschreibung gegebenenfalls genannten Mindestdauer sowie den jeweiligen Betrag und den Steigerungssatz, [3]
3. bei Gebühren für vollstationäre, teilstationäre sowie vor- und nachstationäre privatärztliche Leistungen zusätzlich den Minderungsbetrag nach §6a, [4]
4. bei Entschädigungen nach den §§7 bis 9 den Betrag, die Art der Entschädigung und die Berechnung, [5]
5. bei Ersatz von Auslagen nach §10 den Betrag und die Art der Auslage; übersteigt der Betrag der einzelnen Auslage 50,- Deutsche Mark (25,56 €), ist der Beleg oder ein sonstiger Nachweis beizufügen. [6]

**(3)** Überschreitet eine berechnete Gebühr nach Absatz 2 Nr. 2 das 2,3fache des Gebührensatzes, ist dies auf die einzelne Leistung bezogen für den Zahlungspflichtigen verständlich und nachvollziehbar schriftlich zu begründen; das gleiche gilt bei den in §5 Abs. 3 genannten Leistungen, wenn das 1,8fache des Gebührensatzes überschritten wird, sowie bei den in §5 Abs. 4 genannten Leistungen, wenn das 1,15fache des Gebührensatzes überschritten wird. [7] Auf Verlangen ist die Begründung näher zu erläutern. [8] Soweit im Falle einer abweichenden Vereinbarung nach §2 auch ohne die getroffene Vereinbarung ein Überschreiten der in Satz 1 genannten Steigerungssätze gerechtfertigt gewesen wäre, ist das Überschreiten auf Verlangen des Zahlungspflichtigen zu begründen; die Sätze 1 und 2 gelten entsprechend. [9] Die Bezeichnung der Leistung nach Absatz 2 Nummer 2 kann entfallen, wenn der Rechnung eine Zusammenstellung beigefügt wird, der die Bezeichnung für die abgerechnete Leistungsnummer entnommen werden kann. Leistungen, die auf Verlangen erbracht worden sind (§1 Abs. 2 Satz 2) sind als solche zu bezeichnen. [10]

**(4)** Wird eine Leistung nach §6 Abs. 2 berechnet, ist die entsprechend bewertete Leistung für den Zahlungspflichtigen verständlich zu beschreiben und mit dem Hinweis „entsprechend" sowie der Nummer und der Bezeichnung der als gleichwertig erachteten Leistung zu versehen. [11]

**(5)** Durch Vereinbarung mit den in §11 Abs. 1 genannten Leistungs- und Kostenträgern kann eine von den Vorschriften der Absätze 1 und 4 abweichende Regelung getroffen werden.

**Kommentar**

[1]

[1.1] Die Vergütung ist erst dann zur Zahlung fällig, wenn der Patient (oder der Zahlungspflichtige) eine nach der GOÄ ausgestellte Rechnung erhalten hat. Eine Vorauskasse ist deshalb nicht zulässig. Möglich ist aber, die Rechnung direkt nach Erbringung der Leistung zu erstellen und direkte Zahlung zu verlangen. Dies ist jedoch weitestgehend unüblich (nur bei ausgesprochenen „Wunschleistungen" wie ästhetisch-chirurgischen Leistungen) und ist auch zu bedenken, dass an einen Psychologischen Psychotherapeuten oder Kinder- und Jugendlichenpsychotherapeuten andere Erwartungen gestellt werden als bspw. an eine Autowerkstatt.

Eine Frist zur Begleichung der Rechnung nennt die GOÄ nicht. Üblich ist ein Zahlungsziel von 4 bis 6 Wochen. Im Zusammenhang mit dem Gesetz zur Beschleunigung fälliger Zahlungen, wonach der Schuldner 30 Tage nach Fälligkeit und Zugang der Rechnung in Verzug kommt (§284 Abs. 3 BGB), empfiehlt es sich, auf der Rechnung, z.B. in einer Fußnote, auf den Fälligkeitstermin und darauf, dass die Rechnung ohne Abzug zu zahlen ist, hinzuweisen.

Auch mit dem o.g. Gesetz bleibt aber das Problem, dass dem Schuldner der Zugang einer Rechnung nachgewiesen werden muss. Bestreitet ein Patient, die Rechnung überhaupt erhalten zu haben, so muss der Psychologische Psychotherapeut oder Kinder- und Jugendlichenpsychotherapeut den Zugang der Rechnung beweisen. Es empfiehlt sich deshalb, eine genaue Kontrolle der Zahlungseingänge vorzunehmen und Mahnungen zeitgerecht und spätestens die zweite Mahnung mit einer Rechnungskopie und mittels Einschreiben mit Rückschein zuzustellen.

Das Anbieten eines Skontos zur Beschleunigung der Zahlung ist unzulässig, da die GOÄ dies nicht vorsieht.

[1.2] Der Psychologische Psychotherapeut oder Kinder- und Jugendlichenpsychotherapeut kann die Rechnung durch eine Verrechnungsstelle erstellen lassen. Diese erstellt die Rechnung in seinem Namen. Damit bleibt der Psychologische Psychotherapeut oder Kinder- und Jugendlichenpsychotherapeut (wie auch bei Rechnungserstellung durch eine Helferin) für den Rechnungsinhalt verantwortlich. Voraussetzung für die Übermittlung von Abrechnungsunterlagen an eine Verrechnungsstelle ist das schriftliche Einverständnis des Patienten, da es sich sonst um eine Durchbrechung des Schweigegebotes handelt.

[1.3] Die Formulierung „eine dieser Verordnung entsprechende Rechnung" weist darauf hin, dass der Patient nur für eine korrekt erstellte Rechnung zahlungspflichtig ist. Daraus kann jedoch nicht geschlossen werden, dass der Patient in dem Fall, dass nur einzelne Punkte der Rechnung unklar oder strittig sind, den Gesamtbetrag zurückhalten könnte. Dazu das Bundesgesundheitsministerium am 15. Aug. 1996: „§12 Abs. 1 GOÄ stellt ... darauf ab, ob die für die geltend gemachte Honorarforderung erstellte Rechnung formal den der Nachprüfbarkeit dienenden Inhaltsanforderungen der Absätze 2 bis 4 des §12 entspricht, nicht jedoch, ob die Honorarforderung – insbesondere hinsichtlich ihrer Höhe – materiell rechtlich begründet ist".

[1.4] Die Rechnung muss nicht unterschrieben werden, da dies vom §12 nicht gefordert ist. Urteil Amtsgericht Hildesheim vom 28. Feb. 1997 (Az 43 C 6/97): „ ... die Wirksamkeit einer Rechnung ist nicht an die Unterschrift des Arztes geknüpft, da Paragraph 12 GOÄ ein solches Formerfordernis gerade nicht enthält...". Trotzdem kann man dem Anliegen von Kostenträgern, sich vor Betrug durch die Versicherten bzw. Beihilfeberechtigten durch Eingeben fingierter Rechnungen zu schützen, die Berechtigung nicht absprechen. Viele Ärzte versehen deshalb die Rechnungen mit Aufdrucken und verwenden für Kopien farblich abgesetztes Papier oder auffällige Markierungen.

[1.5] Die Angabe des Gerichtsstandes auf der Rechnung ist entbehrlich. Da Gerichtsstandvereinbarungen mit Privatpersonen nach der Zivilprozessordnung unwirksam sind, könnte dies nur bei den seltenen Fällen der Behandlung ausländischer Privatpatienten Sinn machen. Alle anderen Patienten würde dies irritieren.

[1.6] Die Kosten für die Rechnungsstellung, auch für eine Zweitschrift, sind Praxiskosten und damit nicht gesondert berechenbar.

[2]
[2.1] Die nachfolgend genannten Inhalte der Rechnung sind Mindestanforderungen. § 12 GOÄ ist eine sog. Transparenzbestimmung, die v.a. dem Schutz des Zahlungspflichtigen dient. Rechnungen, die die Mindestinhalte nicht erfüllen, sind nicht zur Zahlung fällig.

Infolge des Transparenzgebotes empfiehlt es sich, in der Rechnung die Chronologie der Leistungserbringung widerzuspiegeln. Eine Rechnung nicht nach den Tagen der Leistungserbringung, sondern z.B. nach den GOÄ-Nummern zu gliedern, ist zwar nicht formal verboten, aber bedenklich.

[2.2] Die GOÄ verlangt keine Angabe zur Diagnose. Ohne Diagnoseangabe wäre zwar der Patient für die Rechnung zahlungspflichtig, bekäme aber keine Erstattung, da die Diagnoseangabe nach den Versicherungsbedingungen der privaten Krankenversicherung bzw. den Beihilferichtlinien Voraussetzung zur Erstattung der Rechnung ist. Dies verstößt nicht gegen Datenschutzbestimmungen, da es dem Patienten als Rechnungsempfänger freisteht, die Rechnung an den Kostenträger weiterzuleiten. In Fällen, wo Patient und Rechnungsempfänger nicht identisch sind, ist dieser Punkt abzuwägen. Bei durch ein Elternteil begleiteten Kindern ist dies in der Regel unproblematisch, in anderen Fällen empfiehlt sich eine Rückfrage beim Patienten.

Keinesfalls darf, weil dem Patienten aus der Diagnoseangabe Nachteile (z.B. Risikozuschläge oder ein „Durchsickern" der Diagnose innerhalb einer Behörde bei Beihilfeberechtigten) entstehen könnten, eine falsche Diagnose angegeben werden. Dies wäre Urkundenfälschung und evtl. Betrug.

Eine Aufschlüsselung der verschiedenen Posten einer Rechnung nach Diagnosen verlangt §12 ebenfalls nicht. Falls dieses Verlangen gestellt wird, z.B. weil der Kostenträger glaubt, bei einer Diagnose nicht erstattungspflichtig zu sein, ist auch hier dem Patienten gegenüber in der Durchsetzung seines Erstattungsanspruchs durch die Aufschlüsselung zu helfen.

Eine Diagnosenverschlüsselung wie im GKV-Bereich (z.B. nach ICD-10) ist in der Privatliquidation nicht verlangt. Im Gegenteil muss die Rechnung „Klartext" enthalten, damit der Patient sie nachvollziehen kann.

[3]
Die Nummer und die Bezeichnung der Leistung sind aus dem Gebührenverzeichnis der GOÄ zu übernehmen. Dabei ist es zulässig, die manchmal
sehr umständlichen Leistungsbeschreibungen der GOÄ durch Kurzbezeich-
nungen zu ersetzen, sofern dadurch dem Zahlungspflichtigen die Transparenz der Rechnung nicht erschwert wird. Es ist auch zulässig, die Bezeichnung der Leistung auf einem der Rechnung beigefügten Beiblatt oder
bspw. auf der Rückseite der Rechnung vorzunehmen.

Bei Leistungen, in deren Leistungslegende eine Mindestzeit verlangt ist, ist
diese anzugeben. Nicht erforderlich ist, die tatsächliche Dauer der Leistung
anzugeben. Es ist jedoch dringend zu empfehlen, diese in den Behandlungsunterlagen zu dokumentieren.

Zu dem Begriff „Steigerungssatz" ☛ [1] des Kommentars zu §5.

Als nicht zulässig ist das Vorgehen zu werten, Steigerungssätze
(Multiplikatoren) und Beträge vorzudrucken, da nach §5 GOÄ die Umstände
des Einzelfalles zu berücksichtigen sind.

[4]
☛ §6a. Da der „Betrag" gefordert ist, ist die Angabe „15% Abzug" nicht
alleine ausreichend. Der Betrag muss in € ausgewiesen werden.

[5]
Im Sinne der Transparenz empfiehlt es sich, Wegegeld oder Reiseentschädigung in der Rechnung direkt hinter der auslösenden Besuchsgebühr aufzu-
führen. ☛ §§8 und 9.

[6]
Ein „sonstiger Nachweis" kann z.B. infrage kommen, wenn aus einer größeren Liefermenge das für den einzelnen Patienten verbrauchte Material heraus
berechnet wird.

[7]
Danach ist in der Rechnung eine Begründung aufzunehmen, wenn die
Schwellenwerte der GOÄ überschritten werden. Zu „Schwellenwerten"
☛ [1] des Kommentars zu §5.

Die Begründung muss transparent, verständlich und nachvollziehbar, aber
nicht ausführlich sein. Eine stichwortartige Kurzbegründung ist ausreichend
(☛ [8]). Es reicht aber nicht, lediglich die in §5 genannten Kriterien zu
wiederholen. Dies wäre z.B. eine bloße Angabe wie „Höherer Zeitaufwand"
oder „Erhöhte Schwierigkeit". Die Besonderheiten müssen vielmehr auf die
jeweilige Leistung und den einzelnen Behandlungsfall hin dargestellt werden. Besonderheiten, die bereits in der Leistungslegende berücksichtigt sind,
können nicht als Begründung herangezogen werden. Beispiel: Zu Nr. 812 ist
die Begründung „sofortige Notfallbehandlung ohne Vorbereitung" unzulässig.

Ebenso wenig können Begründungen herangezogen werden, die nach den
Bemessungskriterien des §5 nicht genannt sind. Solche wären z.B. hohe
Kosten, persönliche Leistungserbringung, besondere fachliche Befähigung
des Psychologischen Psychotherapeuten oder Kinder- und Jugendlichenpsychotherapeuten, Unterbewertung einer Leistung. Die Begründung muss
individuell auf den Patienten oder die durchgeführte Behandlung bezogen
sein. Dies gilt auch bei Anwendung einer aufwendigeren als der bei

Einführung der Leistung in die GOÄ im Normalfall zugrundegelegten Methode der Leistungserbringung.

Mögliche Begründungen (☞ [5] und [6] des Kommentars zu §5), die im Einzelfall zutreffen können, sind z.b.
- Schwere der Grunderkrankung oder der Begleiterkrankung (nicht bei Leistungen der Abschnitte A, E, M und O)
- Besonders hoher Zeitaufwand wegen ...
- Schwierige Differentialdiagnostik oder Therapie wegen ... (z.b. bei Multimorbidität)
- Mangelnde Kooperation des Patienten (z.b. bei Unruhe, Bewusstseinstrübung). Dies ist kein zulässiger Grund, wenn schon die Leistung selber auf die Behandlung solcher Patienten abgestellt ist.
- Erschwerte Verständigung (z.b. bei Aphasie, Verständigung nur in Fremdsprache möglich)
- Leistung zu besonderen Zeiten (zu den „Unzeitzuschlägen" ☞ Nrn. A ff. des Abschnittes B der GOÄ)
- Leistung am Notfallort oder unter schlechten häuslichen Bedingungen
- Hohe Dringlichkeit, fehlende Zeit für Vorbereitung. Dies ist kein zulässiger Grund, wenn schon die Leistung selber auf die Behandlung unter solchen Umständen abgestellt ist.
- Behandlung eines unter Drogeneinfluss stehenden Patienten

Regelhaft unzulässige Begründungen sind z.B.
- „Besonders hoher Zeitaufwand" ohne nähere Begründung
- Hohe Praxiskosten
- Unterbrechung der Leistung
- Besondere Methodik ohne Angabe der Erschwernisse im Einzelfall-Besondere fachliche Qualifikation
- Örtliche Verhältnisse
- Vermögens- und Einkommensverhältnisse des Patienten
- Leistungserbringung zur Unzeit, wenn dies bereits durch Berechnung eines „Unzeitzuschlags" (A ff.) zu einer anderen Leistung berücksichtigt wurde.

Bei dem relativ engen fachlichen Leistungsspektrum des Psychologischen Psychotherapeuten oder Kinder- und Jugendlichenpsychotherapeuten lassen sich gewisse Schematismen in den Begründungen nicht vermeiden. Es ist jedoch unzulässig, standardisierte Begründungen z.B. in die Rechnung einzudrucken. Nicht unbedingt unzulässig, aber bedenklich ist, bei computererstellten Rechnungen Begründungen zusammenzufassen und bei den einzelnen Leistungen nur eine Indexkennzeichnung vorzunehmen.

[8]
Eine ausführliche statt einer stichwortartigen Begründung muss nur auf Verlangen gegeben werden. Besonders Beihilfestellen neigen dazu, an die Begründung überzogene Anforderungen zu stellen. Dazu stellte das Verwaltungsgericht Baden-Württemberg am 7. Juni 1994 (Az 4 S 1666/91) fest: „Nach dem Zweck der Pflicht zur schriftlichen Begründung sind keine ins einzelne gehenden Anforderungen zu stellen. Dies ist bereits daraus zu ersehen, daß die Begründung – nur auf Verlangen des Patienten näher zu erläutern ist. Von dieser in das Belieben des Patienten gestellten Erläuterung kann die Fälligkeit des Vergütungsanspruches nicht abhängen ... In diesem Sinne wird in der Regel eine stichwortartige Begründung genügen ... Recht-

liche Schlüssigkeit ... wird von einer formell ausreichenden Begründung nicht verlangt. Anders verhält sich dies aber bei der Prüfung der sachlichen Rechtmäßigkeit bei Überschreitung des Schwellenwertes ... Im Fall der Überschreitung des Schwellenwertes kann nicht daran vorbeigegangen werden, daß zwischen dem Patienten und dem Arzt ein Vertrauensverhältnis bestehen muß... Der Beihilfeberechtigte, dem es privat freisteht, ob er einen Vergütungsanspruch anerkennen oder hier gegen vorgehen will, darf auch im Blick auf das Kostenrisiko nicht in eine in ihrem Erfolg zweifelhafte Auseinandersetzung mit seinem Arzt gedrängt werden... Der Dienstherr muß insoweit eine aus der Sicht eines sorgfältigen Beihilfeberechtigten rechtlich vertretbare Auslassung der Gebührenordnungen gegen sich gelten lassen, wenn er auf seinen gegenteiligen Rechtsstandpunkt nicht vor Inanspruchnahme der Behandlung allgemein oder im Einzelfall hingewiesen hat (BVG-Urteil vom 17.02.1994, Az. 2C10.92)"

[9]
Diese Bestimmung dient dazu, dass der Patient im Falle einer Abdingung (☛ §2) die Möglichkeit erhält, vom Kostenträger, wenn dieser die höheren Sätze der Abdingung nicht erstattet, die Sätze bis zu den Höchstwerten der GOÄ erstattet zu bekommen.

[10]
☛ [6] des Kommentars zu §1.

[11]
☛ §6 Abs. 2.

In der Rechnung ist die tatsächlich erbrachte Leistung verständlich zu beschreiben. Danach ist mit der Voranstellung „analog" oder „entsprechend" die Nummer und die Bezeichnung der als gleichwertig erachteten Leistung des Gebührenverzeichnisses anzuführen.

[12]
Neben den voranstehend behandelten Vorschriften enthält die GOÄ noch bei einzelnen Leistungen oder in Allgemeinen Bestimmungen Einzelregelungen, die bei der Rechnungserstellung zu beachten sind. Beispiel: Begründungspflicht bei Mehrfachansatz der Nr. 3 an einem Tag gemäß der Allgemeinen Bestimmung Nr. 3 vor Abschnitt B.

Muster für die Gestaltung von Liquidationen sind auf zahlreichen Internetseiten, z.B. denen des Deutschen Ärzte-Verlages (www.aerzteverlag.de), einzusehen bzw. dort auch erhältlich.

[13]
Überprüfung einer Liquidation:
Nach der Amtlichen Begründung zur GOÄ bestimmt sich die Möglichkeit der Überprüfung einer Arztrechnung auf ihre Angemessenheit und Richtigkeit durch dazu geeignete Stellen nach Landesrecht. Bei Ärzten und Zahnärzten sind dies die jeweiligen Landesärztekammern bzw. Landeszahnärztekammern. Diesen obliegt dies nach den Kammergesetzen im Rahmen der berufsrechtlichen Aufsicht. Die Inanspruchnahme durch Patienten, Ärzte oder Kostenträger ist in der Regel kostenfrei, in manchen Fällen werden durch die Heranziehung von Dritten (Gutachtern) entstandene Kosten, vor allem den Kostenträgern gegenüber, in Rechnung gestellt.

Diese Tätigkeit der Ärztekammern ist für den Nachfragenden kostenfrei oder sehr kostengünstig und hilft in den meisten Fällen, gerichtliche Auseinandersetzungen zu vermeiden. Selbstverständlich ist trotz dieser Tätigkeit der Rechtsweg vor den ordentlichen Gerichten nicht ausgeschlossen.

Bei Drucklegung dieses Kommentars bestanden erst in einigen Bundesländern Psychotherapeutenkammern. Wo die Gründung bereits erfolgt ist, prüfen die Psychotherapeutenkammern auf Anfrage die Richtigkeit und Angemessenheit der Liquidationen der Kammermitglieder, zumindest in der Anfangsphase oft in Zusammenarbeit mit den Ärztekammern.

Da der Kostenträger keine direkte Rechtsbeziehung zum Psychologischen Psychotherapeuten oder Kinder- und Jugendlichenpsychotherapeuten hat, muss der Psychologische Psychotherapeut oder Kinder- und Jugendlichenpsychotherapeut einem Kostenträger auf Anfrage keine Auskunft über die Richtigkeit oder Angemessenheit einer Liquidation geben. Sein Vertragspartner ist der Patient (☛ [3.2] und [3.3] des Kommentars zu §1). Aus Gründen der Wahrung der Schweigepflicht ist dringend anzuraten, Auskünfte z.b. über Einzelheiten der Behandlung nur gegenüber dem Patienten zu geben. Diesem steht frei, die Auskünfte an seinen Kostenträger weiterzuleiten. Als Nebenpflicht aus dem Behandlungsvertrag ist der Psychologische Psychotherapeut oder Kinder- und Jugendlichenpsychotherapeut dem Patienten gegenüber allerdings verpflichtet, solche Auskünfte zu geben. Analog der ärztlichen Berufsordnung hat der Patient auch das Recht, Einblick in die Behandlungsunterlagen zu nehmen, soweit dies den Behandlungserfolg nicht gefährdet. Das Recht auf Einblick in die Behandlungsunterlagen umfasst nicht eventuell enthaltene subjektive Aufzeichnungen des Psychologischen Psychotherapeuten oder Kinder- und Jugendlichenpsychotherapeuten.

Ein besonderes Problem ist die Häufigkeit der Beanstandung von Rechnungen durch Beihilfestellen. Obwohl die Rechnung des Psychologischen Psychotherapeuten oder Kinder- und Jugendlichenpsychotherapeuten korrekt ist. Oft beruhen diese auf der Diskrepanz von Arztrecht (GOÄ) und Beihilferecht (Erstattungsbedingungen). In solchen Fällen kann der Patient darauf hingewiesen werden, dass es „Beihilfe" heißt und nicht „Vollkostenerstattung". Um Konflikte von vornherein zu vermeiden, empfiehlt es sich, dass der Psychologische Psychotherapeut oder Kinder- und Jugendlichenpsychotherapeut sich mit den Beihilfebestimmungen zu den wichtigsten seiner Leistungen vertraut macht. Beihilferichtlinien sind im Internet z.B. auf den Seiten des Verbandes der privaten Krankenversicherungen (www.pkv.de) und des Bundesministeriums des Innern einzusehen. Ein Infor-mationspapier zum Beihilferecht und weitere Informationen finden sich auf den Internetseiten der Ärztekammer Westfalen-Lippe und in der Broschüre der Vereinigung der Kassenpsychotherapeuten „Anleitung zur Antragstellung und Abrechnung – Privatbehandlung" (www.vereinigung.de).

Die Beihilfe darf keine überzogenen Ansprüche an die Begründung gemäß §12 Abs. 3 stellen, ☛ [8].

Häufige Widersprüche von Kostenträgern zu Rechnungen des Psychologischen Psychotherapeuten oder Kinder- und Jugendlichenpsychotherapeuten sollten keinesfalls auf die leichte Schulter genommen werden. Schnell ist man mit einem Verfahren wegen Abrechnungsbetruges konfrontiert, auch hat die private Krankenversicherung das Recht, jemanden, dessen Honorarabrechnung wiederholt Probleme bereitet, generell von der Erstattung seiner Leistungen auszuschließen (BGH vom 19. Jan. 1999, Az. VI ZR 150/98).

[14]
Abrechnungsbetrug: In den letzten Jahren sind die Maßnahmen zur Überprüfung einer Arztrechnung bei vielen Kostenträgern verstärkt worden. Vieles erledigt sich durch Nachfrage beim Patienten und ggf. Leistungserbringer, vieles durch Anfragen bei der Ärztekammer (☞ [13] des Kommentars). Immer häufiger aber kommt es zu staatsanwaltlichen Ermittlungen und Gerichtsverfahren wegen Abrechnungsbetruges. Längst nicht jede Falschabrechnung ist aber ein Abrechnungsbetrug. Ein Betrug im Sinne des §263 StGB erfordert Vorsatz und die Absicht, sich oder anderen einen rechtswidrigen Vermögensvorteil zu verschaffen. In der Ermittlungsarbeit wird ein Abrechnungsbetrug vermutet, wenn folgende Sachverhalte vorliegen:

- Abrechnung nicht erbrachter Leistungen: Wer fingierte Leistungen berechnet, betrügt. Der Nachweis des Vorsatzes gelingt anhand häufiger Fälle. Kommt dies aber nur selten vor und sprechen die Umstände für eine bloße Falscheintragung, so spricht das gegen Vorsatz und damit gegen Betrug.
- Berechnung nicht persönlich erbrachter und nicht delegationsfähiger Leistungen: ☞ §4
- Berechnung einer nicht gesondert berechenbaren Leistung: ☞ §4
- Berechnung einer höher bewerteten Leistung anstelle einer tatsächlich erbrachten geringer bewerteten Leistung: Beispiel ist die Berechnung einer Beratung von nur 3 Minuten Dauer mit der Nr. 3 GOÄ.
- Berechnung einer anderen Leistung mit gleichem Gebührensatz anstelle der erbrachten Leistung, um Abrechnungsausschlüsse zu umgehen.
- Berechnung tatsächlich erbrachter, aber nachweislich medizinisch nicht notwendiger Leistungen: ☞ §1
- Fehlende Weitergabe von Rabatten.

[15]
Verjährung: Die Verjährungsfrist für Ansprüche aus einer Rechnung des Psychologischen Psychotherapeuten oder Kinder- und Jugendlichenpsychotherapeuten beträgt gemäß §196 Abs. 1 BGB zwei Jahre. Sie beginnt mit dem Ablauf des Jahres, in dem der Anspruch entstanden ist. Wenn festgestellt wird, dass die Verjährung eines Anspruches droht, muss die Verjährungsfrist wirksam unterbrochen werden. Eine wirksame Unterbrechung entsteht durch Teilzahlung oder eine Erklärung des Patienten, die den Anspruch bestätigt, z.B. ein Stundungsgesuch. Die Anerkennung der Forderung muss aber vor Ablauf der 2-Jahres-Frist eintreffen, um wirksam zu sein. Ist eine solche nicht zu erreichen, bleibt nur der Weg des gerichtlichen Mahnbescheides oder der Klage. Einfache Mahnungen unterbrechen die Verjährungsfrist nicht, auch nicht solche mit Einschreiben und Rückschein.

| | |
|---|---|
| **Artikel 3/4 Änderungs- verordnung zur GOÄ** | **Für vor In-Kraft-Treten dieser Verordnung erbrachte Leistungen gilt die Gebührenordnung für Ärzte in der bis zum In-Kraft- Treten dieser Verordnung geltenden Fassung weiter.** |
| **In-Kraft-Tre- ten und Übergangs- vorschrift** | **Diese Verordnung tritt am 1. Januar 1996 in Kraft.** [1] |
| **Kommentar** | Für die Abrechnung nach GOP nicht mehr relevant, da der Zeitpunkt des In- Kraft-Tretens der Änderungsverordnung zur GOÄ bereits mehrere Jahre zurückliegt. |

**Beispiel einer Privatrechnung nach GOP**

Aus den Vorgaben des §12 und den zusätzlichen Erläuterungen ergibt sich die Form der nachfolgenden Beispielrechnung (unter Weglassung von Kopfzeilen, Adresse und Rechnungsdatum; Quellenangabe dazu ☞ §12 Nr. 12).

**Betr.: Ambulante Behandlung vom ... bis ...**

**Diagnose(n):**

Sehr geehrte(r) Herr/Frau XY,

für psychotherapeutische Behandlung erlaube ich mir laut nachfolgender Aufstellung entsprechend der Gebührenordnung für Psychotherapeuten zu berechnen:

| Datum | GOP-Nr. | Bezeichnung | Faktor | Betrag in € |
|---|---|---|---|---|
| 09.11.01 | 849 | Psychotherapeutische  Behandlung 20 Min. | 2,3 | 30,83 |
| 12.11.01 | 849 | Psychotherapeutische  Behandlung 20 Min. | 2,3 | 30,83 |
| 12.11.01 | 60 | Konsiliarische Erörterung | 2,3 | 16,09 |
| 12.11.01 | E | Zuschlag für dringend angeforderte unverzüglich erfolgte Ausführung | 1 | 9,33 |
| 16.11.01 | 860 | Biogr. Anamnese | 2,3 | 123,34 |
| 17.11.01 | 1 | Eingehende Beratung mittels Fernsprecher | 2,3 | 10,72 |
| 17.11.01 | D | Zuschlag für Beratung mittels Fernsprecher an einem Samstag, Sonn- oder Feiertag | 1 | 12,82 |
| 22.11.01 | 70 | Kurze Bescheinigung | 2,3 | 5,36 |
| 26.11.01 | 861 | Tiefenpsychologisch fundierte Psychotherapie, Einzelbehandlung 50 Min. | 2,3 | 92,50 |
| 29.11.01 | 861 | Tiefenpsychologisch fundierte Psychotherapie, Einzelbehandlung 50 Min. | 2,3 | 92,50 |
| 05.12.01 | 60 | Konsiliarische Erörterung | 2,3 | 16,09 |
| 12.12.01 | 857 | Orientierender Test | 1,8 | 12,17 |
| 12.12.01 | 856 | Intelligenztest | 1,8 | 37,88 |
| 19.12.01 | 861 | Tiefenpsychologisch fundierte Psychotherapie, Einzelbehandlung 50 Min. | 2,3 | 92,50 |
| 28.12.01 | 861 | Tiefenpsychologisch fundierte Psychotherapie, Einzelbehandlung 50 Min. | 2,3 | 92,50 |
| 04.01.02 | 861 | Tiefenpsychologisch fundierte Psychotherapie, Einzelbehandlung 50 Min. | 2,3 | 92,50 |
| 11.01.02 | 808 | Einleitung einer gutachterpflichtigen tiefenpsychologisch fundierten Psychotherapie | 2,3 | 53,62 |

Bitte überweisen Sie den Betrag von insgesamt € **821,58**
innerhalb von vier Wochen auf das angegebene Konto.

Mit freundlichen Grüßen

# Zum Verständnis der Leistungslegenden

Wie jede Rechtsverordnung oder jedes Gesetz verlangt auch die GOÄ zu ihrer korrekten Anwendung die Kenntnis der in ihr verwendeten Termini und deren Bedeutung. Für das Verständnis der Leistungslegenden kommen – in der Reihenfolge ihrer Bedeutung – folgende Auslegungskriterien zur Anwendung:

1. Die **Wortauslegung**, die sich ausschließlich auf den Wortlaut des vorliegenden Rechtstextes stützt
2. die **Sinnauslegung**, die den Sinn der Leistungslegende unter Berücksichtigung des tatsächlichen Ablaufs der jeweils beschriebenen Verrichtung deutet
3. die **historische Auslegung**, die für das Verständnis das Zustandekommen des Textes bzw. die entsprechenden Regelungen in anderen Gebührenordnungen (z.B. auch dem EBM) berücksichtigt
4. die **bewertungsbezogene Auslegung**, die zusätzlich aus der Höhe der Bewertung Rückschlüsse auf den offensichtlich gemeinten Leistungsinhalt zu ziehen versucht.

Grundlegend ist ohne Zweifel die Wortauslegung. In zahlreichen Gerichtsurteilen wird immer wieder darauf Bezug genommen, auch wenn, z.B. nach Darstellung von Sachverständigen, das Ergebnis medizinisch-sachlich nicht angemessen ist. Die Gerichte erkennen in diesen Fällen, dass diese Diskrepanz zu beseitigen Sache des Verordnungsgebers ist.

Die Wortauslegung wird häufig ergänzt und überleitend zu den weiteren Kriterien der Auslegung erleichtert durch Ausführungen in der Amtlichen Begründung zur GOÄ. In den zu den jeweiligen Novellierungen der GOÄ gegebenen Amtlichen Begründungen erläutert das federführende Ministerium (zzt. das Bundesministerium für Gesundheit, BMG) den Regelungszweck. Aus diesen Amtlichen Begründungen heraus lassen sich aber längst nicht alle Auslegungsfragen zur GOÄ beantworten, zumal auch die Amtlichen Begründungen teils wieder auslegungsfähig sind. Hinzu kommt, dass in der GOÄ wie auch in den Amtlichen Begründungen teils unterschiedliche Termini für identische Sachverhalte verwendet wurden. Dies erklärt sich aus der historischen Entwicklung der Gebührenordnung, aber auch aus unterschiedlicher „Tagesform" der Verfasser.

Aus den Amtlichen Begründungen, der Rechtsprechung, der wesentlichen vorliegenden Kommentarliteratur und der Anwendungspraxis heraus, werden nachfolgend wesentliche, häufiger vorkommende Textbausteine der GOÄ in ihrer Bedeutung für die Anwendung der Leistungslegenden erläutert. Dabei sind für die vom Psychologischen Psychotherapeuten oder Kinder- und Jugendlichenpsychotherapeuten berechenbaren Leistungen der GOÄ nicht alle Erläuterungen relevant. Sie sind aber aufgenommen, um z.B. bei künftigen GOÄ-Novellierungen oder auf Analoge Bewertungen angewendet werden zu können.

**1. Textbausteine, welche die Leistungen voneinander abgrenzen**

**„als selbständige Leistung"**
☞ [2] des Kommentars zu §4

**„als einzige Leistung" oder „als alleinige Leistung"**
Im Rahmen eines Arzt-Patienten-Kontakts kann nur diese Leistung allein oder nur mit ausdrücklich bei ihr benannten Ausnahmen berechnet werden. Beispiel: Nr. 3 GOÄ.

**„und", „sowie", „einschließlich", „mit"**
Diese Verknüpfungen setzen die Erbringung aller genannten Legendenbestandteile voraus, um die Leistung abrechnen zu können. „Einschließlich" und „mit" sind oft aber nur fakultativ aufgeführt, z.B. durch „ggf. mit" oder „auch mit". Beispiel: Beim Arztbrief nach Nr. 75

sind Angaben zur Therapie nicht zwingend erforderlich, um Nr. 75 abrechnen zu können. Werden solche Angaben gemacht, berechtigt dies aber nicht zum zweimaligen Ansatz der Leistung.

**„und/oder"**
Bei dieser Verknüpfung berechtigt die alleinige Erbringung des vor der Verknüpfung genannten Leistungsbestandteils wie auch die Erbringung einzig des hinter der Verknüpfung stehenden Teils zur Abrechnung der GOÄ-Position. Werden beide derart verknüpfte Leistungsbestandteile erbracht, kann die Ziffer trotzdem nur einmal abgerechnet werden. Beispiel: Nr. 4 GOÄ.

**„oder"**
Die Erbringung einer der beiden derart verknüpften Legendenbestandteile reicht aus, um die Leistung abrechnen zu können. Der Unterschied zu „und/oder" liegt darin, dass bei Erbringung beider Legendenbestandteile die Leistung zweimal abgerechnet werden kann, falls dem nicht – wie häufig der Fall – eine Allgemeine Bestimmung entgegensteht.

**„insgesamt"**
Die Leistung kann unabhängig von der Zahl der in der Leistungslegende genannten Leistungsbestandteilen oder Beispielen im Rahmen eines Arzt-Patienten-Kontaktes nur einmal abgerechnet werden. Beispiel: Nrn. 856, 857 GOÄ. Zum Begriff „Arzt-Patienten-Kontakt" vgl. die Erläuterung des Terminus „je Sitzung".

**„zusätzlich"**
Die Leistung kann nur berechnet werden, wenn die darin genannte Leistung „zusätzlich" zu einer anderen Leistung des Gebührenverzeichnisses durchgeführt wird. Der Zusammenhang ist sachlich, nicht zeitlich. Die „zusätzliche" Leistung kann also auch im Rahmen eines anderen Arzt-Patienten-Kontaktes erbracht werden.

**2. Textbausteine mit Bezug auf bestimmte Zeitabschnitte**

**„neben"**
„Neben" heißt „bei einer Inanspruchnahme" oder „im Rahmen eines Arzt-Patienten-Kontaktes". Der Begriff ist synonym mit „je Sitzung" (s.d. zu Unterbrechungen). Klarstellend zu „neben" ist die Anmerkung zu Nr. 45 GOÄ, wonach andere Grundleistungen nicht „neben" der Visite, wohl aber, wenn sie zu anderen Uhrzeiten erbracht wurden, berechnet werden dürfen. „Neben" heißt keinesfalls „je Tag" oder „je Behandlungsfall".

**„je Sitzung"**
Die Position ist nur einmal berechnungsfähig, gleich wie viele Leistungsbestandteile der Leistungslegende im Rahmen einer Behandlung durchgeführt werden. Eine Sitzung ist der gesamte Zeitraum, in dem der Patient sich in der Praxis befindet. Auch Intervallbehandlungen oder der Umstand, dass der Patient die Praxis kurzzeitig verlässt, begründen nicht die Abrechnung mehrerer Sitzungen. Eine künstliche Trennung zusammengehöriger Leistungen ist nicht erlaubt. Die Abrechnung mehrerer Sitzungen ist erst dann begründet, wenn eine Leistung in typischer Weise nicht in einer Sitzung durchgeführt werden kann, sondern aufgeteilt werden muss, wobei diese Phasen aus medizinischen Gründen nicht unmittelbar nacheinander durchgeführt werden können.

**„Untersuchung"**
Die Berechnung der Leistung ist auf einmal je Inanspruchnahme (Sitzung) begrenzt. Nur wenn aus medizinischen Gründen, z.B. zu einer notwendigen Verlaufskontrolle im Rahmen einer Inanspruchnahme, eine Untersuchung mehrfach durchzuführen ist, kann die Leistung mehrfach berechnet werden. Dies setzt voraus, dass die mehrfache Untersuchung nicht bereits zumindest fakultativer Leistungsinhalt ist und dem keine anderen Abrechnungsbe-

stimmungen wie Allgemeine Bestimmungen oder Formulierungen wie „je Sitzung" oder eine Pluralbildungen wie „Untersuchung(en)" entgegenstehen.

**„je Tag"**
Die Leistung ist je Kalendertag abrechnungsfähig. Davon zu unterscheiden ist die Formulierung „bis zu 24 Stunden Dauer". Der Abrechnung je Tag stehen Abrechnungsbestimmungen wie „auch in mehreren Sitzungen" oder „Untersuchung(en)" entgegen.

**„Behandlungsfall"**
* Kommentar zu Abschnitt B der GOÄ, allgemeine Bestimmung Nr. 1, und zu Nr. 860 GOÄ.

## 3. Pluralbildungen

Die Pluralbildung ist in der GOÄ sehr unterschiedlich gehandhabt, so dass bei der Auslegung nicht selten die Sinnauslegung zusätzlich zur Wortauslegung herangezogen werden muss.

**Pluralbildungen im Nominativ**
Fall 1: Die Pluralbildung dient einer Aufzählung unterschiedlicher Maßnahmen, so dass die betreffende Leistung bei Durchführung mehrerer derartiger Maßnahmen in einer Sitzung entsprechend mehrfach berechnungsfähig ist. Beispiel: Nr. 2284 „Stabilisierende operative Maßnahmen..."

Fall 2: Es müssen mehrere einzelne Maßnahmen durchgeführt werden, um den Leistungsinhalt zu erfüllen, die Leistung ist - unabhängig von der Zahl der tatsächlich durchgeführten Einzelmaßnahmen - insgesamt nur einmal je Sitzung berechnungsfähig. Beispiel: Nr. 2429 „Eröffnungen disseminierter Abszessbildungen der Haut..."

**Pluralbildung im Genitiv**
Fall 1: (entsprechend dem o.a. Fall 1): Die Leistung ist dann entsprechend mehrfach berechnungsfähig, wenn die im Nominativ aufgeführte Verrichtung an mehreren der im Genitiv Plural genannten Zielobjekte, die in der Regel Körperteile sind, durchgeführt wird. Beispiel: Nr. 2328 „Einrichtung gebrochener Unterarmknochen". Die Mehrfachberechnung kann aber durch die Einschränkung „je Sitzung" oder durch eine Allgemeine Bestimmung ausgeschlossen sein.

Fall 2: Die betreffende Gebührenordnungsposition ist insgesamt nur einmal berechnungsfähig und dies auch nur dann, wenn sich die betreffende Maßnahme auf alle der im Genitiv Plural genannten Zielobjekte bezieht. Beispiel: Nr. 1448 „Radikaloperation sämtlicher Nebenhöhlen einer Seite"

Fall 3: Die betreffende Gebührenordnungsposition ist berechnungsfähig, wenn sich die im Nominativ beschriebene Verrichtung auf mindestens eines der im Genitiv Plural genannten Zielobjekte bezieht; die betreffende Position ist jedoch – im Unterschied zu Fall 1 – auch dann stets nur einmal berechnungsfähig, wenn mehrere Zielobjekte in die Verrichtung einbezogen werden. Beispiel: Nr. 763 „Spaltung oberflächlich gelegener Venen...."

## 4. Bestabrechnung

Unberührt von Abrechnungsausschlüssen ist, dass eine „Bestabrechnung" vorgenommen werden kann, also z.B. die Abrechnung einer erbrachten höher bewerteten Leistung, neben der andere, niedriger bewertete Leistungen nicht berechenbar sind, anstelle der erbrachten geringer bewerteten Leistung.

## 5. Versuchte Leistungserbringung

In der Regel ist eine Leistung erst dann honorarfähig, wenn sie vollständig erbracht ist. Das Gebührenverzeichnis sieht nur seltene Ausnahmen vor, in denen auch bei nicht geglücktem Versuch der Leistungsinhalt vollständig erbracht worden ist. Beispiel: Nr. 3282 „Zurückbringen oder Versuch des Zurückbringens eines eingeklemmten Bruches".

In allen anderen Fällen einer versuchten, aber missglückten Leistungserbringung ist eine Honorierung der Tätigkeit des Psychologischen Psychotherapeuten oder Kinder- und Jugendlichenpsychotherapeuten nur dann nicht zu versagen, wenn der Psychologische Psychotherapeut oder Kinder- und Jugendlichenpsychotherapeut nach den Regeln der Kunst vorgegangen ist und die Umstände des Misslingens nicht von ihm verantwortet werden müssen, sondern in der besonderen Lage des Falles begründet sind. Beispiel: Ein Hausbesuch nach Nr. 50 wird termingerecht angetreten, bei Eintreffen des Psychologischen Psychotherapeuten oder Kinder- und Jugendlichenpsychotherapeuten ist der Patient aber nicht anzutreffen.

## 6. Identische Leistungen in verschiedenen Leistungspositionen

Wenn identische Verrichtungen unterschiedlichen Gebührenordnungspositionen zugeordnet sind, ist es dem Psychologischen Psychotherapeuten oder Kinder- und Jugendlichenpsychotherapeuten freigestellt, welche der möglichen Leistungsansätze er berechnet. Solchen Fällen liegen v.a. historische Gründe in der Entwicklung des Leistungsverzeichnisses zugrunde. Die Wahlmöglichkeit bedingt aber eine exakte Übereinstimmung der Leistungsinhalte. Oft zeigen sich Unterschiede des Leistungsinhaltes bei genauer Betrachtung der fachtypischen Vorgehensweisen oder in den unterschiedlichen Zusammenhängen (der GOÄ-Kapitel) in denen die Leistungen aufgeführt sind.

Keine Wahlmöglichkeit besteht in den Fällen, in denen einander nur ähnliche Leistungen in bestimmte Zusammenhänge gestellt sind, z.B. die einander ähnlichen Untersuchungen nach Nr. 25 (Erstuntersuchung des Neugeborenen) und nach Nr. 8 (vollständige körperliche Untersuchung).

## 7. Kapiteleinteilung des Leistungsverzeichnisses

Aus der Einordnung einer Leistung in ein bestimmtes Kapitel der GOÄ kann nicht geschlossen werden, dass die Leistung nur für die in der Kapitelüberschrift genannten Fachgebiete berechenbar sei. Maßgeblich sind vielmehr die Bestimmungen der Berufsordnung und damit die Gebietsgrenzen der Weiterbildungsordnung. Für Psychologische Psychotherapeuten oder Kinder- und Jugendlichenpsychotherapeuten gilt die Besonderheit, dass nur Leistungen, die nach dem Psychotherapeutengesetz berufliche Leistungen der Psychologischen Psychotherapeuten oder Kinder- und Jugendlichenpsychotherapeuten sind, aus der GOÄ berechnet werden können. Damit stehen dem Psychologischen Psychotherapeuten oder Kinder- und Jugendlichenpsychotherapeuten aus der GOÄ nur bestimmte Leistungen aus den Abschnitten G und B der GOÄ offen. Der Allgemeine Teil der GOÄ (Paragraphenteil) gilt übergreifend.

Aus dem Abschnitt B sind dies die Leistungen nach den Nummern 1, 2, 3, 4, 15, 20, 22, 34, 45, 46, 50, 51, 55, 56, 60, 70, 75, 80, 85, 90, 95, 96.

Aus dem G sind dies die Leistungen nach den Nummern 808, 835, 845, 846, 847, 849, 855, 856, 857, 860, 861, 862, 863, 864, 865, 870, 871.

Durch die übergreifende Gültigkeit des Paragraphenteils steht auch dem Psychologischen Psychotherapeuten oder Kinder- und Jugendlichenpsychotherapeuten die Möglichkeit der Analogbewertung offen (vgl. zu §6 Abs. 2). Damit ist es auch möglich, eine psychiatrische Leistung oder eine ärztliche Leistung analog heranzuziehen (z.B. die Nummern 886 oder 887 bzw. die Nummer 5), wenn keine der o.a. Nummern des Abschnittes G mit psychotherapeutischem Inhalt oder die dem Psychotherapeuten ofenstehenden Leistungen des Abschnittes B die Kriterien des §6 Abs. 2 erfüllt. Nicht zulässig ist für den Psychologischen Psychotherapeuten oder Kinder- und Jugendlichenpsychotherapeuten aber, originär psychiatrische Leistungen (wie eine psychiatrische Behandlung) oder originär ärztliche Leistungen (wie eine körperliche symptombezogene Untersuchung) mit originalem Leistungsinhalt abzurechnen, da dies keine beruflichen Leistungen der Psychologischen Psychotherapeuten oder Kinder- und Jugendlichenpsychotherapeuten im Sinne des Psychotherapeutengesetzes sind.

Im Schreiben vom 27. Juni 2000 führte das Bundesministerium des Innern (als „federführende" Beihilfebehörde) die Auffassung an, dass es sich insbesondere um folgende Gebührenziffern handele:

1, 3, 4, 34, 60, 70 (ausgenommen Dienst- bzw. Arbeitsunfähigkeitsbescheinigung), 75, 80, 85, 95

bzw.

808, 835, 845, 846, 847, 849, 855, 856, 857, 860, 861, 862, 863, 864, 865, 870, 871.

In einem weiteren Rundschreiben des BMI vom 7. November 2000 (GMBl. 2000, S. 1118) wurde aus dieser Auflistung die Nr. 849 wieder gestrichen (☛ Kommentar zu Nr. 849).

Mit dem Ausdruck „insbesondere" gesteht das Bundesministerium des Innern aber zu, dass dieser Katalog nicht abschließend ist.

# A Gebühren in besonderen Fällen

> **Für die nachfolgend genannten Leistungen dürfen Gebühren nach Maßgabe des §5 nur bis zum Zweieinhalbfachen des Vergütungssatzes bemessen werden: Nummern 2 und 56 in Abschnitt B, Nummern 250, 250 a, 402 und 403 in Abschnitt C, Nummern 602, 605 bis 617, 620 bis 624, 635 bis 647, 650, 651, 653, 654, 657 bis 661, 665 bis 666, 725, 726, 759 bis 761 in Abschnitt F, Nummern 855 bis 857 in Abschnitt G, Nummern 1001 und 1002 in Abschnitt H, Nummern 1255 bis 1257, 1259, 1260, 1262, 1263, 1268 bis 1270 in Abschnitt I, Nummern 1401, 1403 bis 1406, 1558 bis 1560 in Abschnitt J, Nummern 4850 bis 4873 in Abschnitt N.**

**Kommentar**

Im Rahmen der GOP sind die Testverfahren nach den Nrn. 855 bis 857 GOÄ betroffen.

Leistungen des „kleinen Gebührenrahmens". Mit der Einschränkung der Steigerungssätze werden entweder hohe Sachkostenanteile oder eine vorwiegend apparative oder delegierte Leistungscharakteristik berücksichtigt. Solche Leistungen sollen nicht in demselben Umfang steigerungsfähig sein wie die sog. „arztintensiven" Leistungen. Nicht sachgerecht, aber trotzdem verbindlich ist die Einschränkung des Gebührenrahmens bei solchen Testverfahren (z.B. projektiven Testverfahren), die vollständig (Durchführung, Auswertung und Interpretation) die höchstpersönliche Leistungserbringung voraussetzen.

Besondere Einschränkungen gelten noch zu den – für Psychologische Psychotherapeuten oder Kinder- und Jugendlichenpsychotherapeuten nicht relevanten – Leistungen der Abschnitte A, E, M und O der GOÄ.

**Analoge Bewertung**

Bei Analogabgriff von Leistungen des kleinen Gebührenrahmens gilt auch für die Analogleistung die eingeschränkte Steigerungsfähigkeit (☞ zu §6 Abs. 2, Kommentar Nr. 4.1).

# B Grundleistungen und allgemeine Leistungen

| Allgemeine Bestimmungen | 1. Als Behandlungsfall gilt für die Behandlung derselben Erkrankung [1] der Zeitraum eines Monats [2] nach der jeweils ersten Inanspruchnahme [3] des Arztes. |
| --- | --- |

**Kommentar**

[1]
Der Behandlungsfall ist zeit- und (anders als im EBM) auch diagnosegebunden. Bei jeder Neuerkrankung tritt in Bezug auf diese Erkrankung auch in einem noch laufenden Behandlungsfall aus der ersten Erkrankung heraus ein neuer Behandlungsfall ein.

Der Wechsel von einer vorläufigen zu einer endgültigen Diagnose begründet keinen neuen Behandlungsfall, ebenso nicht ein Wechsel der Symptomatik derselben Erkrankung.

Bei Verschlimmerungen oder Komplikationen handelt es sich grundsätzlich noch um dieselbe Erkrankung. Erst wenn die Ausprägung derart ist, dass sich daraus die Notwendigkeit eigenständiger, inhaltlich unterschiedlicher Behandlung oder Beratung ergibt, handelt es sich um neuen Behandlungsfall.

Bestehen von vornherein mehrere Erkrankungen nebeneinander, so liegen mehrere Behandlungsfälle nebeneinander vor. Dies begründet aber keine Mehrfachberechnung von Leistungen, da neben „derselben Erkrankung" auch die Zeitachse zu beachten ist. Zudem sind viele Leistungen so definiert, dass sie in sich „unteilbar" sind (☞ Kommentar zu Nr. 1) oder die Leistungslegende auf ein umfassendes Leistungsziel hin gefasst ist, das auch dann nur einmal berechenbar ist, wenn die Erbringung in mehreren Sitzungen erfolgt.

☞ speziell Kommentar zu Nr. 807

[2]
Laut §188 Abs. 2 BGB wird bei Fristen der Tag des Beginns bei der Berechnung der Monatsfrist nicht mitgezählt. Der „Zeitraum eines Monats" sind demnach nicht 31 Tage oder 4 Wochen, sondern die Frist „eines Monats" ist dann verstrichen, wenn sich der Monatsname geändert und das Datum um mindestens „eins" erhöht hat. Beispiel: 25. Februar/26. März, nicht aber 1. April/1. Mai.

[3]
Dies bezieht sich nur auf die Inanspruchnahme desselben Psychologischen Psychotherapeuten oder Kinder- und Jugendlichenpsychotherapeuten. Bei Wechsel des Psychologischen Psychotherapeuten oder Kinder- und Jugendlichenpsychotherapeuten beginnt auch wegen derselben Erkrankung ein neuer Behandlungsfall. Dies gilt auch bei konsiliarischer Hinzuziehung. In Gemeinschaftspraxen beginnt bei Wechsel des Psychotherapeuten kein neuer Behandlungsfall. Anders nur, wenn die Gemeinschaftspraxis zwischen fachfremden Partnern besteht, z.B. Kinderarzt und Psychologischer

Psychotherapeut oder Kinder- und Jugendlichenpsychotherapeut (dieser Fall ist nur in der reinen Privatpraxis möglich, nach den Bedarfsplanungsrichtlinien der KV ist diese Kooperation ausgeschlossen).

**2. Die Leistungen nach den Nrn. 1 und/oder 5 sind neben Leistungen nach den Abschnitten C bis O im Behandlungsfall nur einmal berechnungsfähig.**

**Kommentar**

Für Psychologische Psychotherapeuten oder Kinder- und Jugendlichenpsychotherapeuten nur relevant im Hinblick auf Nr. 1 neben Leistungen des Abschnittes G der GOÄ. „Neben" heißt im Rahmen einer Sitzung. Damit kann die Nr. 1 alleine oder neben Leistungen des Abschnittes B der GOÄ auch mehrfach berechnet werden, wenn dies medizinisch begründet ist.

**3. Die Leistungen nach den Nummern 1, 3, 5, 6, 7 und/oder 8 [1] können an demselben Tag [2] nur dann mehr als einmal berechnet werden, wenn dies durch die Beschaffenheit des Krankheitsfalls [3] geboten war. Bei mehrmaliger Berechnung ist die jeweilige Uhrzeit der Leistungserbringung in der Rechnung anzugeben. Bei den Leistungen nach den Nummern 1, 5, 6, 7 und/oder 8 ist eine mehrmalige Berechnung an demselben Tag auf Verlangen [4], bei der Leistung nach Nummer 3 generell zu begründen [5].**

**Kommentar**

[1]
Für Psychologische Psychotherapeuten oder Kinder- und Jugendlichenpsychotherapeuten sind die Nummern 1 und 3 relevant, die Nummern 5 bis 8 beinhalten körperliche ärztliche Untersuchungen.

[2]
„Derselbe Tag" ist keine 24-Stunden-Frist, sondern der Kalendertag.

[3]
Die Formulierung „durch die Beschaffenheit des Krankheitsfalles" besagt, dass gravierende Veränderungen derselben Erkrankung eingetreten sind. Bei Eintritt einer anderen Erkrankung ist ohnehin ein neuer Behandlungsfall gegeben (☛ Kommentar zur Allg. Best. Nr. 1).

[4]
In der Rechnung muss nur bei mehrmaliger Erbringung der Nr. 3 an demselben Kalendertag eine Begründung enthalten sein. Zur Nr. 1 muss eine Begründung erst dann gegeben werden, wenn der Patient dies verlangt. Es ist jedoch für die Gültigkeit der Rechnung unschädlich, auch bei Mehrfacherbringung der Nr. 1 an demselben Tag die Begründung von vornherein aufzunehmen.

[5]
Begründungen können z.B. sein
– der Hinzutritt einer weiteren Erkrankung (neuer Behandlungsfall)
– die Verschlimmerung einer bestehenden Erkrankung
– Besprechung der sich ergebenden Konsequenzen aus zwischenzeitlich erhobenen Befunden oder Auswertungen.

> **4. Die Leistungen nach den Nummern 1, 3, 22, 30 und/oder 34 sind neben den Leistungen nach den Nummern 804 bis 812, 817, 835, 849, 861 bis 864, 870, 871, 886 sowie 887 nicht berechnungsfähig.**

**Kommentar**

Für Psychologische Psychotherapeuten oder Kinder- und Jugendlichenpsychotherapeuten sind die Nrn. 1, 3, 22, 34 bzw. 808, 835, 849, 861-864, 870 und 871 relevant.

Diese Bestimmung spiegelt den Grundsatz „Unteilbarkeit der Beratung" wider. Allgemeine Beratungsleistungen nach den Nrn. 1 und 3 sind unter den fachspezifischen Beratungen subsumiert. Dies bezieht sich jedoch nur auf dieselbe Inanspruchnahme des Psychologischen Psychotherapeuten oder Kinder- und Jugendlichenpsychotherapeuten. Für zeitlich getrennte Inanspruchnahmen an demselben Tag greift diese Bestimmung nicht.

> **5. Mehr als zwei Visiten an demselben Tag können nur berechnet werden, wenn sie durch die Beschaffenheit des Krankheitsfalls [1] geboten waren. Bei der Berechnung von mehr als zwei Visiten an demselben Tag ist die jeweilige Uhrzeit der Visiten in der Rechnung anzugeben. Auf Verlangen ist die mehr als zweimalige Berechnung einer Visite an demselben Tag zu begründen. Anstelle oder neben der Visite im Krankenhaus sind die Leistungen nach den Nummern 1, 3, 4, 5, 6, 7, 8 und/oder 15 nicht berechnungsfähig [2].**

**Kommentar**

[1]
☞ [1] des Kommentars zur Allg. Best. Nr. 1 und [3] zur Allg. Best. Nr. 3.

[2]
Der Ausschluss der Beratungsleistungen anstelle oder neben der Visite sagt aus, dass die Berechnung der (schlechter bewerteten) Visite nicht durch die Berechnung der (besser bewerteten und bei Visiten erbrachten) Beratungen ersetzt werden darf (ein spezielles Verbot der „Bestabrechnung" für diesen Fall, vgl. „Bestabrechnung" im Abschnitt „Zum Verständnis der Leistungslegenden"). Nicht ausgeschlossen durch diese Bestimmung ist die Berechnung einer der genannten Leistungen zu einem anderen Zeitpunkt als dem der Visite desselben Tages. Beispiel: Morgens Visite, mittags Beratung. Vgl. die Erläuterung des Begriffes „neben" im Abschnitt „Zum Verständnis der Leistungslegenden"

> **6. Besuchsgebühren nach den Nummern 48, 50 und/oder 51 sind für Besuche von Krankenhaus- und Belegärzten im Krankenhaus nicht berechnungsfähig.**

**Kommentar**

Mit dieser Allgemeinen Bestimmung ist geregelt, dass für eine Visite im Krankenhaus keine Besuchsgebühr berechnet werden kann. Ebenso wenig kann von am Krankenhaus angestellten oder belegpsychotherapeutisch tätigen Psychologischen Psychotherapeuten oder Kinder- und

Jugendlichenpsychotherapeuten die Besuchsgebühr für das gesonderte Aufsuchen eines einzelnen Patienten im Krankenhaus berechnet werden. In diesem Fall des gesonderten Aufsuchens handelt es sich aber nicht um eine Visite (vgl. zu Nr. 45). Möglich ist dann die Berechnung der beim Patienten erbrachten Leistungen, ggf. zuzüglich der Zuschläge.

**7. Terminvereinbarungen sind nicht berechnungsfähig.**

**Kommentar**    Diese Bestimmung untersagt die Berechnung der (auch telefonisch möglichen) Beratung nach Nr. 1 für eine bloße Terminvereinbarung. Nicht ausgeschlossen ist die Berechnung der Nr. 1 aber in dem Fall, dass neben der Beratung auch noch ein Termin vereinbart wird.

**8. Neben einer Leistung nach den Nummern 5, 6, 7 oder 8 sind die Leistungen nach den Nummern 600, 601, 1203, 1204, 1228, 1240, 1400, 1401 und 1414 nicht berechnungsfähig.**

**Kommentar**    Für Psychologische Psychotherapeuten oder Kinder- und Jugendlichenpsychotherapeuten nicht relevant, da sich die Bestimmung auf körperliche Untersuchungen durch den Arzt bezieht.

# I. Allgemeine Beratungen und Untersuchungen

| 1 | Beratung – auch mittels Fernsprecher – | | |
|---|---|---|---|
| **Bewertung** | 80 Punkte | 1,0-fach: € 4,66 | 2,3-fach: € 10,72 | 3,5-fach: € 16,32 |

**Kommentar**    Die allgemeinen Beratungen nach den Nrn. 1 und 3 GOÄ sind inhaltlich von den psychotherapeutischen Leistungen, die auch beratenden Charakter haben, abzugrenzen (vgl. zur Allgemeinen Bestimmung Nr. 4). Hier handelt es sich um eine „unspezifische" Beratung, nicht eine psychotherapeutische Behandlung, wofür z.B. die Nr. 849 (welche eine Behandlung darstellt und nicht telefonisch erbracht werden kann) anzusetzen wäre. Eine solche Beratung kann z.B.
– im Rahmen der Anwendung eines Testverfahrens anfallen, insbesondere Erläuterung der Ergebnisse
– das Anhören von Beschwerden oder die Aufnahme der somatischen Krankheitsvorgeschichte umfassen, sofern dies z.B. von den Leistungen nach Nr. 861 ff. abgegrenzt ist
– die Erteilung von Auskünften sein
– die Erläuterung beabsichtigter therapeutischer oder diagnostischer Maßnahmen umfassen, auch einer evtl. Überweisung.
Eine „Beratung" umfasst mehr als eine einfache Mitteilung, z.B. eines Ergebnisses. Als Mindestanforderung muss ein Wechselgespräch zwischen

Psychologischem Psychotherapeuten oder Kinder- und Jugendlichen-psychotherapeuten und Patient stattgefunden haben.

Nach dem Grundsatz der „Unteilbarkeit der Beratung" kann sie im Zusammenhang mit einer Inanspruchnahme des Psychologischen Psychotherapeuten oder Kinder- und Jugendlichenpsychotherapeuten nur einmal berechnet werden, auch wenn sie verschiedene Inhalte umfasste. Dieser Grundsatz gilt aber nur innerhalb eines Gebührensystems. Deshalb ist z.B. neben einer zu Lasten der GKV erbrachten Leistung mit beratendem Inhalt die Berechnung einer Beratung nach GOÄ möglich, wenn sich letztere auf eine IGEL-Leistung bezog.

Die Beratung kann auch telefonisch erfolgen. Im Gegensatz zum GKV-Bereich kann z.B. die Beratung auch abgerechnet werden, wenn ein in stationärer Behandlung befindlicher Patient sich vom Psychologischen Psychotherapeuten oder Kinder- und Jugendlichenpsychotherapeuten telefonisch Rat einholt. Gleiches gilt im Übrigen auch für den vom Patienten gewünschten Besuch des Psychologischen Psychotherapeuten oder Kinder- und Jugendlichenpsychotherapeuten im Krankenhaus.

| **Hinweise zur Abrechnung** | Bei der Abrechnung sind die Allg. Best. Nr. 1, 2, 3, 4, 5 und 7 zu beachten. Im Gegensatz zur Nr. 3 ist für die Nr. 1 keine Mindestdauer vorgegeben. In Fällen, in denen eine Beratung länger als 10 Minuten gedauert hat, kann alternativ zur Nr. 3 die Nr. 1 mit höherem Steigerungsfaktor berechnet werden. |
|---|---|
| **Beihilfe** | erstattungsfähig |

| **2** | **Ausstellung von Wiederholungsrezepten und/oder Überweisungen und/oder Übermittlung von Befunden oder ärztlicher Anordnungen – auch mittels Fernsprecher – durch die Arzthelferin und/oder Messung von Körperzuständen (z.B. Blutdruck, Temperatur) ohne Beratung, bei einer Inanspruchnahme des Arztes** *Die Leistung nach Nummer 2 darf anläßlich einer Inanspruchnahme des Arztes nicht zusammen mit anderen Gebühren berechnet werden.* | | |
|---|---|---|---|
| **Bewertung** | 30 Punkte | 1,0-fach: € 1,75 | 1,8-fach: € 3,15 | 2,5-fach: € 4,37 |
| **Kommentar** | Während medikamentöse Behandlung und dementsprechend das Ausstellen von Rezepten durch Psychologische Psychotherapeuten oder Kinder- und Jugendlichenpsychotherapeuten ausgeschlossen ist, können Überweisungen und das Übermitteln von Anordnungen bei bestimmten Behandlungsverfahren zum Aufgabenbereich des Psychologischen Psychotherapeuten oder Kinder- und Jugendlichenpsychotherapeuten gehören (z.B. sog. Hausaufgaben als Teil eines verhaltenstherapeutischen Behandlungsplanes). Einfache Anweisungen können auch durch eine Praxishilfe weitergegeben werden. | | |

| Hinweis zur Abrechnung | Nr. 2 ist bei einer Inanspruchnahme nur einmal berechenbar. Nur als alleinige Leistung berechenbar. Übermittelt nicht die Helferin, sondern der Psychologische Psychotherapeut oder Kinder- und Jugendlichenpsychotherapeut selber die Anordnungen, ist Nr. 1 oder Nr. 3 zu berechnen. Nicht berechenbar für Terminvereinbarung. ☞ Allg. Best. Nr. 7. |
|---|---|
| Beihilfe | Nicht erstattungsfähig, wenn die Leistung von einem Psychologischen Psychotherapeuten oder Kinder- und Jugendlichenpsychotherapeuten erbracht wurde. |

| 3 | **Eingehende, das gewöhnliche Maß übersteigende Beratung – auch mittels Fernsprecher –** |
|---|---|
| | *Die Leistung nach Nummer 3 (Dauer mindestens 10 Minuten) ist nur berechnungsfähig als einzige Leistung oder im Zusammenhang mit einer Untersuchung nach den Nummern 5, 6, 7, 8, 800 oder 801. Eine mehr als einmalige Berechnung im Behandlungsfall bedarf einer besonderen Begründung.* |

| Bewertung | 150 Punkte | 1,0-fach: € 8,74 | 2,3-fach: € 20,11 | 3,5-fach: € 30,60 |
|---|---|---|---|---|

| Kommentar | ☞ Kommentar zu Nr. 1 |
|---|---|
| | Durch die ausschließende Anmerkung ist die Nr. 3 für den Psychologischen Psychotherapeuten oder Kinder- und Jugendlichenpsychotherapeuten nur als alleinige Leistung berechenbar, da die anderen, neben Nr. 3 berechenbaren Leistungen für ihn nicht relevant sind. |
| | Die Anmerkung „als einzige Leistung" bezieht sich aber nur auf die jeweilige Inanspruchnahme, nicht auf den Behandlungsfall, den Tag oder gar die gesamte Liquidation. |
| | Damit ist z.B. die Berechnung einer vormittäglichen psychotherapeutischen Behandlung und einer nachmittäglichen telefonischen Beratung mit den Nrn. 870 bzw. 3 möglich. |

| Hinweise zur Abrechnung | Wegen der Allg. Best. Nr. 4 und der ausschließenden Anmerkung zur Nr. 3 für den Psychologischen Psychotherapeuten oder Kinder- und Jugendlichenpsychotherapeuten nur als alleinige Leistung berechenbar. Bei der Abrechnung ist die Allg. Best. Nr. 3 zu beachten. |
|---|---|
| Beihilfe | erstattungsfähig |

| 4 | Erhebung der Fremdanamnese über einen Kranken und/oder Unterweisung und Führung der Bezugsperson(en) – im Zusammenhang mit der Behandlung eines Kranken –<br><br>*Die Leistung nach Nummer 4 ist im Behandlungsfall nur einmal berechnungsfähig. Die Leistung nach Nummer 4 ist neben den Leistungen nach den Nummern 30, 34, 801, 806, 807, 816, 817 und/oder 835 nicht berechnungsfähig.* | | |
|---|---|---|---|
| **Bewertung** | 220 Punkte | 1,0-fach:<br>€ 12,82 | 2,3-fach:<br>€ 29,49 | 3,5-fach:<br>€ 44,88 |

| Kommentar | Nr. 4 ist ähnlich wie die Nrn. 1 und 3 als „allgemeine" Leistung von den fachspezifischen Leistungen z.B. nach der Nr. 835 abzugrenzen.

Eine „Fremdanamnese" umfasst mehr als nur die Kontrolle einer Patientenangabe. Vielmehr muss die medizinische Notwendigkeit bestanden haben, die Anamnese um Fremdangaben zu ergänzen oder die Bezugspersonen zu unterweisen. Regelhaft ist dies bei der psychotherapeutischen Behandlung von Kindern erforderlich. Bei kleinen Kindern (bis etwa 6 Jahre) ist die Verständigkeit für eine eigenständige Anamnese i. d. R. nicht genügend gegeben, so dass nicht neben einer Beratung nach Nr. 1 noch eine Fremdanamnese nach Nr. 4 berechnet werden kann.

Weder für die Fremdanamnese noch die Unterweisung der Bezugspersonen ist die Anwesenheit des eigentlich Kranken erforderlich. |
|---|---|
| **Hinweise zur Abrechnung** | Nr. 4 ist im Behandlungsfall nur einmal berechnungsfähig.<br>Da sich die Nr. 4 aber allgemein auf einen „Kranken" bezieht, kann sie zur Nr. 835 alternativ berechnet werden (Bestabrechnung). ☞ Kommentar zu Nr. 835. |
| **Beihilfe** | erstattungsfähig |

| 15 | Einleitung und Koordination flankierender therapeutischer und sozialer Maßnahmen [1] während der kontinuierlichen [2] ambulanten [3] Betreuung eines chronisch Kranken.<br><br>*Die Leistung nach Nummer 15 darf nur einmal im Kalenderjahr [4] berechnet werden. Neben der Leistung nach Nummer 15 ist die Leistung nach Nummer 4 im Behandlungsfall nicht berechnungsfähig.* | | |
|---|---|---|---|
| **Bewertung** | 300 Punkte | 1,0-fach:<br>€ 17,49 | 2,3-fach:<br>€ 40,22 | 3,5-fach:<br>€ 61,20 |

| Kommentar | [1]<br>Laut Begründung der Bundesregierung zur 4. Änderungsverordnung der GOÄ soll mit der Nr. 15 die hausärztliche Koordinierungsfunktion im Rahmen der ambulanten Betreuung chronisch Kranker vergütet werden. Nr. 15 kann aber auch von Psychologischen Psychotherapeuten oder Kinder- |
|---|---|

und Jugendlichenpsychotherapeuten berechnet werden, wenn alle der in der Legende genannten Leistungsbestandteile erbracht wurden.

Dabei kommt es darauf an, dass therapeutische und (nicht „oder"!) soziale Maßnahmen koordiniert wurden. Koordination bedeutet, dass die Maßnahmen über die eigene Tätigkeit hinausgehen gehen müssen. Nur eigene Maßnahmen aufeinander abzustimmen, ist keine „flankierende" Tätigkeit i. S. der Nr. 15. Koordiniert werden können z.b. die Maßnahmen von Ärzten, Psychiatern, Sozialstationen, Betreuern in Altenheimen.

Nr. 15 setzt eine „Außenwirkung" voraus. Die Erörterung therapeutischer und sozialer Maßnahmen nur mit dem Patienten reicht deshalb nicht. Eine solche Leistung ist z.B. mit den Nrn. 1, 3 oder 34 beschrieben.

[2]
Die „kontinuierliche" Betreuung i. S. der Nr. 15 ist im Rahmen eines einzigen Termins nicht gegeben. Zumindest setzt Nr. 15 nach der Einleitung der therapeutischen und sozialen Maßnahmen eine fortlaufende Information des Psychologischen Psychotherapeuten oder Kinder- und Jugendlichenpsychotherapeuten über den Stand der Maßnahmen in Hinblick auf das erstrebte Ergebnis voraus.

Findet eine solche fortlaufende Information nicht statt, können evtl. die Inhalte eines Konsils zutreffen und dieses berechnet werden (☞ zu Nr. 60).

[3]
Da die ambulante Betreuung vorausgesetzt wird, kann Nr. 15 nicht berechnet werden für die Einleitung und Koordination von Maßnahmen im Rahmen eines stationären Aufenthaltes. Allerdings stören zwischenzeitliche stationäre Maßnahmen die Kontinuität in der ambulanten Betreuung nicht, und bei Erfüllung der Leistungsinhalte kann Nr. 15 auch bei einer ambulanten Betreuung während eines von stationären Intervallen unterbrochenen Jahres vom ambulant tätigen Psychologischen Psychotherapeuten oder Kinder- und Jugendlichenpsychotherapeuten berechnet werden.

Nr. 15 ist auf den jeweiligen Arzt bzw. Psychologischen Psychotherapeuten oder Kinder- und Jugendlichenpsychotherapeuten bezogen. Sie kann deshalb grundsätzlich auch von mehreren an der Behandlung des Patienten Beteiligten berechnet werden. Im Regelfall übernimmt aber nur einer der Beteiligten die Koordination. Möglich ist aber das Erfordernis einer Koordination von Maßnahmen mit somatischen und sozialen Aspekten neben derjenigen von Maßnahmen mit psychischen und sozialen Aspekten.

Nr. 15 weist eine Ähnlichkeit zur Nr. 4 auf. Es ist deshalb darauf zu achten, dass über die „Unterweisung der Bezugspersonen" der Nr. 4 hinaus die übrigen Voraussetzungen der Nr. 15 erfüllt sind.

[4]
Nur einmal im Kalenderjahr berechnungsfähig. „Kalenderjahr" bezieht sich nicht auf den Zeitraum eines Jahres, sondern auf dessen Benennung, z.B. 2000/2001.

Zur Besprechung mit nichtärztlichen Psychotherapeuten über die Fortsetzung der Behandlung vgl. zu Nr. 865.

| D | **Zuschlag für an Samstagen, Sonn- oder Feiertagen [1] erbrachte Leistungen**<br><br>*Werden Leistungen innerhalb einer Sprechstunde an Samstagen erbracht, so ist der Zuschlag nach Buchstabe D nur mit dem halben Gebührensatz berechnungsfähig [2].*<br><br>*Werden Leistungen an Samstagen, Sonn- oder Feiertagen zwischen 20 und 8 Uhr erbracht, ist neben dem Zuschlag nach Buchstabe D ein Zuschlag nach Buchstabe B oder C berechnungsfähig [3].*<br><br>*Der Zuschlag nach Buchstabe D ist für Krankenhausärzte im Zusammenhang mit zwischen 8 und 20 Uhr erbrachten Leistungen nicht berechnungsfähig [4].* |
|---|---|

| **Bewertung** | 220 Punkte | 1,0-fach:<br>€ 12,82 | 2,3-fach:<br>entfällt | 3,5-fach:<br>entfällt |
|---|---|---|---|---|

| Kommentar | [1]<br>Der Samstag, Sonn- oder Feiertag beginnt um 0 Uhr und endet um 24 Uhr. In der Nacht zum Samstag vor 0 Uhr oder zum Montag nach 24 Uhr erbrachte und beendete bzw. begonnene Leistungen lösen deshalb keinen entsprechenden Zuschlag aus.<br><br>Als „Feiertage" gelten nur gesetzliche Feiertage, nicht dagegen ortsübliche Ruhetage wie z.B. der Rosenmontag im Rheinland.<br><br>Für die Erbringung von Leistungen über den Tagwechsel hinaus ist für die Berechnung des Zuschlags am Abend der Abschluss und am Morgen der Beginn der Leistungserbringung maßgeblich.<br><br>[2]<br>Als Sprechstunde in diesem Sinne gilt auch das gesonderte Einbestellen von Patienten zur Fortsetzung einer Behandlung, ☞ [1] des Kommentars zu A.<br><br>[3]<br>Bei Leistungserbringung an Samstagen, Sonn- oder Feiertagen zwischen 20 und 8 Uhr ist der Zuschlag nach Buchstabe D neben B oder C berechnungsfähig.<br><br>[4]<br>Für am Krankenhaus angestellte Psychologische Psychotherapeuten oder Kinder- und Jugendlichenpsychotherapeuten ist der Zuschlag nur außerhalb der genannten Zeiten und bei Leistungserbringung durch den liquidationsberechtigten Psychologischen Psychotherapeuten oder Kinder- und Jugendlichenpsychotherapeuten oder dessen Vertreter (vgl. §4 Nr. 5) berechenbar. Dies gilt allerdings nur für die stationäre, nicht für die ambulante Behandlung von Patienten. Dies ergibt sich aus der Zulässigkeit des Zuschlags für die Samstagsprechstunde des niedergelassenen Arztes. |
|---|---|

| **Hinweise zur Abrechnung** | Nicht neben A berechnungsfähig. |
|---|---|
| | Bei Leistungserbringung an Samstagen, Sonn- oder Feiertagen zwischen 20 und 8 Uhr neben B oder C berechnungsfähig. |
| | Bei Leistungserbringung innerhalb einer Sprechstunde an Samstagen nur mit dem halben Gebührensatz berechnungsfähig. |
| | Zur Berechenbarkeit durch am Krankenhaus angestellte Psychologische Psychotherapeuten oder Kinder- und Jugendlichenpsychotherapeuten ☞ [4] des Kommentars. |
| Beihilfe | erstattungsfähig |

# III. Spezielle Beratungen und Untersuchungen

| **20** | **Beratungsgespräch [1] in Gruppen von 4 bis 12 Teilnehmern im Rahmen der Behandlung von chronischen Krankheiten, je Teilnehmer und Sitzung (Dauer mindestens 50 Minuten) [2]** |
|---|---|
| | *Neben der Leistung nach Nummer 20 sind die Leistungen nach den Nummern 847, 862, 864, 871 und/oder 887 nicht berechnungsfähig.* |

| **Bewertung** | 120 Punkte | 1,0-fach:<br>€ 6,99 | 2,3-fach:<br>€ 16,09 | 3,5-fach:<br>€ 24,48 |
|---|---|---|---|---|

**Kommentar**

[1]
Die Abgrenzung der Leistung Nr. 20 von Nr. 847 (☞ Kommentar zu Nr. 847) liegt in der Methodik. Spezifisch psychotherapeutische Methoden sind nach Nr. 847 zu berechnen, andere, auch von Psychologischen Psychotherapeuten oder Kinder- und Jugendlichenpsychotherapeuten durchgeführte Gruppentherapien nach Nr. 20.

Zunehmend wird der Bedeutung der Krankheitsverarbeitung und der Entwicklung von Bewältigungsstrategien bei chronischen somatischen Krankheitsbildern wie z.B. Asthma, Hauterkrankungen, Darmerkrankungen dadurch Rechnung getragen, dass indikationsbezogene Gruppenbehandlungen auch durch Psychologische Psychotherapeuten oder Kinder- und Jugendlichenpsychotherapeuten durchgeführt werden. Bei diesen, bisher v.a. im Klinikbereich durchgeführten Maßnahmen geht es nicht vorwiegend um das Ziel einer ursächlichen Heilung, sondern um die Optimierung des Umgangs mit der Krankheit, den Abbau ungünstiger Verhaltensweisen und damit die Minderung des Beschwerdebildes. Im engeren Sinne handelt es nicht um Psycho*therapie,* sondern um Psycho*edukation.*

[2]
Die Leistung ist grundsätzlich an speziell geschulte Helfer delegierbar. Sie muss jedoch vom Psychologischen Psychotherapeuten oder Kinder- und Jugendlichenpsychotherapeuten veranlasst und geleitet sein (vgl. §4 Nr. 3).

Die Zusammensetzung der Gruppe ist unabhängig vom Versichertenstatus, die Gruppe darf sich aus Kassen- und Privatpatienten zusammensetzen.

Es ist unerheblich, ob die Gruppentherapie in den Praxisräumen des Psychologischen Psychotherapeuten oder Kinder- und Jugendlichenpsychotherapeuten oder anderenorts (z.b. in den Räumen von Selbsthilfegruppen) stattfindet.

Die Mindestdauer von 50 Minuten muss jeweils pro Sitzung erreicht werden. Eine Unterteilung durch eine eingeschaltete Pause ist aber statthaft, wenn die Belastung für die Teilnehmer anderenfalls zu groß wird.

Wird von einem Teilnehmer anlässlich einer Beratung nach Nr. 20 vor oder nach der Gruppenberatung eine individuelle Einzelberatung gewünscht, so ist diese „neben" Nr. 20 berechenbar (Nr. 1 oder 3), wenn sie zeitlich abgegrenzt von der Leistung nach Nr. 20 erfolgt. Die Uhrzeiten müssen zwar nicht in der Rechnung angegeben werden, sollten aber exakt dokumentiert werden.

Die Kosten für beim Patienten verbleibende Unterrichtsmaterialien können gesondert nach §10 berechnet werden.

| | |
|---|---|
| **Hinweise zur Abrechnung** | Individuelle Einzelberatung vor oder nach der Gruppenberatung auf Wunsch des Patienten „neben" Nr. 20 berechenbar (Nr. 1 oder 3), wenn sie zeitlich abgegrenzt von der Leistung nach Nr. 20 erfolgt.<br><br>Abgrenzung der Leistung Nr. 20 von Nr. 847 ☞ [1] des Kommentars. |
| **Beihilfe** | Nicht erstattungsfähig, wenn die Leistung von einem Psychologischen Psychotherapeuten oder Kinder- und Jugendlichenpsychotherapeuten erbracht wurde. |

| 22 | **Eingehende Beratung einer Schwangeren im Konfliktfall über die Erhaltung oder den Abbruch der Schwangerschaft [1] – auch einschließlich Beratung über soziale Hilfen, gegebenenfalls auch einschließlich Beurteilung über das Vorliegen einer Indikation [2] für einen nicht rechtswidrigen Schwangerschaftsabbruch [3] –** |
|---|---|
| | *Neben der Leistung nach Nummer 22 sind die Leistungen nach den Nummern 1, 3, 21 oder 34 nicht berechnungsfähig.* |

| **Bewertung** | 300 Punkte | 1,0-fach:<br>€ 17,49 | 2,3-fach:<br>€ 40,22 | 3,5-fach:<br>€ 61,20 |
|---|---|---|---|---|

| **Kommentar** | [1]<br>Für Psychologische Psychotherapeuten oder Kinder- und Jugendlichenpsychotherapeuten nur im Zusammenhang mit der Leistung nach Nr. 90 GOÄ (Schriftliche Feststellung über das Vorliegen oder Nichtvorliegen einer Indikation für einen Schwangerschaftsabbruch) relevant (vgl. §5a).<br><br>[2]<br>Die Leistung Nr. 22 umfasst die gemäß §218a Abs. 4 Satz 1 StGB geforder- |
|---|---|

te Beratung einer Schwangeren vor einem geplanten Schwangerschaftsabbruch, ggf. auch die Beurteilung über das Vorliegen einer Indikation für einen nicht rechtswidrigen Schwangerschaftsabbruch. Die schriftliche Feststellung dazu ist gesondert nach Nr. 90 berechenbar (☛ Kommentar zu Nr. 90).

[3]
Die Bestimmung des §218 StGB, wonach die Beratung nicht der Arzt durchführen darf, der bei derselben Frau den Schwangerschaftsabbruch durchführt, ist für Psychologische Psychotherapeuten oder Kinder- und Jugendlichenpsychotherapeuten nicht relevant.

Die Schwangerschaftskonfliktberatung ist für die Betroffene unentgeltlich. Sofern der Psychologische Psychotherapeut nicht als Angestellter einer Schwangerschaftskonfliktberatungsstelle tätig ist, kann er, sofern mit dem Kostenträger der Einrichtung keine abweichende Vergütungsregelung getroffen ist, seine Leistungen gegenüber dem Kostenträger auf der Grundlage der GOÄ abrechnen.

| | |
|---|---|
| **Hinweise zur Abrechnung** | Nicht neben Nr. 1, 3, 34 berechenbar.<br>Daneben Nr. 90 berechenbar, ☛ [2] des Kommentars. |
| **Beihilfe** | Nicht erstattungsfähig, wenn die Leistung von einem Psychologischen Psychotherapeuten oder Kinder- und Jugendlichenpsychotherapeuten erbracht wurde. |

| 34 | Erörterung [1] (Dauer mindestens 20 Minuten) der Auswirkungen einer Krankheit [2] auf die Lebensgestaltung in unmittelbarem Zusammenhang mit der Feststellung oder erheblichen Verschlimmerung einer nachhaltig lebensverändernden oder lebensbedrohenden Erkrankung [2] – gegebenenfalls einschließlich Planung eines operativen Eingriffs und Abwägung seiner Konsequenzen und Risiken –, einschließlich Beratung – gegebenenfalls unter Einbeziehung von Bezugspersonen – |
|---|---|
| | *Die Leistung nach Nummer 34 ist innerhalb von 6 Monaten [3] höchstens zweimal berechnungsfähig.* |
| | *Neben der Leistung nach Nummer 34 sind die Leistungen nach den Nummern 1, 3, 4, 15 und/oder 30 nicht berechnungsfähig.* |

| Bewertung | 300 Punkte | 1,0-fach:<br>€ 17,49 | 2,3-fach:<br>€ 40,22 | 3,5-fach:<br>€ 61,20 |
|---|---|---|---|---|
| Kommentar | [1]<br>Wie auch bei den Nrn. 1, 3, 20 ist Nr. 34 als allgemeine Leistung von den spezifisch psychotherapeutischen Verfahren (z.B. ☛ Nr. 849) dadurch abgegrenzt, dass keine spezifisch psychotherapeutische Methodik angewandt wird. | | | |

[2]
Die Art der Erkrankung ist nicht festgelegt. Es kann sich auch um eine psychische oder psychosomatische Erkrankung handeln. Der Kontext der Leistungslegende, insbesondere der Zusammenhang mit der genannten lebensbedrohenden Erkrankung und der geforderten „erheblichen" Verschlimmerung, lässt das Wort „nachhaltig" i. S. von „gravierend" verstehen. Bei relativ banalen oder rasch ohne wesentlichen Eingriff heilbaren Krankheiten kann Nr. 34 deshalb nicht berechnet werden. Beispiel: Nicht bei Stresssymptomen, hingegen bei Schizophrenie, Angstneurose.

[3]
Kalendarischer Ablauf nach erster Berechnung durch denselben Psychologischen Psychotherapeuten oder Kinder- und Jugendlichenpsychotherapeuten. Nicht auf den Behandlungsfall bezogen, deshalb auch bei Auftreten einer neuen Erkrankung innerhalb von 6 Monaten nur insgesamt zweimal berechenbar.

| | |
|---|---|
| **Hinweise zur Abrechnung** | Voraussetzung für die Berechnung der Nr. 34: Vorliegen einer gravierenden Krankheit (nachhaltig lebensverändernd oder lebensbedrohend). Auch bei Auftreten einer neuen Erkrankung innerhalb von 6 Monaten nur insgesamt zweimal berechenbar, da Zeitraum von 6 Monaten nicht auf den Behandlungsfall bezogen. Einzelheiten ☛ [2], [3] des Kommentars. |
| **Beihilfe** | erstattungsfähig |

# IV. Visiten, Konsiliartätigkeit, Besuche, Assistenz

| 45 | Visite im Krankenhaus [1] |
|---|---|
| | *Die Leistung nach Nummer 45 ist neben anderen Leistungen des Abschnitts B nicht berechnungsfähig [1a].* |
| | *Werden zu einem anderen Zeitpunkt an demselben Tag andere Leistungen des Abschnitts B erbracht, so können diese mit Angabe der Uhrzeit für die Visite und die anderen Leistungen aus Abschnitt B berechnet werden [2].* |
| | *Anstelle oder neben der Visite im Krankenhaus sind die Leistungen nach den Nummern 1, 3, 4, 5, 6, 7, 8, 15, 48, 50 und/oder 51 nicht berechnungsfähig [3].* |
| | *Wird mehr als eine Visite an demselben Tag erbracht, kann für die über die erste Visite hinausgehenden Visiten nur die Leistung nach Nummer 46 berechnet werden [4].* |
| | *Die Leistung nach Nummer 45 ist nur berechnungsfähig, wenn diese durch einen liquidationsberechtigten Arzt des Krankenhauses oder dessen ständigen ärztlichen Vertreter persönlich erbracht wird [5].* |

| Bewertung | 70 Punkte | 1,0-fach: € 4,08 | 2,3-fach: € 9,38 | 3,5-fach: € 14,28 |
|---|---|---|---|---|

**Kommentar**

[1]
Die Visite ist der regelmäßige tägliche Rundgang des am Krankenhaus angestellten oder „belegärztlich" tätigen Psychologischen Psychotherapeuten oder Kinder- und Jugendlichenpsychotherapeuten von Bett zu Bett, wobei i.d.R. eine Beratung des Kranken erfolgt. Die Visite kann aber auch außerhalb des Krankenzimmers erfolgen, z.B. durch aufeinander folgende Einbestellungen aller Kranken in ein gesondertes Sprechzimmer.

[1a]
Im Umkehrschluss können Leistungen des Abschnittes G auch anlässlich einer Visite erbracht und berechnet werden.

[2]
Nicht als Visite und dem gemäß mit den Einzelleistungen berechenbar sind gezielte Beratungen (z.B. nach den Nrn. 1, 3, 20, 34) oder Untersuchungen oder Therapien einzelner Kranker außerhalb der regelmäßigen Termine für die Betreuung aller Kranken in Folge. Dabei ist unerheblich, ob dies im Krankenzimmer oder in gesonderten Räumen oder telefonisch (z.B. Nr. 1) erfolgt. Im Regelfall ist aber von einer Durchführung außerhalb des Krankenzimmers bzw. im Falle der telefonischen Beratung von einer Durchführung vom Wohnsitz des Psychologischen Psychotherapeuten oder Kinder- und Jugendlichenpsychotherapeuten aus auszugehen.

In entsprechenden Fällen sind die Uhrzeiten für die Visite und die anderen Leistungen des Abschnittes B in der Rechnung anzugeben.

[3]
Der Ausschluss der genannten Nummern fasst lediglich die ersten beiden Anmerkungen zusammen und verdeutlicht diese.

[4]
Nr. 45 kann nur einmal täglich berechnet werden. Für alle weiteren Visiten ist jeweils nur die Nr. 46 berechnungsfähig.

[5]
☛ [3] und [5] des Kommentars zu §4.

Die Zuschläge nach Abschnitt B V. sind für die Nrn. 45 und 46 nicht berechnungsfähig mit der Ausnahme des Zuschlags nach Buchstabe E für die dringend angeforderte und unverzüglich ausgeführte, nicht geplante Visite des „belegärztlich" tätigen Psychologischen Psychotherapeuten oder Kinder- und Jugendlichenpsychotherapeuten.

☛ Kommentar zu Abschnitt B II.

| | |
|---|---|
| **Hinweise zur Abrechnung** | Gezielte Beratungen, Untersuchungen oder Therapien einzelner Kranker außerhalb der regelmäßigen Termine für die Betreuung aller Kranken in Folge nicht nach Nr. 45, sondern als entsprechende Einzelleistungen berechenbar. |
| | Nur einmal pro Tag abzurechnen, alle weiteren Visiten nach Nr. 46. |
| | Zuschläge nach Abschnitt B V. für Nr. 45 nicht berechnungsfähig mit Ausnahme des Zuschlags nach Buchstabe E. |
| | Einzelheiten ☛ [2] bis [5] des Kommentars. |
| **Beihilfe** | Nicht erstattungsfähig, wenn die Leistung von einem Psychologischen Psychotherapeuten oder Kinder- und Jugendlichenpsychotherapeuten erbracht wurde. |

| 46 | Zweitvisite im Krankenhaus [1] |
|---|---|
| | *Die Leistung nach Nummer 46 ist neben anderen Leistungen des Abschnitts B nicht berechnungsfähig [1].* |
| | *Werden zu einem anderen Zeitpunkt an demselben Tag andere Leistungen des Abschnitts B erbracht, so können diese mit Angabe der Uhrzeit für die Visite und die anderen Leistungen aus Abschnitt B berechnet werden [1].* |
| | *Anstelle oder neben der Zweitvisite im Krankenhaus sind die Leistungen nach den Nummern 1, 3, 4, 5, 6, 7, 8, 15, 45, 48, 50 und/oder 51 nicht berechnungsfähig [1].* |
| | *Mehr als zwei Visiten dürfen nur berechnet werden, wenn sie durch die Beschaffenheit des Krankheitsfalls geboten waren oder verlangt wurden. Wurde die Visite verlangt, muß dies in der Rechnung angegeben werden [2].* |
| | *Die Leistung nach Nummer 46 ist nur berechnungsfähig, wenn diese durch einen liquidationsberechtigten Arzt des Krankenhauses oder dessen ständigen ärztlichen Vertreter persönlich erbracht wird [1].* |

| Bewertung | 50 Punkte | 1,0-fach:<br>€ 2,91 | 2,3-fach:<br>€ 6,70 | 3,5-fach:<br>€ 10,20 |
|---|---|---|---|---|

| Kommentar | [1]<br>☞ Kommentar zu Nr. 45<br><br>[2]<br>☞ [6] des Kommentars zu §1 Abs. 2 |
|---|---|
| **Hinweise zur Abrechnung** | ☞ Hinweise zu Nr. 45 |
| **Beihilfe** | Nicht erstattungsfähig, wenn die Leistung von einem Psychologischen Psychotherapeuten oder Kinder- und Jugendlichenpsychotherapeuten erbracht wurde. |

| 50 | **Besuch [1], einschließlich Beratung und symptombezogene Untersuchung [2, 3, 4]** |
| | *Die Leistung nach Nummer 50 darf anstelle oder neben einer Leistung nach den Nummern 45 oder 46 nicht berechnet werden [5, 6].* |
| | *Neben der Leistung nach Nummer 50 sind die Leistungen nach den Nummern 1, 5, 48 und/oder 52 nicht berechnungsfähig [4].* |

| **Bewertung** | 320 Punkte | 1,0-fach:<br>€ 18,65 | 2,3-fach:<br>€ 42,90 | 3,5-fach:<br>€ 65,28 |
|---|---|---|---|---|

**Kommentar**

[1]
Als Besuch gilt der Weggang des Psychologischen Psychotherapeuten oder Kinder- und Jugendlichenpsychotherapeuten aus seinen Praxisräumen oder aus seiner Wohnung zum Zwecke des Aufsuchens eines Patienten in dessen Wohnung oder an dessen sonstigem Aufenthaltsort. Der Besuch muss vom Patienten oder dessen Angehörigen angefordert oder aber vom Psychologischen Psychotherapeuten oder Kinder- und Jugendlichenpsychotherapeuten mit dem Patienten oder dessen Angehörigen vorher vereinbart worden sein.

Besuche im Rahmen der Psychotherapie sind die Ausnahme. Bei schweren Angststörungen oder Depressionen insbesondere zu Beginn einer Behandlung oder bei krisenhaften Zuspitzungen können Patienten evtl. nicht in der Lage sein, die Praxis aufzusuchen. In diesen Fällen kann es geboten sein, den Patienten in seinem Umfeld aufzusuchen. Diagnostisch kann ein Hausbesuch weitere, wichtige Erkenntnisse liefern. So ist es bei der verhaltenstherapeutischen Behandlung bestimmter Zwangsstörungen Standard, den Patienten sowohl aus diagnostischen Gründen zuhause aufzusuchen als bestimmte Teile einer sog. Reizexpositionsbehandlung im üblichen Lebensumfeld des Patienten durchzuführen.

[2]
Für die unter [1] genannten Umstände der Leistungserbringung durch Psychologische Psychotherapeuten oder Kinder- und Jugendlichenpsychotherapeuten im häuslichen Umfeld des Patienten enthält die GOÄ keine spezifische Gebührenposition. Deshalb muss für unter diesen Umständen erbrachte Leistungen die Nr. 50 analog berechnet werden (vgl. §6 Abs. 2). Zusätzlich ist Wegegeld bzw. Reiseentschädigung berechenbar (vgl. §8 und §9).

[3]
Die mit dem Besuch obligat verbundene Beratungsleistung wird vom Psychologischen Psychotherapeuten oder Kinder- und Jugendlichenpsychotherapeuten im Rahmen eines Besuches regelhaft erbracht, nicht jedoch eine „Symptombezogene Untersuchung" nach Nr. 5 GOÄ. Dies ist jedoch gegenüber der o.a. Regelungslücke der GOÄ von untergeordneter Bedeutung. Zu berücksichtigen ist dies aber bei der dem Besuch zugeordneten Bewertung. Der Steigerungssatz bei der Berechnung der Nr. 50 durch Psychologische Psychotherapeuten oder Kinder- und Jugendlichenpsychotherapeuten sollte deshalb, wenn dem nicht besondere Umstände gegenüber stehen, die einen höheren Steigerungssatz rechtfertigen (vgl. zu §5), i.d.R. mit 1,7 bemessen werden.

[4]
Bei Nr. 50 ist in der Legende und in der Anmerkung ausdrücklich nur die Beratung bzw. Nr. 1 genannt. Durch die Anmerkung zu Nr. 3 (☛ Kommentar zu Nr. 3) ist jedoch auch diese von der Berechnung neben Nr. 50 ausgeschlossen, da Nr. 3 ebenfalls eine „Beratung" darstellt und die Nr. 50 nicht in den neben Nr. 3 berechenbaren Leistungen angeführt ist (☛ Anmerkung zu Nr. 3).

[5]
Nicht nur anstelle der Visite (vgl. zu Nr. 45), sondern generell ist das Aufsuchen eines in stationärer Behandlung befindlichen Patienten im Krankenhaus oder Sanatorium nicht als Besuch berechnungsfähig, wenn die stationäre Einrichtung die regelmäßige Arbeitsstätte des Psychologischen Psychotherapeuten oder Kinder- und Jugendlichenpsychotherapeuten ist. Gleiches gilt, wenn die Praxis eines Arztes oder Psychiaters oder anderen Psychologischen Psychotherapeuten oder Kinder- und Jugendlichenpsychotherapeuten regelmäßig der Ort der zu erbringenden Leistungen ist.

Ein Besuch ist nur dann berechenbar, wenn der niedergelassene Psychologische Psychotherapeut oder Kinder- und Jugendlichenpsychotherapeut akut für einen einzelnen Patienten von diesem oder einem der in der stationären Einrichtung den Patienten betreuenden Ärzte oder Psychologischen Psychotherapeuten oder Kinder- und Jugendlichenpsychotherapeuten zu einer vorher nicht regelmäßig vereinbarten Zeit angefordert wurde (sehr dringliche oder Notfallsituation).

[6]
In seltenen Fällen ist es anlässlich eines Besuches notwendig, z.B. bei einer krisenhaften Zuspitzung, nach der Beratung oder Therapie den Patienten „dynamisch abwartend" zu überwachen. Dauert dies länger als 30 Minuten und wird in dieser Zeit keine andere Leistung erbracht und berechnet, kann die Verweilgebühr nach Nr. 56 zum Tragen kommen (☛ Kommentar zu Nr. 56).

☛ Kommentar zu Abschnitt B V.

| | |
|---|---|
| **Hinweise zur Abrechnung** | Für Psychotherapeuten analog anzusetzen. |
| | Nicht neben Nrn. 1, 3, nicht bei Aufsuchen der eigenen Arbeitsstätte, ☛ [5] des Kommentars. |
| | Neben Nr. 56 berechnungsfähig, ☛ [6] des Kommentars. |
| **Analoge Bewertung** | Besondere Umstände der Leistungserbringung durch den Psychologischen Psychotherapeuten oder Kinder- und Jugendlichenpsychotherapeuten, z.B. das Aufsuchen des Patienten aus diagnostischen Gründen oder die Durchführung bestimmter Teile der Reizexpositionsbehandlung in seinem Zuhause (☛ [1] des Kommentars zu Nr. 50) machen eine Analogabrechnung der Nr. 50 erforderlich, da die GOÄ hierfür keine spezifische Gebührenposition enthält. |
| | Einzelheiten ☛ [2] des Kommentars |
| **Beihilfe** | Nicht erstattungsfähig, wenn die Leistung von einem Psychologischen Psychotherapeuten oder Kinder- und Jugendlichenpsychotherapeuten erbracht wurde. |

| 51 | **Besuch eines weiteren Kranken [1] in derselben häuslichen Gemeinschaft [2] in unmittelbarem zeitlichen Zusammenhang mit der Leistung nach Nummer 50 [3] – einschließlich Beratung und symptombezogener Untersuchung [4] –**<br><br>*Die Leistung nach Nummer 51 darf anstelle oder neben einer Leistung nach den Nummern 45 oder 46 nicht berechnet werden [4].*<br><br>*Neben der Leistung nach Nummer 51 sind die Leistungen nach den Nummern 1, 5, 48 und/oder 52 nicht berechnungsfähig.* |
|---|---|
| **Bewertung** | 250 Punkte    1,0-fach:        2,3-fach:        3,5-fach:<br>                 € 14,57        € 33,52        € 51,00 |
| **Kommentar** | [1]<br>Auf die Gesamtheit der Fälle bezogen ebenso ausnahmsweise wie bei der Nr. 50 kommt eine Konstellation infrage, bei der die Nr. 51 durch Psychologische Psychotherapeuten oder Kinder- und Jugendlichenpsychotherapeuten berechenbar wird, insbesondere aber in der Kinder- und Jugendpsychiatrie oder bei Betreuung mehrerer Kranker in geriatrischen Einrichtungen.<br><br>[2]<br>Als „dieselbe häusliche Gemeinschaft" gelten Familie, Wohngemeinschaft, Altenheim.<br><br>[3]<br>Nr. 51 kommt erst dann zum Tragen, wenn zuvor in derselben häuslichen Gemeinschaft ein Privatpatient besucht wurde. Der vorangehende oder folgende Mitbesuch eines Kassenpatienten zählt hier nicht.<br><br>[4] ☞ [1] bis [6] des Kommentars zu Nr. 50. |
| **Hinweise zur Abrechnung** | Durch Psychologische Psychotherapeuten oder Kinder- und Jugendlichenpsychotherapeuten berechenbar, insbesondere in der Kinder- und Jugendpsychiatrie oder bei Betreuung mehrerer Kranker in geriatrischen Einrichtungen.<br><br>Voraussetzung für die Abrechnung ist der vorherige Besuch eines Privatpatienten in derselben häuslichen Gemeinschaft.<br><br>Einzelheiten ☞ [1], [3] des Kommentars<br><br>Nicht anstelle oder neben Nr. 45 oder 46<br><br>Nicht neben Nr. 1, 5, 48 und/oder 52 |
| **Analog** | ☞ Analogabrechnung Nr. 50 |
| **Beihilfe** | Nicht erstattungsfähig, wenn die Leistung von einem Psychologischen Psychotherapeuten oder Kinder- und Jugendlichenpsychotherapeuten erbracht wurde. |

| 55 | Begleitung [4] eines Patienten durch den behandelnden Arzt [2] zur unmittelbar [3] notwendigen stationären Behandlung [1] – gegebenenfalls einschließlich organisatorischer Vorbereitung [5] der Krankenhausaufnahme – |
| --- | --- |
| | *Neben der Leistung nach Nummer 55 sind die Leistungen nach den Nummern 56, 60 und/oder 833 nicht berechnungsfähig [6].* |

| Bewertung | 500 Punkte | 1,0-fach:<br>€ 29,14 | 2,3-fach:<br>€ 67,03 | 3,5-fach:<br>€ 102,00 |
| --- | --- | --- | --- | --- |

**Kommentar**

[1]
Förmliche Einweisungen eines Patienten in eine Klinik oder in eine andere stationäre Einrichtung kann ein Psychologischer Psychotherapeut oder Kinder- und Jugendlichenpsychotherapeut nicht vornehmen. Dennoch kann eine stationäre Psychotherapie in einer psychosomatischen Klinik notwendiger Teil eines Gesamtbehandlungsplanes sein. Die Konstellation mit Beginn einer ambulanten Therapie zur Überbrückung der Wartezeit bis zur Aufnahme in eine Klinik und ambulanter Weiterbehandlung nach Entlassung ist häufig.

Während die förmliche Klinikeinweisung von einem Arzt vorgenommen werden muss, ist die inhaltliche Vorbereitung durch einen niedergelassenen Psychologischen Psychotherapeuten oder Kinder- und Jugendlichenpsychotherapeuten erforderlich. Dabei ist darauf zu achten, dass sich die Behandlungsverfahren ergänzen. Ungünstig wäre z.B. ein Wechsel zwischen ambulanter verhaltenstherapeutischer und stationärer analytischer Behandlung.

Eine Begleitung ist dann notwendig, wenn der Patient (z.B. bei entsprechend ausgeprägter sozialer Phobie oder Agoraphobie) nicht oder kaum in der Lage ist, die Klinik alleine aufzusuchen und Alternativen nicht zur Verfügung stehen.

Seltener kommt es vor, dass der Psychologische Psychotherapeut oder Kinder- und Jugendlichenpsychotherapeut in akuter Notfallgefahr (z.B. Zuspitzung einer Krise) den Patienten unmittelbar in eine stationäre Einrichtung begleiten muss, wo dann erst die stationäre Behandlungsbedürftigkeit festgestellt werden kann.

[2]
Die Legende spricht zwar vom „Arzt", in den o.a. Fällen kann aber auch die Notwendigkeit der Begleitung durch Psychologische Psychotherapeuten oder Kinder- und Jugendlichenpsychotherapeuten bestehen. Da durch die GOP eine Gleichstellung von Ärzten und Psychologischen Psychotherapeuten oder Kinder- und Jugendlichenpsychotherapeuten erfolgt ist, macht der Textbestandteil „Arzt" im Falle der Anwendung durch Psychologische Psychotherapeuten oder Kinder- und Jugendlichenpsychotherapeuten keine Analogkennzeichnung erforderlich.

[3]
„Unmittelbar" ist nicht rein zeitlich zu verstehen. Ähnlich wie „nachhaltig" in der Legende zu Nr. 34 als „gravierend" interpretiert werden muss, ist hier „unmittelbar" auch i.S. von „ursächlich" zu verstehen.

[4]
Die „Begleitung" setzt einen unmittelbaren Kontakt mit dem Patienten auch im Transportfahrzeug voraus. Die Art des Transportes (auch auf dem Fußweg möglich) ist dabei unerheblich. Eine telefonische Begleitung ist dagegen nicht ausreichend.

[5]
Die organisatorische Vorbereitung ist obligater Leistungsbestandteil. Sie umfasst z.b. die Sicherstellung des Transportes, die telefonische Anmeldung und die Übergabe des Patienten in der stationären Einrichtung.

[6]
Eine Verweilgebühr (vgl. zu Nr. 56) ist neben Nr. 55 nicht berechenbar, wohl aber zusätzlich zur Nr. 833 (☛ Kommentar zu Nr. 833). Je nach Um-ständen des Einzelfalles ist deshalb zu prüfen, ob die Bestabrechnung mit Abrechnung der Nr. 55 oder der Nr. 833 zusätzlich zur Verweilgebühr erreicht wird.

| | |
|---|---|
| **Hinweise zur Abrechnung** | ☛ [6] des Kommentars |
| **Analog** | Die in der Legende gewählte Formulierung „durch den behandelnden Arzt" bedeutet nicht, dass die Leistung zwingend durch einen Arzt erbracht werden muss. Bei Erbringung und Abrechnung der Leistung durch einen Psychologischen Psychotherapeuten oder Kinder- und Jugendlichentherapeuten ist daher keine Analogkennzeichnung erforderlich. Einzelheiten ☛ bes. [2] des Kommentars |
| **Beihilfe** | Nicht erstattungsfähig, wenn die Leistung von einem Psychologischen Psychotherapeuten oder Kinder- und Jugendlichenpsychotherapeuten erbracht wurde. |

| 56 | **Verweilen [1], ohne Unterbrechung [2] und ohne Erbringung anderer ärztlicher Leistungen [2a] – wegen Erkrankung erforderlich [3] –, je angefangene halbe Stunde [4]** |
|---|---|
| | *Die Verweilgebühr darf nur berechnet werden, wenn der Arzt nach der Beschaffenheit des Krankheitsfalles mindestens eine halbe Stunde [4] verweilen muß und während dieser Zeit keine ärztliche(n) Leistung(en) erbringt. Im Zusammenhang mit dem Beistand bei einer Geburt darf die Verweilgebühr nur für ein nach Ablauf von zwei Stunden notwendiges weiteres Verweilen berechnet werden [5].* |

| Bewertung | 180 Punkte | 1,0-fach € 10,49 | 1,8-fach € 18,89 | 2,5-fach € 26,23 |
|---|---|---|---|---|

**Kommentar**

[1]
„Verweilen" ist der Zustand „dynamischen Zuwartens". Der Kranke wird beobachtet, ohne dass währenddessen andere honorarfähige Leistungen anfallen.

Typisch für die Verweilgebühr ist, dass der Psychologische Psychotherapeut oder Kinder- und Jugendlichenpsychotherapeut eine Leistung (z.B. eine Krisenintervention) abgeschlossen hat, aber noch Unklarheit über die Stabilität des Zustandes besteht, ob z.B. eine Überführung in eine stationäre Einrichtung erforderlich wird.

Bei einigen Leistungen ist der Zustand der tätigen Bereitschaft so situationstypisch, dass die zusätzliche Berechnungsmöglichkeit der Verweilgebühr ausdrücklich angeführt ist (☞ Kommentar zu Nr. 833).

Der für die Erbringung einer berechneten anderen Leistung erforderliche Zeitaufwand ist mit der Gebühr für diese Leistung abgegolten und kann nicht zusätzlich mit der Verweilgebühr berechnet werden.

[2]
Das Verweilen muss ununterbrochen sein, d.h. es können nicht kurze Teilzeiten des Verweilens addiert werden, bis eine halbe Stunde erreicht ist.

[2a]
Wird die bereits berechenbare Verweilgebühr (Mindestzeit erfüllt) durch eine andere Leistung unterbrochen, so beginnt der für die Berechnung maßgebliche Zeitraum erneut.

Wird das Verweilen durch eine kurze, gering bewertete Leistung unterbrochen (z.B. Nr. 1), kann die gering bewertete Leistung in der Abrechnung entfallen, um die Verweilgebühr nicht hinfällig werden zu lassen (sog. Bestabrechnung, s.a. den Abschnitt „Zum Verständnis der Leistungslegenden" im vorliegenden Kommentar).

[3]
Nr. 56 kann nicht für durch organisatorische Gegebenheiten verursachte Wartezeiten berechnet werden, z.B. nicht für das Warten auf einen Patienten, das Ausbleiben eines bestellten Patienten, Vorbereitungszeit des Psychologischen Psychotherapeuten oder Kinder- und Jugendlichenpsychotherapeuten. Beim Warten auf einen erforderlichen Krankentransport kann die

Verweilgebühr berechnet werden, wenn der Zustand des Patienten die Anwesenheit des Psychologischen Psychotherapeuten oder Kinder- und Jugendlichenpsychotherapeuten erfordert.

[4]
Bis zum Erreichen von 30 Minuten ist Nr. 56 gar nicht berechenbar, bei Erreichen von 30 Minuten einmal, direkt ab der 31. Minute zweimal.

[5]
Für Psychologische Psychotherapeuten oder Kinder- und Jugendlichenpsychotherapeuten nicht relevant.

**Beachte:** In den Allgemeinen Bestimmungen zu Abschnitt B V. (Zuschläge E bis J, K 2) ist die Nr. 56 von der nur einmaligen Berechenbarkeit der Zuschläge ausgenommen. Für jede berechenbare Nr. 56 dürfen die Zuschläge jeweils erneut berechnet werden. Beispiel: 75-minütiges Verweilen am Sonntag, tagsüber: 3 x Nr. 56 plus 3 x Zuschlag nach Buchstabe H.

| | |
|---|---|
| **Hinweise zur Abrechnung** | Bei der Erbringung einer berechneten anderen Leistung nicht für den dafür erforderlichen Zeitaufwand zusätzlich berechenbar. |
| | Zuschläge sind bei erneuter Abrechnung der Nr. 56 ebenfalls erneut berechenbar. |
| | Nicht berechnungsfähig für durch organisatorische Gegebenheiten verursachte Wartezeiten (Ausnahme: unbedingt erforderliche Anwesenheit bei Warten auf Krankentransport ☛ [3] des Kommentars) |
| | ☛ obigen Kommentar sowie zu Nr. 50, 55, 833 |
| **Beihilfe** | Nicht erstattungsfähig, wenn die Leistung von einem Psychologischen Psychotherapeuten oder Kinder- und Jugendlichenpsychotherapeuten erbracht wurde. |

| 60 | **Konsiliarische Erörterung** [1, 1a] **zwischen zwei oder mehr liqui-** **dationsberechtigten Ärzten** [2], **für jeden Arzt** [3] |
|---|---|
| | *Die Leistung nach Nummer 60 darf nur berechnet werden, wenn sich der liquidierende Arzt zuvor oder in unmittelbarem zeit- lichen Zusammenhang mit der konsiliarischen Erörterung per- sönlich mit dem Patienten und dessen Erkrankung befaßt hat [4].* |
| | *Die Leistung nach Nummer 60 darf auch dann berechnet wer- den, wenn die Erörterung zwischen einem liquidationsberechtig- ten Arzt und dem ständigen persönlichen ärztlichen Vertreter eines anderen liquidationsberechtigten Arztes erfolgt [2].* |
| | *Die Leistung nach Nummer 60 ist nicht berechnungsfähig, wenn die Ärzte Mitglieder derselben Krankenhausabteilung oder der- selben Gemeinschaftspraxis oder einer Praxisgemeinschaft von Ärzten gleicher oder ähnlicher Fachrichtung (z.B. praktischer Arzt und Allgemeinarzt, Internist und praktischer Arzt) sind [5]. Sie ist nicht berechnungsfähig für routinemäßige Besprech- ungen (z.B. Röntgenbesprechung, Klinik- oder Abteilungskon- ferenz, Team- oder Mitarbeiterbesprechung, Patientenübergabe) [6].* |

| Bewertung | 120 Punkte | 1,0-fach: € 6,99 | 2,3-fach: € 16,09 | 3,5-fach: € 24,48 |
|---|---|---|---|---|

**Kommentar**

[1]
Ein Konsil ist mehr als der bloße Austausch von Befunden oder Information über durchgeführte Therapien. Ein Konsil umfasst darüber hinaus die Erörterung des weiteren diagnostischen oder therapeutischen Vorgehens.

[1a]
Die Abrechnung eines Arztbriefes neben Nr. 60 ist nur dann möglich, wenn alle Inhalte der Nr. 75 erfüllt werden (☞ Kommentar zu Nr. 75). Ziel des Konsils ist die fachliche Abstimmung und die Besprechung mit dem Ziel, die Diagnose zu stellen oder Behandlungsmaßnahmen festzulegen; dies ist in der Regel in besonders gelagerten diagnostischen und/oder therapeutisch schwierigen Krankheitsfällen erforderlich. Dabei ist die mündliche Erörte- rung zum Zwecke des Konsils der Regelfall. Falls lediglich ein sog. Konsil- schein ausgefüllt wird oder knapp Befunde, Diagnose und Therapieempfeh- lung fixiert werden, ist dies mit der Gebühr für das Konsil abgegolten.

[2]
Dies ist jeder niedergelassene oder der liquidationsberechtigte angestellte Arzt oder Psychologische Psychotherapeut oder Kinder- und Jugendlichen- psychotherapeut einer stationären Einrichtung oder dessen dem Patienten benannte Vertretung (vgl. zu §4).

[3]
Nr. 60 ist für jeden der beteiligten Ärzte bzw. Psychologischen Psychothe- rapeuten oder Kinder- und Jugendlichenpsychotherapeuten jeweils in dessen Liquidation berechenbar. Die Voraussetzung „liquidationsberechtigt" muss jedoch auch beim Konsiliarpartner erfüllt sein. Ein „Konsil" z.B. mit einem Sozialarbeiter oder einem nachgeordneten, nicht als persönlichen Vertreter

am Krankenhaus tätigen Arzt oder Psychologischen Psychotherapeuten oder Kinder- und Jugendlichenpsychotherapeuten ist demnach nicht berechnungsfähig.

Erfolgt das Konsil mit mehreren Teilnehmern, die jeweils die Voraussetzungen erfüllen, ist Nr. 60 für jeden der Beteiligten dennoch jeweils nur einmal berechenbar. Eine Berechnung entsprechend der Zahl der Teilnehmer scheidet aus.

Selten sind jedoch Fälle möglich, in den ein jeweils eigenständiges Konsil auch an einem Tag mit jeweils anderen Konsilpartnern oder bei sich ergebenden gravierenden Änderungen auch zweifach an einem Tag mit demselben Konsilpartner erforderlich und abrechenbar sind.

Eine Benennung der Konsilpartner, wie bei der Abrechnung nach EBM obligatorisch, wird von der GOÄ nicht gefordert. Es empfiehlt sich jedoch, für evtl. Nachfragen die Namen und Zeiten zu dokumentieren.

[4]
Nr. 60 ist nur berechenbar, wenn der Psychologische Psychotherapeut oder Kinder- und Jugendlichenpsychotherapeut „im unmittelbaren zeitlichen Zusammenhang" persönlichen Kontakt mit dem Patienten hatte. Ist diese Voraussetzung beim Konsiliarpartner nicht erfüllt, kann dieser die Nr. 60 nicht berechnen, wohl aber derjenige, bei dem die Voraussetzung erfüllt ist.

Der „unmittelbare zeitliche Zusammenhang" ist nicht festgelegt, sondern vor dem Konsil ebenso gegeben wie danach (Beispiel: Konsil durch den in stationärer Einrichtung tätigen Arzt oder Psychologischen Psychotherapeuten oder Kinder- und Jugendlichenpsychotherapeuten mit dem den Patienten ambulant betreuenden Arzt oder Psychologischen Psychotherapeuten oder Kinder- und Jugendlichenpsychotherapeuten bzw. umgekehrt kann vor der stationärer Aufnahme oder der Entlassung erfolgen). Zu beachten ist aber das Gebot der „medizinischen Notwendigkeit" (vgl. §1 Abs. 2). Danach ist im Regelfall von einem Zeitraum von höchstens zwei bis drei Tagen auszugehen. Ergibt sich die Notwendigkeit eines Konsils erst nach einer längeren Zeit (z.B. mit einem Vorbehandler), sollten Name des Patienten sowie Zeitpunkt und Anlass der Behandlung dokumentiert werden. In der Rechnung muss dies nicht angeführt werden, ☛ [3].

Das Konsil selber kann auch telefonisch erfolgen.

[5]
Der Ausschluss des Konsils mit „ähnlichen Fachrichtungen" bezieht sich nur auf die genannten Strukturen. Ein Konsil z.B. mit einem in anderer Praxis tätigen Psychologischen Psychotherapeuten oder Kinder- und Jugendlichenpsychotherapeuten ist möglich.

Als „ähnliche Fachrichtung" gelten nicht nur Psychologische Psychotherapeuten oder Kinder- und Jugendlichenpsychotherapeuten, sondern auch z.B. Nervenärzte, Psychiater.

[6]
Nr. 60 kann nicht für Teambesprechungen berechnet werden (☛ [2] des Kommentars zu Nr. 865)

| | |
|---|---|
| **Hinweise zur Abrechnung** | Von jedem am Konsil beteiligten Arzt bzw. Psychologischen Psychotherapeuten oder Kinder- und Jugendlichenpsychotherapeuten eigenständig berechenbar. Voraussetzung für die Berechnung ist der persönliche Kontakt des Psychologischen Psychotherapeuten oder Kinder- und Jugendlichenpsychotherapeuten mit dem Patienten „im unmittelbaren zeitlichen Zusammenhang". |
| | Einzelheiten ☞ [1a], [3], [4] des Kommentars |
| | Nicht für Teambesprechungen berechenbar. |
| **Beihilfe** | erstattungsfähig |

# V. Zuschläge zu den Leistungen nach den Nummern 45 bis 62 [1]

| | |
|---|---|
| **Allgemeine Bestimmungen** | *Die Zuschläge nach den Buchstaben E bis J sowie K 2 sind nur mit dem einfachen Gebührensatz berechnungsfähig. Abweichend hiervon sind die Zuschläge nach den Buchstaben E bis H neben der Leistung nach Nummer 51 [2] nur mit dem halben Gebührensatz berechnungsfähig. Im Zusammenhang mit Leistungen nach den Nummern 45 bis 55 [3] und 60 dürfen die Zuschläge unabhängig von der Anzahl und Kombination der erbrachten Leistungen je Inanspruchnahme des Arztes nur einmal berechnet werden. Neben den Zuschlägen nach den Buchstaben E bis J sowie K 2 dürfen die Zuschläge nach den Buchstaben A bis D sowie K 1 nicht berechnet werden [4].* |
| | *Die Zuschläge sind in der Rechnung unmittelbar im Anschluß an die zugrunde liegende Leistung aufzuführen.* |
| **Kommentar** | [1] Vgl. Kommentar zu Abschnitt B II. |
| | [2] ☞ Kommentar zu Nr. 51 |
| | [3] Diese Bestimmung nimmt die Nr. 56 (Verweilgebühr) von der nur einmaligen Berechenbarkeit aus (☞ [5] des Kommentars zu Nr. 56) |
| | [4] Die Zuschläge nach den Abschnitten B II. und B V. schließen einander aus. Beim Zusammentreffen von Zuschlägen nach den Abschnitten B II. und B V. wird i.d.R. den höher bewerteten Zuschlägen nach B V. der Vorzug gegeben. Eine Ausnahme kann der Zuschlag nach Buchstabe A sein: Wenn ein Hausbesuch (☞ Kommentar zu Nr. 50) zwar in der sprechstundenfreien Zeit, aber weder „dringend" (☞ Kommentar zu Zuschlag nach |

Buchstabe E) noch zu einer „Unzeit" (zu den konkreten Zeiten der Leistungserbringung „zur Unzeit" ☛ Legenden der Zuschläge nach den Buchstaben F ff.) ausgeführt wird, ist er dennoch „außerhalb der Sprechstunde" erbracht. Erfolgt dabei eine den Zuschlag nach Buchstabe A auslösende Leistung (z.b. die Fremdanamnese oder Unterweisung nach Nr. 4), kann der Zuschlag nach Buchstabe A berechnet werden.

| | |
|---|---|
| **Hinweise zur Abrechnung** | Nicht neben Zuschlägen nach den Buchstaben A bis D sowie K 1. ☛ [4] des Kommentars |
| | Nicht steigerungsfähig. |
| | Neben der Leistung nach Nummer 51 nur mit dem halben Gebührensatz berechnungsfähig. |
| **Beihilfe** | erstattungsfähig |

---

| **E** | **Zuschlag für dringend angeforderte und unverzüglich erfolgte Ausführung [1]** |
|---|---|
| | *Der Zuschlag nach Buchstabe E ist neben Leistungen nach den Nummern 45 und/oder 46 nicht berechnungsfähig, es sei denn, die Visite wird durch einen Belegarzt durchgeführt. Der Zuschlag nach Buchstabe E ist neben Zuschlägen nach den Buchstaben F, G und/oder H nicht berechnungsfähig.* |

| **Bewertung** | 160 Punkte | 1,0-fach:<br>€ 9,33 | 2,3-fach:<br>entfällt | 3,5-fach:<br>entfällt |
|---|---|---|---|---|

| | |
|---|---|
| **Kommentar** | [1]<br>„unverzüglich": Innerhalb einer halben Stunde, wenn der Fall es zulässt, sonst sofort. |
| **Hinweise zur Abrechnung** | Nicht steigerungsfähig. |
| | Nicht neben Zuschlägen nach den Buchstaben F, G und/oder H. |
| | Neben Nr. 51 nur mit dem halben Gebührensatz berechnungsfähig. |
| | Nicht neben Leistungen nach den Nrn. 45 und/oder 46. Ausnahme: Durchführung der Visite durch einen Belegarzt. |
| | Kombinierbar mit dem Zuschlag nach Buchstabe K 2 (☛ Abrechnungshinweis zu K 2). |
| **Beihilfe** | erstattungsfähig |

| F | **Zuschlag für in der Zeit von 20 bis 22 Uhr oder 6 bis 8 Uhr erbrachte Leistungen** |
|---|---|
| | *Der Zuschlag nach Buchstabe F ist neben den Leistungen nach den Nummern 45, 46, 48 und 52 nicht berechnungsfähig.* |
| **Bewertung** | 260 Punkte    1,0-fach:        2,3-fach:        3,5-fach: <br> € 15,15        entfällt        entfällt |
| **Kommentar** | Vgl. zu Zuschlag nach Buchstabe B im Abschnitt B II. |
| **Hinweise zur Abrechnung** | Nicht steigerungsfähig. <br><br> Neben Nr. 51 nur mit dem halben Gebührensatz berechnungsfähig. <br><br> Nicht neben Leistungen nach den Nrn. 45, 46, 48 und 52. <br><br> Neben dem Zuschlag nach Buchstabe H berechnungsfähig bei Leistungserbringung an Samstagen, Sonn- oder Feiertagen zwischen 20 und 22 bzw. 6 bis 8 Uhr. <br><br> Kombinierbar mit dem Zuschlag nach Buchstabe K 2 (☞ Abrechnungshinweis zu K 2). |
| **Beihilfe** | erstattungsfähig |

| G | **Zuschlag für in der Zeit zwischen 22 und 6 Uhr erbrachte Leistungen** |
|---|---|
| | *Der Zuschlag nach Buchstabe G ist neben den Leistungen nach den Nummern 45, 46, 48 und 52 nicht berechnungsfähig.* <br><br> *Neben dem Zuschlag nach Buchstabe G ist der Zuschlag nach Buchstabe F nicht berechnungsfähig.* |
| **Bewertung** | 450 Punkte    1,0-fach:        2,3-fach:        3,5-fach: <br> € 26,23        entfällt        entfällt |
| **Kommentar** | Dauert eine Leistung über eine Zuschlagsgrenze hinaus an (z.B. 21.30 bis 22.15 Uhr), so ist für die Berechnung des Zuschlags am Abend der Abschluss und am Morgen der Beginn der Leistungserbringung maßgeblich. |
| **Hinweise zur Abrechnung** | Nicht steigerungsfähig. <br><br> Neben Nr. 51 nur mit dem halben Satz berechnungsfähig. <br><br> Nicht neben Leistungen nach den Nrn. 45, 46, 48 und 52. <br><br> Nicht neben Zuschlag nach Buchstabe F. <br><br> Neben dem Zuschlag nach Buchstabe H berechnungsfähig bei Leistungserbringung an Samstagen, Sonn- oder Feiertagen zwischen 22 und 6 Uhr. |

|  | Kombinierbar mit dem Zuschlag nach Buchstabe K 2 (☞ Abrechnungshinweis zu K 2). |
|---|---|
| **Beihilfe** | erstattungsfähig |

| **H** | **Zuschlag für an Samstagen, Sonn- oder Feiertagen erbrachte Leistungen** |
|---|---|
|  | *Werden Leistungen an Samstagen, Sonn- oder Feiertagen zwischen 20 und 8 Uhr erbracht, darf neben dem Zuschlag nach Buchstabe H ein Zuschlag nach Buchstabe F oder G berechnet werden.* |
|  | *Der Zuschlag nach Buchstabe H ist neben den Leistungen nach den Nummern 45, 46, 48 und 52 nicht berechnungsfähig.* |

| **Bewertung** | 340 Punkte | 1,0-fach:<br>€ 19,82 | 2,3-fach:<br>entfällt | 3,5-fach:<br>entfällt |
|---|---|---|---|---|
| **Kommentar** | ☞ [1] des Kommentars zum Zuschlag nach Buchstabe D | | | |
| **Hinweise zur Abrechnung** | Nicht steigerungsfähig. | | | |
|  | Nicht neben Leistungen nach Nrn. 45, 46, 48 und 52. | | | |
|  | Neben Zuschlag nach Buchstabe F oder G berechnungsfähig bei Leistungserbringung an Samstagen, Sonn- oder Feiertagen zwischen 20 und 8 Uhr. | | | |
|  | Neben Nr. 51 nur mit dem halben Gebührensatz berechnungsfähig. | | | |
|  | Kombinierbar mit dem Zuschlag nach Buchstabe K 2 (☞ Abrechnungshinweis zu K 2). | | | |
| **Beihilfe** | erstattungsfähig | | | |

| J | Zuschlag zur Visite bei Vorhalten eines vom Belegarzt zu vergü-tenden ärztlichen Bereitschaftsdienstes, je Tag | | |
|---|---|---|---|
| Bewertung | 80 Punkte 1,0-fach:<br>€ 4,66 | 2,3-fach:<br>entfällt | 3,5-fach:<br>entfällt |
| Kommentar | Kommt zum Tragen, wenn sich zukünftig belegarztähnliche Strukturen für Psychologische Psychotherapeuten oder Kinder- und Jugendlichenpsycho-therapeuten etablieren. | | |
| Hinweise zur Abrechnung | Nur berechnungsfähig, wenn der Bereitschaftsdienst vom abrechnenden Psychologischen Psychotherapeuten oder Kinder- und Jugendlichenpsycho-therapeuten selbst vergütet werden muss.<br><br>Je Patient und Tag nur einmal neben der ersten Visite berechnungsfähig.<br><br>Für den Zuschlag nach Buchstabe J besteht keine Minderungspflicht (vgl. zu §6a).<br><br>Nicht steigerungsfähig.<br><br>Kombinierbar mit dem Zuschlag nach Buchstabe K 2 (☞ Abrechnungshin-weis zu K 2). | | |
| Beihilfe | erstattungsfähig | | |

| K 2 | Zuschlag zu den Leistungen nach den Nummern 45, 46, 48, 50, 51, 55 oder 56 bei Kindern bis zum vollendeten 4. Lebensjahr | | |
|---|---|---|---|
| Bewertung | 120 Punkte 1,0-fach:<br>€ 6,99 | 2,3-fach:<br>entfällt | 3,5-fach:<br>entfällt |
| Kommentar | Im Gegensatz zum Zuschlag nach Buchstabe K 1 kann dieser Zuschlag für Psychologische Psychotherapeuten oder Kinder- und Jugendlichenpsycho-therapeuten zum Tragen kommen. | | |
| Hinweise zur Abrechnung | Der Zuschlag nach Buchstabe K 2 ist mit jedem der Zuschläge nach den Buchstaben E bis J kombinierbar.<br><br>Nicht steigerungsfähig. | | |
| Analog | Die Abrechnung des Zuschlags ist an die Erbringung der in der Legende angeführten Leistungen gebunden. Deshalb ist eine Analogabrechnung neben anderen Leistungen nicht statthaft. Der besondere Aufwand bei nicht zuschlagsberechtigten Leistungen an Kleinkindern kann mit dem Steigerungsfaktor berücksichtigt werden (☞ Kommentar zu §5). | | |
| Beihilfe | erstattungsfähig | | |

# VI. Berichte, Briefe

| 70 | Kurze Bescheinigung oder kurzes Zeugnis, Arbeitsunfähigkeitsbescheinigung | | |
|---|---|---|---|
| **Bewertung** | 40 Punkte 1,0-fach:<br>€ 2,33 | 2,3-fach:<br>€ 5,36 | 3,5-fach:<br>€ 8,16 |
| **Kommentar** | Die einfache Mitteilung eines Befundes oder der einfache Befundbericht sind mit der Gebühr für die zugrunde liegende Leistung abgegolten (vgl. Anmerkung zu Nr. 75). Bei Übermittlung durch eine Helferin kann Leistung Nr. 2 infrage kommen (☞ Kommentar zu Nr. 2).<br><br>Nr. 70 kann nicht telefonisch erbracht werden.<br><br>Nr. 70 kann nicht für eine schriftliche Terminmitteilung berechnet werden.<br><br>Nach Nr. 70 sind auch vom Patienten gewünschte kurze Bescheinigungen (z.B. Anwesenheitsbescheinigung für den Arbeitgeber oder die Schule) berechenbar. Bei Kassenpatienten ist dies eine vom Patienten selber zu honorierende Leistung (IGEL), denn nach EBM darf diese Leistung nur berechnet werden, wenn sie auf besonderes Verlangen der Krankenkassen bzw. für Zwecke der Entgeltfortzahlung erbracht wurde (vgl. Legende Nr. 72 EBM und §§2, 3 BMV). | | |
| **Hinweise zur Abrechnung** | ☞ Kommentar | | |
| **Analog** | Analog berechenbar für den vorläufigen Bericht bei Entlassung aus stationärer Behandlung (der Leistung nach Nr. 75 vorausgehend). | | |
| **Beihilfe** | Erstattungsfähig, sofern es sich nicht um Dienst- bzw. Arbeitsunfähigkeitsbescheinigungen handelt. | | |

| 75 | Ausführlicher [1] schriftlicher [2] Krankheits- und Befundbericht (einschließlich Angaben zur Anamnese, zu dem(n) Befund(en), zur epikritischen Bewertung und gegebenenfalls zur Therapie) [3]<br><br>*Die Befundmitteilung oder der einfache Befundbericht ist mit der Gebühr für die zugrunde liegende Leistung abgegolten [4].* | | |
|---|---|---|---|
| **Bewertung** | 130 Punkte 1,0-fach:<br>€ 7,58 | 2,3-fach:<br>€ 17,43 | 3,5-fach:<br>€ 26,52 |
| **Kommentar** | [1]<br>Gebräuchlicher Terminus ist „Arztbrief". „Ausführlich" bezieht sich auf die in der Legende geforderten Inhalte, nicht auf den Textumfang. Auch für kurze „Arztbriefe" kann Nr. 75 berechnet werden. | | |

[2]

Eine mündliche (telefonische) Leistungserbringung kann nicht nach Nr. 75 berechnet werden. Die Art des schriftlichen Mediums (Brief, e-mail o.a.) ist demgegenüber unerheblich.

Die bloße Weitergabe einer Kopie eines vorhandenen ausführlichen Krankheits- und Befundberichtes ist nicht nach Nr. 75 berechnungsfähig (☛ Kommentar zu Nr. 96). Wird aber an verschiedene Empfänger ein jeweils eigenständiger „Arztbrief" geschrieben, ist jeder dieser Berichte eigenständig berechenbar, auch wenn sie sich inhaltlich nur wenig unterscheiden. Der verminderte Aufwand bei der Anfertigung des zweiten oder folgenden Berichtes ist bei der Bemessung des Steigerungsfaktors zu berücksichtigen.

[3]

Der ausführliche Bericht nach Nr. 75 muss alle in der Legende geforderten Inhalte aufweisen. Lediglich die Angaben zur Therapie sind fakultativ.

[4]

Einfache Befundberichte unterscheiden sich vom ausführlichen Bericht durch die in der Nr. 75 fehlenden Inhalte (z.B. keine Diagnose- und Therapieangabe). Entscheidend ist die inhaltliche Unterscheidung; Befundberichte ohne die geforderten Inhalte der Nr. 75 sind, auch wenn sie noch so ausführlich sind, nicht nach Nr. 75 berechenbar.

| **Hinweise zur Abrechnung** | ☛ Kommentar |
|---|---|
| **Beihilfe** | erstattungsfähig |

| **80** | **Schriftliche [1] gutachtliche [2] Äußerung [3]** | | |
|---|---|---|---|
| **Bewertung** | 300 Punkte | 1,0-fach: € 17,49 | 2,3-fach: € 40,22 |
| **Kommentar** | [1] | | 3,5-fach: € 61,20 |

**Kommentar**

[1]

Die Leistungen nach den Nrn. 80 und 85 sind grundsätzlich nur auf entsprechende schriftliche Anforderung hin berechnungsfähig. Die Berechnung erfolgt gegenüber der anfordernden Stelle. Besondere Beachtung muss dem Anforderungsschreiben geschenkt werden: Oft werden nur Befundberichte oder kurze Auskünfte (☛ Kommentar zu Nr. 75, 70) angefordert, jedoch entsteht beim Psychologischen Psychotherapeuten oder Kinder- und Jugendlichenpsychotherapeuten das Missverständnis, es werde ein Gutachten angefordert. Die anfordernde Stelle ist in solchem Fall nicht zur Honorierung eines Gutachtens verpflichtet. Auch kommt es vor, dass im Anforderungsschreiben auf die Zahlungspflicht eines Dritten (z.B. Patient) hingewiesen wird (z.B. von Versicherungsunternehmen). Empfehlenswert ist, im Zweifelsfall nachzufragen.

[2]

Ein Gutachten unterscheidet sich vom Bericht durch zu treffende Schlussfolgerungen. Berichte stellen dem gegenüber Sachverhalte oder Tatsachen dar, die Berichterstellung ist also eher eine deskriptive Tätigkeit. Die Schlussfolgerung beim Gutachten muss nicht prognostischen Charakters sein, sie kann auch feststellender Art sein.

Die Schlussfolgerung muss aber zumindest abwägenden Charakter haben. Eine bloße, leicht zu treffende Feststellung mit dem Ankreuzen einer Alternative macht aus einem Bericht noch kein Gutachten. Dessen ungeachtet kann das Gutachten auch differenzierte Feststellungen in Formularform beinhalten (sog. Formulargutachten).

[3]
Häufig werden für Gutachten Pauschalhonorare angeboten. Eigentlich ist dies unzulässig, da nach GOÄ abgerechnet werden muss (Nrn. 80 oder 85). Angesichts der Möglichkeit, nach §2 GOÄ Honorare auch außerhalb des Gebührenrahmens des §5 zu vereinbaren, und angesichts dessen, dass das Zeugen-Sachverständigen-Entschädigungs-Gesetz (ZSEG) im §13 die Vereinbarung von Pauschalhonoraren ausdrücklich zulässt, ist gegen diese Praxis aber wenig einzuwenden. Im Zweifelsfall gilt aber die Abrechnung nach GOÄ.

| **Hinweise zur Abrechnung** | Nur auf entsprechende schriftliche Anforderung hin berechnungsfähig. Einzelheiten ☞ Kommentar. |
| --- | --- |
| **Beihilfe** | erstattungsfähig |

---

| **85** | **Schriftliche gutachtliche Äußerung [1] mit einem das gewöhnliche Maß übersteigenden Aufwand [2] – gegebenenfalls mit wissenschaftlicher Begründung [2] –, je angefangene Stunde Arbeitszeit [3]** | | |
| --- | --- | --- | --- |
| **Bewertung** | 500 Punkte | 1,0-fach: € 29,14 | 2,3-fach: € 67,03 | 3,5-fach: € 102,00 |

**Kommentar**

[1]
☞ [1] des Kommentars zu Nr. 80.

[2]
Der Unterschied zur Nr. 85 liegt in dem „das gewöhnliche Maß übersteigenden Aufwand". Die „wissenschaftliche Begründung" ist fakultativ und keine zwingende Voraussetzung zur Berechnung der Nr. 85.

Vergleicht man die Bewertungen der Nrn. 80 und 85 und den Unterschied von 200 Punkten mit in der GOÄ enthaltenen Leistungen mit Zeitvorgaben und berücksichtigt die Möglichkeiten des in der GOÄ vorgegebenen Steigerungsrahmens, so zeigt sich als Ergebnis, dass ein Gutachten ab etwa 35 bis 40 Minuten Zeitaufwand mit der Nr. 85 anstelle der Nr. 80 berechnet werden kann. Als Zeitaufwand zählt dabei die gesamte Tätigkeit, vom Heraussuchen der Befunde bzw. Krankenunterlagen bis zur Unterschrift des fertigen Gutachtens.

[3]
Bis einschließlich der 60. Minute ist Nr. 85 einmal berechenbar, ab der 61. Minute zweimal usw.

| Hinweise zur Abrechnung | Nur auf entsprechende schriftliche Anforderung hin berechnungsfähig, ☞ [1] des Kommentars zu Nr. 80. |
|---|---|
| | Abrechnung der Nr. 85 anstelle der Nr. 80 ☞ [2] des Kommentars. |
| | Bis einschließlich der 60. Minute einmal berechenbar, ab der 61. Minute zweimal usw. ☞ [3] des Kommentars. |
| Beihilfe | erstattungsfähig |

| 90 | **Schriftliche Feststellung über das Vorliegen oder Nichtvorliegen einer Indikation für einen Schwangerschaftsabbruch** | | |
|---|---|---|---|
| **Bewertung** | 120 Punkte   1,0-fach   € 6,99 | 2,3-fach € 16,09 | 3,5-fach € 24,48 |
| Kommentar | Die Leistung nach Nr. 90 ist für Psychologische Psychotherapeuten oder Kinder- und Jugendlichenpsychotherapeuten im Zusammenhang mit Leistung Nr. 22 relevant. Diese umfasst die Beratung einer Schwangeren vor einem geplanten Schwangerschaftsabbruch, ggf. auch die Beurteilung über das Vorliegen einer Indikation für einen nicht rechtswidrigen Schwangerschaftsabbruch. Die schriftliche Feststellung dazu ist gesondert nach Nr. 90 berechenbar. | | |
| Hinweise zur Abrechnung | Zur Abrechnung der Leistungen im Rahmen der Schwangerschaftskonflikt-beratung durch den Psychologischen Psychotherapeuten ☞ [3] des Kommentars zu Nr. 22. | | |
| Beihilfe | Nicht erstattungsfähig, wenn die Leistung von einem Psychologischen Psychotherapeuten oder Kinder- und Jugendlichenpsychotherapeuten erbracht wurde. | | |

| 95 | **Schreibgebühr, je angefangene DIN A 4-Seite** | | |
|---|---|---|---|
| **Bewertung** | 60 Punkte   1,0-fach:   € 3,50 | 2,3-fach: entfällt | 3,5-fach: entfällt |
| Kommentar | Die Leistung Nr. 95 ist ebenso wie Nr. 96 nur neben den Gutachten nach den Nrn. 80 und 85 und zur Indikationsbescheinigung nach Nr. 90 berechenbar. | | |
| Hinweise zur Abrechnung | Nicht steigerungsfähig. Nur neben Nrn. 80, 85 oder Nr. 90 berechenbar. | | |
| Beihilfe | erstattungsfähig | | |

| 96 | Schreibgebühr, je Kopie |
|---|---|
| | *Die Schreibgebühren nach den Nummern 95 und 96 sind nur neben den Leistungen nach den Nummern 80, 85 und 90 und nur mit dem einfachen Gebührensatz berechnungsfähig.* |

| Bewertung | 3 Punkte | 1,0-fach:<br>€ 0,17 | 2,3-fach:<br>entfällt | 3,5-fach:<br>entfällt |
|---|---|---|---|---|

**Kommentar**

Die Leistung Nr. 96 ist ebenso wie Nr. 95 nur neben den Gutachten nach den Nrn. 80 und 85 und zur Indikationsbescheinigung nach Nr. 90 berechenbar.

Soweit in anderen Fällen als den genannten Nummern auf Anforderung (z.B. des Patienten oder einer Versicherung) Kosten für Kopien entstehen, können diese gemäß §10 GOÄ berechnet werden. Dabei können die tatsächlich entstandenen Kosten berechnet werden, der Psychologische Psychotherapeut oder Kinder- und Jugendlichenpsychotherapeut ist in diesen Fällen nicht an die Höhe des Betrages der Nr. 96 gebunden.

**Hinweise zur**

Nicht steigerungsfähig.

Nur neben Nrn. 80, 85 oder Nr. 90 berechenbar.

**Beihilfe Abrechnung**

Nicht erstattungsfähig, wenn die Leistung von einem Psychologischen Psychotherapeuten oder Kinder- und Jugendlichenpsychotherapeuten erbracht wurde.

# G Neurologie, Psychiatrie und Psychotherapie

| 808 | Einleitung oder Verlängerung der tiefenpsychologisch fundierten oder der analytischen Psychotherapie – einschließlich Antrag auf Feststellung der Leistungspflicht im Rahmen des Gutachterverfahrens, gegebenenfalls einschließlich Besprechung mit dem nichtärztlichen Psychotherapeuten [1, 2] – | | |
|---|---|---|---|
| **Bewertung** | 400 Punkte | 1,0-fach: € 23,31 | 2,3-fach: € 53,62 | 3,5-fach: € 81,60 |

**Kommentar**

[1]

Das im Bereich der gesetzlichen Krankenversicherung gültige Antrags- und Genehmigungsverfahren wird in seinen Grundzügen auch von manchen Unternehmen der privaten Krankenversicherung und von der Beihilfe übernommen (Antrags- und Genehmigungspflicht, Beschränkung auf bestimmte Verfahren, Gutachtersystem, Höchstkontingente in der Beihilfe). Danach werden psychotherapeutische Leistungen nur dann erstattet, wenn sie vom Versicherten beantragt und vom Kostenträger genehmigt worden sind. In der Regel wird zusätzlich zum Antrag eine fachliche Begründung des Therapeuten gefordert. Die Entscheidung für den Antrag einer Psychotherapie wird vom Psychotherapeuten und vom Patienten gemeinsam, ggf. nach probatorischen Sitzungen und weiterer diagnostischer Abklärung, getroffen. Voraussetzung für eine fundierte Entscheidung ist die Feststellung, dass eine seelische Störung mit Krankheitswert vorliegt, die Indikation für das wissenschaftlich anerkannte Therapieverfahren, in dem der Therapeut ausgebildet ist, gegeben ist, dass die Therapie zweckmäßig und erfolgversprechend ist und nicht zuletzt, dass eine tragfähige therapeutische Beziehung zu erwarten ist.

[2]

In den Psychotherapie-Richtlinien des Bundesausschusses der Ärzte und Krankenkassen für den Bereich der gesetzlichen Krankenversicherung und in der Beihilfe ist darüber hinaus das Gutachterverfahren verpflichtend. Es dient „dazu festzustellen, ob die in den Psychotherapie-Richtlinien des Bundesausschusses der Ärzte und Krankenkassen und in dieser Vereinbarung niedergelegten Voraussetzungen für die Durchführung einer Psychotherapie zu Lasten der gesetzlichen Krankenversicherung erfüllt sind. Dabei ist insbesondere zu prüfen, ob das beantragte Psychotherapieverfahren nach den Richtlinien

– anerkannt ist,

– im konkreten Behandlungsfall indiziert ist

– und ob die Prognose einen ausreichenden Behandlungserfolg erwarten läßt."

(§12 Abs. 1 der Psychotherapie-Vereinbarungen zwischen der KBV und den Spitzenverbänden der Krankenkassen)

Die gesetzliche Krankenkasse leitet den Bericht des Psychotherapeuten zur Einleitung oder Verlängerung einer Psychotherapie an einen Gutachter zur Prüfung weiter. Der Gutachter gibt eine Empfehlung, die Grundlage für die Entscheidung der Krankenkasse ist. Der Aufwand zur Erstellung des üblicherweise 3 bis 4 Seiten umfassenden Berichts des Behandlers ist für jedes Richtlinienverfahren (analytische Psychotherapie, tiefenpsychologisch fundierte Psychotherapie, Verhaltenstherapie) gleich. Der Bericht soll umfassen:
- die Darstellung der Symptomatik,
- die Auswertung der Lebensgeschichte,
- den psychischen und somatischen Befund,
- ein schlüssiges Störungskonzept,
- Therapieziele und Prognose,
- Behandlungsplan.

Sofern es sich um einen Verlängerungsbericht handelt, sind Ergänzungen und Korrekturen des bisherigen Störungs- und Behandlungsmodells erforderlich sowie eine Darstellung des Behandlungsverlaufs. In der Regel dauert die Erstellung dieses Berichtes 2 bis 3 Stunden.

Während in den Psychotherapie-Richtlinien und in der Beihilfe ein datenschutzrechtlich sicheres, anonymisiertes Gutachterverfahren vorgeschrieben ist, gilt dies nicht in jedem Fall auch in der privaten Krankenversicherung. Wenn nicht gesichert ist, dass die meist ausführlichen Berichte nur an befugte Gutachter geleitet werden, sollten aus datenschutzrechtlichen Gründen keine detaillierten Angaben enthalten sein.

Für die Beurteilung der Indikation und Zweckmäßigkeit bei einem Erst- oder Verlängerungsantrag ist eine Besprechung mit einem mitbehandelnden Arzt, einem ambulant oder stationär tätigen psychotherapeutischen Vorbehandler oft unerlässlich (die Formulierung „gegebenenfalls einschließlich Besprechung mit dem nichtärztlichen Psychotherapeuten" geht noch von dem durch das Psychotherapeutengesetz abgelösten Delegationsprinzip aus).

| | |
|---|---|
| **Hinweise zur Abrechnung** | Nicht neben den Nrn. 1, 3, 22, 30, 34, 865. |

Die Kennzeichnung „einschließlich" in der Legende weist darauf hin, dass die Nr. 808 nur abgerechnet werden kann, wenn der Antrag im direkten Zusammenhang mit einem Antrag im Rahmen eines Gutachterverfahrens gestellt wird. Erfordert der Antrag Angaben des Behandlers und ist ein Gutachterverfahren nicht vorgesehen, kann ggf. die Nr. 80 oder 85 berechnet werden. Sofern eine Besprechung mit einem Mitbehandler in Zusammenhang mit der Entscheidung über die Fortsetzung einer Behandlung geführt wird, ohne dass dies in Zusammenhang mit einem Gutachterverfahren steht, kann die Nr. 865 berechnet werden.

Berichte an den Gutachter können den gewöhnlichen Aufwand dann übersteigen, wenn die Notwendigkeit und Zweckmäßigkeit einer Psychotherapie im Lichte vorausgegangener Psychotherapien oder komplexer Krankheitsverläufe beurteilt werden muss. Mit besonderer Begründung kann in diesen Fällen bis zum 3,5-fachen berechnet werden.

| Analoge Bewertung | Die Verhaltenstherapie wurde erst mit der Novelle 1996 in die GOÄ eingeführt (Nrn. 870, 871). Obwohl es naheliegend gewesen wäre, die Legende der Nr. 808 im Hinblick auf die Verhaltenstherapie anzupassen, hat der Verordnungsgeber dies versäumt. Da in der Leistungslegende die Einleitung oder Verlängerung einer Psychotherapie ausschließlich im Rahmen der tiefenpsychologisch fundierten bzw. der analytischen Psychotherapie Erwähnung findet, kann diese Leistung bei einer Verhaltenstherapie nur analog abgerechnet werden. Der Aufwand für die Einleitung oder Verlängerung einer Verhaltenstherapie unterscheidet sich nicht vom Aufwand für diese Leistung in den anderen Psychotherapieverfahren. |
|---|---|
| Beihilfe | Erstattungsfähig ist die Leistung nach Nr. 808, wenn sie von einem Psychologischen Psychotherapeuten, Kinder- und Jugendlichenpsychotherapeuten oder von einem Arzt erbracht wurde. |

| 833 | **Begleitung [1] eines psychisch Kranken bei Überführung in die Klinik – einschließlich Ausstellung der notwendigen Bescheinigungen [2] –**<br><br>*Verweilgebühren sind nach Ablauf einer halben Stunde zusätzlich berechnungsfähig [3].* | | |
|---|---|---|---|
| **Bewertung** | 285 Punkte | 1,0-fach:<br>€ 16,61 | 2,3-fach:<br>€ 38,21 | 3,5-fach:<br>€ 58,14 |

| Kommentar | [1]<br>Mit der Vierten Änderungsverordnung wurde zum 1.1.1996 die Nr. 55 eingeführt, die mit 500 Punkten bewertet ist und die Begleitung eines Patienten durch den behandelnden Arzt (oder Psychotherapeuten) zur unmittelbar notwendigen stationären Behandlung abgilt. Da diese allgemeine Leistungsbeschreibung auch auf die meisten der unter die Nr. 833 zählenden Fälle zutreffen dürfte, empfiehlt sich für den abrechnenden Arzt oder Psychologischen Psychotherapeuten oder Kinder- und Jugendlichenpsychotherapeuten durchgehend der Ansatz der Nr. 55 anstelle der Nr. 833. Nr. 833 ist dadurch faktisch obsolet geworden. Eine Nebeneinanderberechnung der Nrn. 55 und 833 ist aufgrund der sich überschneidenden Leistungsinhalte nicht möglich (☛ Kommentar zu Nr. 55).<br><br>[2]<br>Die Ausstellung der notwendigen Bescheinigungen bezieht sich ausschließlich auf die Einweisung zur stationären Behandlung durch einen Arzt.<br><br>[3]<br>Aufgrund der spezifischen Konkretisierung zu den Verweilgebühren sind diese im Zusammenhang mit der Nr. 833 auch dann nach Ablauf einer halben Stunde berechnungsfähig, wenn im Zusammenhang mit der Begleitung in der ersten halben Stunde berechnungsfähige Leistungen erbracht worden sind. Im Übrigen bezieht sich der für die Berechnung der Verweilgebühren zugrunde zu legende Zeitraum auf den gesamten im Zusammenhang mit der Begleitung entstehenden Zeitaufwand. Dieser Zeitraum endet mit der |
|---|---|

| | Rückkehr des Behandlers in seine Praxis bzw. in seine Wohnung (☞ Kommentar zu Nr. 56). |
|---|---|
| **Hinweise zur Abrechnung** | Nicht neben Nr. 55.<br>Zusätzliche Berechnung von Verweilgebühren ☞ [3] des Kommentars |
| **Beihilfe** | Laut Beihilfevorschriften ist die Leistung nach Nr. 833 nicht erstattungsfähig, wenn sie von einem Psychologischen Psychotherapeuten oder einem Kinder- und Jugendlichenpsychotherapeuten erbracht wurde. Dies gilt auch für die in diesem Zusammenhang erwähnte Nr. 55. |

| **835** | **Einmalige, nicht in zeitlichem Zusammenhang mit einer eingehenden Untersuchung durchgeführte Erhebung der Fremdanamnese über einen psychisch Kranken oder über ein verhaltensgestörtes Kind** |
|---|---|
| **Bewertung** | 64 Punkte    1,0-fach:         2,3-fach:         3,5-fach:<br>               € 3,73           € 8,58          € 13,06 |
| **Kommentar** | Mit der Nr. 835 wird die Erhebung der Fremdanamnese abgegolten. Aus diesem Grunde ist die patientenbezogene Befragung von Bezugs- bzw. Kontaktpersonen des psychisch Kranken oder des verhaltensgestörten Kindes auch dann nur einmal im Krankheitsfall berechnungsfähig, wenn mehr als eine Bezugs- bzw. Kontaktperson befragt wurde. Der „zeitliche Zusammenhang" bezieht sich auf die Leistungen während eines Kontaktes des Psychologischen Psychotherapeuten oder Kinder- und Jugendlichenpsychotherapeuten mit dem Patienten (die „Sitzung"). ☞ Abschnitt „Zum Verständnis der Leistungslegenden" im vorliegenden Kommentar.<br><br>Mit der Vierten Änderungsverordnung wurde zum 1.1.1996 die mit 220 Punkten bewertete Nr. 4 „Fremdanamnese, Unterweisung und Führung von Bezugsperson(en)" in die GOÄ eingeführt. Die Nr. 4 ist unabhängig davon abrechnungsfähig, ob die Fremdanamnese einen psychisch oder somatisch Kranken betrifft. Wegen der deutlich höheren Bewertung der Nr. 4 ist die Nr. 835 faktisch obsolet geworden. Eine Nebeneinanderberechnung der Nrn. 4 und 835 ist nicht möglich. ☞ Kommentar zu Nr. 4. |
| **Hinweis zur Abrechnung** | Nicht neben den Nrn. 1, 3, 4, 22, 30, 34.<br><br>Alternativ zur Nr. 835 kann Nr. 4 berechnet werden, da sie sich allgemein auf einen „Kranken" bezieht (Bestabrechnung). |
| **Beihilfe** | Erstattungsfähig. Dies gilt auch für die in diesem Zusammenhang erwähnte Nr. 4. |

| 845 | Behandlung einer Einzelperson durch Hypnose | | |
|---|---|---|---|
| Bewertung | 150 Punkte 1,0-fach:<br>€ 8,74 | 2,3-fach:<br>€ 20,11 | 3,5-fach:<br>€ 30,60 |

**Kommentar**
Die Hypnosebehandlung ist Teil der psychosomatischen Grundversorgung (☛ [1] des Kommentars zu Nr. 849).

**Hinweise zur Abrechnung**
Nur berechnungsfähig für die Hypnosebehandlung einer Einzelperson. Gruppenhypnosen sind keine berechnungsfähigen Leistungen.

**Beihilfe**
Erstattungsfähig. Eine vorausgehende Beantragung ist nicht erforderlich. Nach den Beihilfevorschriften des Bundes sind folgende Beschränkungen bzw. Ausschlüsse bei der Hypnosebehandlung zu beachten:
– Sie ist auf 12 Sitzungen Einzelbehandlung je Krankheitsfall begrenzt.
– Gleichzeitige psychotherapeutische Behandlung mit übenden sowie suggestiven Verfahren (Hypnose) ist ausgeschlossen (☛ [3] des Kommentars zu Nr. 846).
– Gleichzeitige Behandlung mit übenden bzw. suggestiven Verfahren (Hypnose) und verbaler Intervention nach Nr. 849 in derselben Sitzung ist ausgeschlossen.
Autogenes Training, Jacobsonsche Relaxationstherapie und Hypnose können während eines Krankheitsfalles nicht nebeneinander durchgeführt werden.

| 846 | Übende Verfahren [1, 3] (z.B. autogenes Training [2]) in Einzelbehandlung [2], Dauer mindestens 20 Minuten [4] | | |
|---|---|---|---|
| Bewertung | 150 Punkte 1,0-fach:<br>€ 8,74 | 2,3-fach:<br>€ 20,11 | 3,5-fach:<br>€ 30,60 |

**Kommentar**
[1]
Die „übenden Verfahren" sind Teil der psychosomatischen Grundversorgung (☛ [1] des Kommentars zur Nr. 849).

[2]
In der gesetzlichen Krankenversicherung sind als übende Verfahren ausschließlich das autogene Training und die Relaxationsbehandlung nach Jacobson ausgewiesen. Auch nach den Beihilfevorschriften des Bundes sind ausschließlich diese beiden Verfahren beihilfefähig. Die Nr. 846 ist jedoch auch berechnungsfähig für mögliche andere als übende Verfahren ausgewiesene Therapietechniken. Dies ergibt sich insbesondere daraus, dass das autogene Training in der Leistungslegende zur Nr. 846 lediglich beispielhaft erwähnt wird. Der Patient muss bei Anwendung derartiger, nicht allgemein anerkannter übender Verfahren allerdings damit rechnen, dass seine private Krankenversicherung bzw. die Beihilfestelle die anfallenden Kosten nicht übernimmt.

[3]
Für den Bereich der gesetzlichen Krankenversicherung ist in den Psychotherapie-Richtlinien des Bundesausschusses der Ärzte und Krankenkassen geregelt, dass übende Verfahren (autogenes Training und Jacobsonsche Relaxationstherapie) ebenso wie suggestive Techniken (Hypnose) während einer tiefenpsychologisch fundierten oder analytischen Psychotherapie grundsätzlich nicht angewendet werden dürfen:

„Zur Sicherung ihrer psychodynamischen Wirksamkeit sind bei diesen Verfahren suggestive und übende Techniken auch als Kombinationsbehandlung grundsätzlich ausgeschlossen." (Psychotherapie-Richtlinien B, I, 1.1)

Diese Vorschrift kann insofern auf die GOÄ übertragen werden, als der Psychotherapeut oder Arzt gemäß §1 Abs. 2 GOÄ Vergütungen nur für solche Leistungen oder Kombinationen von Leistungen berechnen kann, die nach den Regeln der Kunst erforderlich sind.

[4]
Die Dauer der Sitzung muss mindestens 20 Minuten betragen.

| | |
|---|---|
| **Hinweise zur Abrechnung** | In der Rechnung muss die Mindestdauer angegeben werden. (☞ [3] des Kommentars zu §12). Werden am selben Tag (zu deutlich unterschiedlichen Zeitpunkten) zwei Sitzungen durchgeführt, so ist Nr. 846 entsprechend zweimal berechnungsfähig. |
| | Die Leistung nach Nr. 846 ist für das sog. Respiratorische Biofeedback (auch: Atem-Biofeedback) ebenfalls berechnungsfähig. |
| **Beihilfe** | Erstattungsfähig. Eine vorausgehende Beantragung ist nicht erforderlich. |
| | Für die übenden Verfahren sind dieselben Beschränkungen bzw. Ausschlüsse nach den Beihilfevorschriften des Bundes zu beachten wie bei der Hypnosebehandlung (☞ Nr. 845 Hinweise zur Beihilfe). |

| 847 | Übende Verfahren (z.B. autogenes Training) in Gruppenbehandlung mit höchstens zwölf Teilnehmern [1], Dauer mindestens 20 Minuten [2], je Teilnehmer |
|---|---|

| **Bewertung** | 45 Punkte | 1,0-fach: € 2,62 | 2,3-fach: € 6,03 | 3,5-fach: € 9,18 |
|---|---|---|---|---|

**Kommentar**  ☞ [1] bis [4] des Kommentars zur Nr. 846.

Außerdem gilt:

[1]
Die in der Leistungslegende genannte Obergrenze von zwölf Teilnehmern je Gruppe kann überschritten werden, wenn medizinische bzw. lerntechnische Gründe nicht dagegen sprechen. Im Übrigen bezieht sich diese Höchstgrenze auf alle Teilnehmer der Gruppenbehandlung, also unabhängig von ihrem Versichertenstatus (Kassenpatient, Privatpatient etc.).

[2]
Nr. 847 korrespondiert mit der Nr. 20 GOÄ. Beide beschreiben Gruppen-behandlungen, wobei die Art der (chronischen) Erkrankung in Nr. 20 nicht definiert ist. Der entscheidende Unterschied ist der, dass die Leistungsbe-schreibung der Nr. 847 übende Verfahren beinhaltet, nicht die Art der Er-krankung. Wenn die Therapie also nicht einer spezifischen Technik folgt, sondern allgemeineren Beratungscharakter hat (z.B. im Sinne von „Psycho-edukation"), und die übrigen Vorgaben der Nr. 20 erfüllt sind (50 Minuten Mindestdauer), kann die (besser bewertete) Nr. 20 auch bei psychischen Erkrankungen abgerechnet werden.

☛ [1] des Kommentars zu Nr. 20

| | |
|---|---|
| **Hinweise zur Abrechnung** | In der Rechnung muss die Mindestdauer angegeben werden. (☛ [3] des Kommentars zu §12). Werden am selben Tag (zu deutlich unterschiedlichen Zeitpunkten) zwei Sitzungen durchgeführt, so ist Nr. 847 entsprechend zwei-mal berechnungsfähig. |
| **Analoge Bewertung** | Nach Nr. 847 kann die Gruppenbehandlung bei Anwendung der Felden-krais-Methode analog berechnet werden. |
| **Beihilfe** | Erstattungsfähig. Vorausgehende Beantragung ist nicht erforderlich.<br><br>Es gelten auch hier die unter ☛ „Beihilfe" zu Nr. 846 genannten Einschränkungen. |

| 849 | **Psychotherapeutische Behandlung bei psychoreaktiven, psychosomatischen oder neurotischen Störungen** [1, 1a, 2, 3, 4], **Dauer mindestens 20 Minuten** [5] | | | |
|---|---|---|---|---|
| **Bewertung** | 230 Punkte | 1,0-fach: € 13,41 | 2,3-fach: € 30,83 | 3,5-fach: € 46,92 |
| **Kommentar** | [1] Im Bereich der gesetzlichen Krankenversicherung wurde mit der Neufas-sung der Psychotherapie-Richtlinien zum 1.1.1987 die „psychosomatische Grundversorgung" als Ergänzung zu den psychotherapeutischen Verfahren in die vertragsärztliche Versorgung eingeführt. Die Leistungen nach den EBM-Nrn. 850 („differentialdiagnostische Klärung") und 851 („verbale Intervention bei psychosomatischen Krankheitszuständen") sind die „Kern-leistungen" der psychosomatischen Grundversorgung und ausschließlich auf diese zugeschnitten.<br><br>Dagegen enthält die Nr. 849 der GOÄ eine Definition der Behandlungsart („psychotherapeutische Behandlung"), welcher drei Indikationen bzw. Krankheitsbereiche zugeordnet werden (psychoreaktive, psychosomatische und neurotische Störungen). Die „psychotherapeutische Behandlung" der Nr. 849 wurde bei ihrer Einführung als sog. „kleine Psychotherapie" abge-grenzt zur „großen Psychotherapie" nach den Nrn. 860ff. Bei der sachge- | | | |

rechten Anwendung dieser „historischen" Leistungslegende sollte heute davon ausgegangen werden, dass sie im Wesentlichen auf die Leistungen der verbalen Intervention im Rahmen der psychosomatischen Grundversorgung zugeschnitten ist. Eine bestimmte Methodik schreibt Nr. 849 aber nicht vor.

[1a]
Leistungen der psychosomatischen Grundversorgung können von Psychologischen Psychotherapeuten oder Kinder- und Jugendlichenpsychotherapeuten und von allen Ärzten mit direktem Patientenkontakt erbracht werden (zur Erstattungsfähigkeit in der Beihilfe ☞ „Beihilfe").

[2]
Voraussetzung für die Durchführung von Maßnahmen der psychosomatischen Grundversorgung ist, dass der Psychotherapeut oder Arzt die ursächliche Beteiligung psychischer Faktoren an einem komplexen Krankheitsgeschehen festgestellt hat oder aufgrund seiner Erfahrung diese als wahrscheinlich annehmen muss. Dabei können insbesondere folgende Erkrankungen und Zustandsbilder Gegenstand der psychosomatischen Grundversorgung sein:
– seelische Krankheiten mit psychischer Symptomatik unterschiedlicher Ätiologie (z.B. psychoreative Depressionen, larvierte Depressionen).
– neurotische Erkrankungen mit Angst- und Zwangssymptomatik,
– seelische Krankheiten mit funktioneller Symptomatik und Organbeschwerden, bei denen eine organische Ursache ausgeschlossen werden konnte (z.B. Oberbauchbeschwerden, Herzbeschwerden),
– psychosomatische Erkrankungen, bei denen eine psychische Verursachung oder Verstärkung oder eine Auswirkung der organischen Erkrankung auf die psychische Gesundheit bzw. eine Wechselwirkung zwischen beidem bereits nach allgemeiner Erfahrung wahrscheinlich ist (z.B. Anorexie, Asthma bronchiale, Harninkontinenz, Rückenschmerzen).

Die begrenzte Zielsetzung der psychosomatischen Grundversorgung strebt eine an der aktuellen Krankheitssituation orientierte psychotherapeutische Krankenbehandlung an. Sie zielt auf die Einsichtsvermittlung in die pathogenen Zusammenhänge und in die Notwendigkeit einer prophylaktischen Umorientierung mit dem Ergebnis einer Symptombeseitigung oder -milderung und ggf. der Motivierung für eine umfassendere psychotherapeutische Behandlung. Sie kommt demnach dann zur Anwendung, wenn eine Richtlinientherapie mit umfassenderem Behandlungsanspruch nicht (oder noch nicht) indiziert, nicht notwendig und nicht zweckmäßig ist. Ebenfalls kann sie zur langfristig supportiven Betreuung nach Durchführung einer Richtlinienpsychotherapie zur Anwendung kommen.

[3]
Im Rahmen der psychosomatischen Grundversorgung zur Verfügung stehende Behandlungsmethoden sind vor allem verbale Interventionen (Nr. 849) und zum anderen übende und suggestive Techniken (Nrn. 845 - 847). Die verbalen Interventionen orientieren sich an der jeweils aktuellen Krankheitssituation. Sie fußen auf einer systematischen, die Introspektion fördernden Gesprächsführung und suchen Einsichten in psychosomatische Zusammenhänge des Krankheitsgeschehens und in die Bedeutung pathogener Bezieh-

ungen zu vermitteln. Der Psychotherapeut oder Arzt berücksichtigt und nutzt dabei die krankheitsspezifischen Interaktionen zwischen Patient und Therapeut, in denen sich die seelische Krankheit darstellt. Darüber hinaus wird angestrebt, Bewältigungsfähigkeiten des Kranken – ggf. unter Einschaltung von Bezugspersonen aus dem engeren Umfeld – aufzubauen.

Die Leistung nach Nr. 849 dient in erster Linie der längerfristigen, psychotherapeutisch-supportiven Behandlung sowie der akuten Krisenintervention. Der Erbringung der Leistung liegt – wie bei Leistungen nach den Psychotherapie-Richtlinien – ein umfassendes, theoretisch fundiertes Krankheitsverständnis, wie es im Rahmen einer Psychotherapie- oder Psychosomatikausbildung vermittelt wird, zugrunde. Es handelt sich demnach um methodisch definierte Interventionen, die auf als Krankheit diagnostizierte seelische Störungen einen systematisch verändernden Einfluss nehmen.

Nr. 849 ist auch zutreffend für die Logotherapie. Diese ist weder ein anerkanntes Richtlinienverfahren noch beihilfefähig. Bei der privaten Krankenversicherung ist die Erstattungsfähigkeit abhängig von den Bestimmungen des Versicherungsvertrages.

[4]
Die verbalen Interventionen nach Nr. 849 können nur in Einzelbehandlung durchgeführt und nicht mit suggestiven oder übenden Techniken in derselben Sitzung kombiniert werden.

[5]
Die Dauer der Sitzung muss mindestens 20 Minuten betragen.

| | |
|---|---|
| **Hinweise zur Abrechnung** | In der Rechnung muss die Mindestdauer der Sitzung angegeben werden (☛ [3] des Kommentars zu §12). Werden am selben Tag (zu deutlich unterschiedlichen Zeitpunkten) zwei Sitzungen nach Nr. 849 durchgeführt, so ist Nr. 849 entsprechend zweimal berechnungsfähig. |
| **Beihilfe** | Nicht erstattungsfähig. Nach den am 28. Februar 2001 per Rundschreiben des Bundesministeriums des Innern (GMBl. S. 186) bekannt gegebenen Beihilfevorschriften für Psychotherapie ist die Nr. 849 als Leistung der psychosomatischen Grundversorgung nur für Ärzte vorgesehen. In einem Rundschreiben des BMI vom 27. Juni 2000 hingegen war die Berechnung der Nr. 849 durch Psychologische Psychotherapeuten oder Kinder- und Jugendlichenpsychotherapeuten zunächst anerkannt worden. In einem erneuten Rundschreiben des BMI vom 7. November 2000 (GMBl. 2000, S. 1118) wurde dies jedoch wieder zurückgenommen. |

Der mit den neuen Beihilfevorschriften bestimmte Ausschluss der verbalen Intervention nach Nr. 849 aus der Behandlung durch Psychologische Psychotherapeuten und Kinder- und Jugendlichenpsychotherapeuten ist weder aus dem Wortlaut der Leistungslegende noch aus den Inhalten der Ausbildungs- und Prüfungsverordnung für Psychologische Psychotherapeuten und Kinder- und Jugendlichenpsychotherapeuten ableitbar. Diese beinhaltet theoretische Kenntnisse und praktische und Erfahrungen u. a. in psychiatrischer und psychosomatischer Krankheitslehre.

Im Übrigen gilt auch hier, dass sich diese Beschränkung nur auf den Beihilfeanspruch des beihilfeberechtigten Patienten bezieht, nicht auf den Honoraranspruch des Psychotherapeuten gegenüber dem Patienten.

Bei der Erbringung der Leistung nach Nr. 849 (in der Beihilfe bisher nur durch Ärzte) gilt:
– Eine vorausgehende Beantragung ist nicht erforderlich.
– Die Zahl der beihilfefähigen Leistungen ist auf 10 Sitzungen je Krankheitsfall beschränkt.
– Gleichzeitige Behandlungen mit antrags- und genehmigungspflichtiger Psychotherapie sind ausgeschlossen.
– Gleichzeitige Behandlung mit übenden oder suggestiven Verfahren (d.h. Hypnose) in derselben Sitzung ist ausgeschlossen.
– Über die in Anm. 2 genannte Einschränkung hinaus sehen die Beihilfevorschriften des Bundes weitere Bestimmungen hinsichtlich der behandelnden Ärzte vor. Danach sind Aufwendungen für verbale Interventionen nach Nr. 849 nur dann beihilfefähig,
„wenn die Behandlung von einem Arzt mit der Berechtigung zum Führen einer der folgenden Gebietsbezeichnungen durchgeführt wird:
– Allgemeinmedizin (auch: praktischer Arzt),
– Augenheilkunde,
– Frauenheilkunde und Geburtshilfe,
– Haut- und Geschlechtskrankheiten,
– Innere Medizin,
– Kinderheilkunde,
– Kinder- und Jugendpsychiatrie,
– Neurologie,
– Pädaudiologie,
– Phoniatrie,
– Psychiatrie,
– Urologie.“

Diese Zusammenstellung berücksichtigt offensichtlich Kriterien der Weiterbildungsordnung; sie ist jedoch unter berufsrechtlichen Gesichtspunkten ebenso zweifelhaft wie der Ausschluss Psychologischer Psychotherapeuten und Kinder- und Jugendlichenpsychotherapeuten von der Leistungserbringung der Nr. 849 in der Beihilfe.

**Testverfahren nach den Nrn. 855, 856 und 857***

Die folgenden Ausführungen zu den Testverfahren gelten übergreifend für die Nrn. 855, 856 und 857, die weiter unten jeweils ausführlich kommentiert sind.

* Überschrift kein Bestandteil der GOÄ/GOP!

Testverfahren sind standardisierte oder teilstandardisierte Verfahren zur Messung individueller Merkmale. Sie dienen in der Psychotherapie
– zur Objektivierung der Diagnose und zur differentialdiagnostischen Abklärung zu Beginn und im Verlauf einer Therapie mit dem Ziel einer Optimierung des Therapieplans.
– zur Objektivierung des Therapieerfolges (Evaluation) durch Vor-, Zwischen- und Nachuntersuchungen,
– in Einzelfällen zur Rückmeldung für den Patienten mit dem Ziel einer realistischeren Selbsteinschätzung.

Testverfahren unterliegen gewissen Mindestanforderungen an Objektivität, Reliabilität und Validität („Gütekriterien"). (☛ *Lienert, G. A.: Testaufbau und Testanalyse, Beltz-Verlag 1969*). Objektivität bezeichnet den Grad der Unabhängigkeit eines Testergebnisses vom jeweiligen

Untersucher, Reliabilität vom jeweiligen Zeitpunkt der Untersuchung. Die Validität ist ein Maß für die Übereinstimmung zwischen dem, was der Test vorgibt zu messen und dem was er tatsächlich misst. Metrische Tests (wie z.b. Intelligenztests, Fragebögen) genügen diesen Testgütekriterien in höherem Maße als qualitative Verfahren (z.B. projektive Tests), bei denen Durchführung, Auswertung und Interpretation weniger standardisierbar sind.

Die in der GOÄ/GOP vorgenommene Einteilung der diagnostischen Testverfahren in projektive Verfahren (Nr. 855), Intelligenz- und Entwicklungstests (Nr. 856) und orientierende Testuntersuchungen (Nr. 857) entspricht nur teilweise der Einteilung gemäß EBM und ist auch unter systematischen Gesichtspunkten wenig plausibel. Angemessener wäre eine in der wissenschaftlichen Testdiagnostik allgemein anerkannte Einteilung der Verfahren in Leistungstests (Entwicklungstests, Intelligenztests, Allgemeine Leistungstests, Schultests, Spezielle Funktionsprüfungs- u. Eignungstests), Psychometrische Persönlichkeitstests (Persönlichkeits-Strukturtests, Einstellungs- und Interessenstests, Klinische Tests) und sog. Persönlichkeits-Entfaltungsverfahren ("projektive Verfahren"). (☛ *Brickenkamp, R.: Hdb. psychologischer u. pädagogischer Tests, Hogrefe-Verlag 1997*)

Die in der GOÄ/GOP aufgeführten Testverfahren sind teilweise nicht mehr gebräuchlich und einige sind von ihrer Art her falsch eingeordnet. Trotzdem muss ein Testverfahren, das bei einer der GOÄ-Nummern aufgeführt ist, nach dieser Nummer berechnet werden. Bei den in der GOÄ/GOP nicht aufgeführten Testverfahren muss die Zuordnung nach der Art des Testverfahrens vorgenommen werden. Da die Verfahren auch innerhalb einer Rubrik zum Teil sehr unterschiedlichen Aufwand erfordern, ist dies bei der Wahl des Steigerungsfaktors zu berücksichtigen. Der Zeitaufwand umfasst Testvorbereitung, -durchführung und -interpretation. Materialkosten, sofern sie nicht unter den Begriff des "Kleinmaterials" fallen, sind gesondert berechenbar (vgl. zu §10). Außerdem ist zu berücksichtigen, ob die Testdurchführung an eine Hilfsperson delegierbar ist oder nicht und, wenn ja, zu welchen Anteilen. Während ein Teil der Tests auch von Hilfskräften durchgeführt werden kann, ist die Testinterpretation immer von dafür speziell ausgebildeten Psychotherapeuten vorzunehmen. Die spezielle Qualifikation umfasst Wissen über Testtheorie, Testaufbau, Testentwicklung, Testdurchführung und Testinterpretation. Insbesondere sind fundierte Kenntnisse über die Gütekriterien und die Grenzen der Tests erforderlich.

Die im jeweiligen Kommentar zu den Nrn. 855, 856 und 857 gebotene Übersicht über die gebräuchlichsten Tests und ihrer Weiterentwicklungen soll die Entscheidung, welcher Test mit welcher Nummer bewertet werden soll, erleichtern.

Dabei ist zu beachten, dass nur bei Nr. 856 in der Legende die Testverfahren abschließend aufgeführt sind, während die in den Legenden zu Nr. 855 und 857 genannten Verfahren nur beispielhaft sind. Bei den der Nummer 856 zugeordneten und in der GOÄ/GOP nicht aufgeführten Testverfahren ist eine Analogabrechnung vorzunehmen (☛ Hinweis zur Analogabrechnung bei Nr. 856).

| 855 | Anwendung und Auswertung projektiver Testverfahren (z.B. Rorschach-Test, TAT) [1, 2, 3] mit schriftlicher Aufzeichnung, insgesamt | | |
|---|---|---|---|
| **Bewertung** | 722 Punkte | 1,0-fach:<br>€ 42,08 | 1,8-fach:<br>€ 75,75 | 2,5-fach:<br>€ 105,21 |

**Kommentar**

[1]
Projektive Testverfahren dienen der diagnostischen Aufdeckung unbewusster Motive und Konflikte. In der Leistungslegende sind die in Frage kommenden Testverfahren nur beispielhaft aufgezählt. Neben dem Rorschach-Test und dem Thematischen Apperzeptions-Test (TAT) kommen z.B. der Sceno-Test und der CAT sowie weitere projektive Testverfahren im Sinne der Nr. 855 in Frage (☞ [2] des Kommentars zu Nr. 857).

[2]
Da für die Durchführung und Auswertung projektiver Testverfahren spezialisierte psychodiagnostische Kenntnisse und Erfahrungen erforderlich sind, ist eine Delegation in der Regel ausgeschlossen, es sei denn die durchführenden Personen verfügen über ein Psychologie- oder Pädagogikstudium.

[3]
Manche dieser Verfahren können in einer Lang- oder Kurzform durchgeführt werden. Insbesondere bei Kindern kann sich die Diagnostik auf die Durchführung der Kurzformen beschränken. Zwar wird in der GOÄ nicht zwischen den aufwendigen Fassungen und den Kurzformen unterschieden, jedoch muss davon ausgegangen werden, dass sich die Bewertung an den Langfassungen orientiert hat. Aus diesem Grunde sollte bei Anwendung der beiden genannten Testverfahren in der Kurzform bei der Wahl des Steigerungssatzes (§5 Abs. 2 GOÄ) eher zurückhaltend vorgegangen werden. Dasselbe sollte für solche projektiven Verfahren gelten, deren Durchführung und Auswertung weniger aufwendig ist (z.B. Baumtest, Mann-Zeichen-Test, Familie-in-Tieren).

Übersicht über die gebräuchlichsten Testverfahren nach Nr. 855: Baumtest, Familie-in-Tieren, Kinder-Apperzeptions-Test (CAT), Mann-Zeichen-Test (MZT), Rorschach-Test, Rosenzweig P-F, Sceno-Test, Schul-Angst-Test (SAT), Thematischer Apperzeptionstest (TAT), Wartegg-Zeichen-Test (WZT)

**Hinweise zur Abrechnung**

Der Höchstsatz liegt beim 2,5fachen, die Begründungsschwelle beim 1,8fachen. Zur Wahl des Steigerungssatzes ☞ auch [3] des Kommentars.

Die Formulierung „insgesamt" in der Leistungslegende weist darauf hin, dass im Rahmen desselben Patientenkontakts die betreffenden Nummern auch bei Durchführung von mehr als einem Test je Kategorie und je Patientenkontakt nur einmal berechnet werden dürfen.

Der Höchstsatz liegt beim 2,5fachen, die Begründungsschwelle beim 1,8-fachen.

Bei Anwendung aufwendigerer Funktionstests wie z.B. des DCS zur Diagnostik von Hirnfunktionsstörungen bzw. deren Anwendung bei intellektuell beeinträchtigten oder sehr jungen Patienten treffen die in §5 Abs. 2 genannten Kriterien für die Wahl eines höheren Multiplikators (Schwierigkeit und Zeitaufwand) zu.

Orientierende Verfahren dienen neben der psychodiagnostischen Erkenntnisgewinnung im engeren Sinne auch der Evaluation eines individuellen therapeutischen Prozesses und damit der Prozessqualität. In diesem Sinne kann ihre Durchführung zu bestimmten Zeiten therapiebegleitend sinnvoll sein. Ein mehrfacher Ansatz im Behandlungsfall ist demnach möglich.

Die Ausschlüsse der Nummern 716 und 717 betreffen Psychologische Psychotherapeuten und Kinder- und Jugendlichenpsychotherapeuten nicht, da diese Nummern nicht den Abschnitten B und G der GOÄ zugeordnet sind, die laut GOP für diese Berufsgruppen in Frage kommen.

Häufig werden Tests nach den Nrn. 856 und 857 (weniger die nach Nr. 855) bei IGEL-Leistungen eingesetzt (z.B. Schullaufbahnberatung, Hirnleistungstests).

Erstattungsfähig.

Anders als in den Psychotherapie-Richtlinien für den Bereich der GKV ist in der Beihilfe die Nebeneinanderberechnung von psychotherapeutischen Leistungen und Testleistungen nicht ausgeschlossen.

**...ologisch fundierte Psychotherapie, Analytische Psychotherapie, ...herapie (Nrn. 860-865, 870 und 871)***

...n Ausführungen gelten übergreifend für die Nrn. 860-865, 870 und 871, die weiter ...s ausführlich kommentiert sind.

...t Bestandteil der GOÄ/GOP!

...sbereich der GOP erstreckt sich laut §1 der GOP auf

...hen Leistungen der Psychologischen Psychotherapeuten und der Kinder- und ...npsychotherapeuten im Sinne von §1 Abs. 3 Psychotherapeutengesetz"

...er Bestimmung in Artikel 1, §1 Abs. 3 des Psychotherapeutengesetzes (PsychThG)

...ung von Psychotherapie im Sinne dieses Gesetzes ... jede mittels wissenschaftlich ...psychotherapeutischer Verfahren vorgenommene Tätigkeit zur Feststellung, Heilung ...ng von Störungen mit Krankheitswert, bei denen Psychotherapie indiziert ist. Im ...er psychotherapeutischen Behandlung ist eine somatische Abklärung herbeizuführen. ...ng von Psychotherapie gehören nicht psychologische Tätigkeiten, die die ...g und Überwindung sozialer Konflikte oder sonstige Zwecke außerhalb der ...um Gegenstand haben."

Andererseits kann sich diese Bestimmung nicht sachgemäß auf den gesamten Krankheitsfall beziehen. Unter Beachtung der „Notwendigkeit" der abgerechneten Leistung gemäß §1 Abs. 2 ergibt sich, dass die erneute Berechnung dann möglich ist, wenn der Krankheitsverlauf dies erfordert. Private Krankenversicherungen und Beihilfen orientieren sich oft an den im EBM genannten zulässigen Zahlen. Wenn häufiger als „nach EBM" getestet werden muss, sollte die Notwendigkeit besonders gut dokumentiert werden. Eine Begründung in der Rechnung ist aber nicht erforderlich.

Keinesfalls berechtigt eine Aufteilung notwendiger Tests auf mehrere Termine aus rein organisatorischen Gründen zu einem Mehrfachansatz der Nr. 855. Die Formulierung „insgesamt" weist jedoch auch darauf hin, dass eine Aufteilung der Durchführung eines (oft zeitaufwendigen) Verfahrens in mehrere Sitzungen nur zur einmaligen Berechnung der entsprechenden Nr. berechtigt. Die Leistung wird dann berechnet, wenn ihr Inhalt vollständig erbracht worden ist. Testverfahren sind innerhalb eines Behandlungsfalles (zur Definition des Behandlungsfalles im Abschnitt G ☛ Kommentar zu Nr. 860) deshalb nur dann mehrfach berechnungsfähig, wenn die erneute Durchführung durch den Krankheitsverlauf erforderlich war. Bei Testverfahren ist dies in kürzeren Abständen gegeben als bspw. bei der vertieften Exploration nach Nr. 860.

| Beihilfe | Erstattungsfähig. |
|---|---|

Anders als in den Psychotherapie-Richtlinien für den Bereich der GKV ist in der Beihilfe die Nebeneinanderberechnung von psychotherapeutischen Leistungen und Testleistungen nicht ausgeschlossen.

| 856 | **Anwendung und Auswertung standardisierter Intelligenz- und Entwicklungstests (Staffeltests oder HAWIE(K), IST/Amthauer, Bühler-Hetzer, Binet-Simon, Kramer) [1, 2] mit schriftlicher Aufzeichnung, insgesamt** |
|---|---|
| | *Neben der Leistung nach Nummer 856 sind die Leistungen nach den Nummern 715 bis 718 nicht berechnungsfähig.* |
| **Bewertung** | 361 Punkte   1,0-fach: € 21,04   1,8-fach: € 37,88   2,5-fach: € 52,60 |
| **Kommentar** | [1] Intelligenz- und Entwicklungstests geben Informationen über den bei einem Patienten zu einem bestimmten Zeitpunkt vorzufindenden Leistungsstand und über die Leistungsstruktur. Da sich beides allenfalls nach Ablauf vergleichsweise großer Zeiträume ändert, ist eine Testwiederholung in kurzen Zeitabständen in der Regel nicht indiziert. Zur Validierung eines Testergebnisses kann es jedoch angebracht sein, zwei im Ansatz verschiedene Verfahren (z.B. eines bildungsabhängigeren und eines bildungsunabhängigeren) anzuwenden. |

[2]

Ist bei der Durchführung komplexer Intelligenz- und Entwicklungstests wie z.B. des HAWIK oder des HAWIE die Berücksichtigung des Testverhaltens des Probanden von großer Bedeutung, ist die Delegation der Testdurchführung nur an Personen mit spezialisierten testdiagnostischen Kenntnissen und Erfahrung möglich. Dies trifft insbesondere dann zu, wenn verhaltensauffällige oder sehr junge Probanden getestet werden.

Übersicht über die gebräuchlichsten Testverfahren nach Nr. 856: Aachener-Aphasie-Test (AAT), Begabungs-Test-System (BTS), Benton, Bilder-Test (BT), Diagnosticum für Cerebralschädigung (DCS), Diagnostischer Rechtschreibtest (DRT), Fragebogen zum hyperkinetischen Syndrom und Therapieleitfaden (HKS), Frostigs Entwicklungstest der visuellen Wahrnehmung (FEW), Göttinger Formreproduktions-Test (GFT), Grundintelligenztest (CFT), Hamburg-Wechsler-Intelligenztest für Erwachsene (HAWIE), Hamburg-Wechsler-Intelligenztest für Kinder (HAWIK), Intelligenz-Struktur-Test (IST), Leistungsprüfsystem (LPS), Lincoln-Oseretzky-Skala Kurzform 18 (LOS KF 18), Kaufman-Assessment-Battery for Children (K-ABC), Konzentrations-Leistungs-Test (KLT), Konzentrations-Verlaufs-Test (KVT), Körper-Koordinationstest für Kinder (KTK), Kramer-Intelligenztest (KIT), Mannheimer Intelligenztest (MIT), Prüfsystem für die Schul- und Bildungsberatung (PSB)

**Hinweise zur Abrechnung**

Der Höchstsatz liegt beim 2,5-fachen, die Begründungsschwelle beim 1,8-fachen.

Je Sitzung ist die Nr. 856 nur einmal berechnungsfähig. Insbesondere bei aufwendigen Verfahren kann es u.U. angebracht sein, einen Test auf zwei oder mehrere Sitzungen zu verteilen (z.B. HAWIK bei unaufmerksamen oder sehr jungen Kindern). ☞ Abrechnungshinweis zu Nr. 855.

Der Ausschluss „nicht neben den Nrn. 715 bis 718" in der Leistungslegende betrifft Psychologische Psychotherapeuten und Kinder- und Jugendlichenpsychotherapeuten nicht, da diese Nrn. nicht den Abschnitten B oder G der GOÄ zugeordnet sind, die laut GOP für diese Berufsgruppen in Frage kommen.

Häufig werden Tests nach den Nrn. 856 und 857 (weniger die nach Nr. 855) bei IGEL-Leistungen eingesetzt (z.B. Schullaufbahnberatung, Hirnleistungstests).

**Analoge Bewertung**

Der Klammerzusatz in der Leistungslegende legt die nach Nr. 856 anwendbaren Intelligenz- und Entwicklungstests abschließend fest, obwohl die dort aufgeführten Verfahren z.T. nicht mehr zeitgemäß sind bzw. neuere Verfahren fehlen. Da eine Vielzahl von Intelligenz- und Entwicklungstests zur Verfügung stehen, können diese, sofern sie nach Art und Umfang mit den in der Leistungslegende genannten vergleichbar sind, analog nach Nr. 856 abgerechnet werden.

**Beihilfe**

Erstattungsfähig.

Anders als in den Psychotherapie-Richtlinien für den Bereich der GKV ist in der Beihilfe die Nebeneinanderberechnung von psychotherapeutischen Leistungen und Testleistungen nicht ausgeschlossen.

---

| 857 | Anwendung und Auswertung orien… gen [1] (z.B. Fragebogentest nach … Raven-Test, Sceno-Test [2], Wartegg… Mensch, mit Ausnahme des sogen… insgesamt |
| --- | --- |
| | *Neben der Leistung nach Nummer …* *den Nummern 716 und 717 nicht b…* |
| **Bewertung** | 116 Punkte    1,0-fach:              1,8… €  6,76              €  1… |

**Kommentar**

[1]

Unter der Nr. 857 werden eine Reihe orie… ren zusammengefasst, die sich im Aufwar… erheblich unterscheiden. Unterscheiden la… MMPI, FPI, Gießen-Test), orientierende F… (z.B. Raven, Benton, Frostig, DRT, d 2 us… fahren (z.B. Baum- oder Mann-Zeichen-T…

Zu projektiven Verfahren ☞ [1], [2] und […

[2]

Die Einordnung eines aufwendigen projek… Tests unter Nr. 857 anstatt unter Nr. 855 is… vom Anspruch und vom Aufwand bei der … vergleichbar dem Rorschach oder dem TA… und offensichtlich auch fehlerhafte Einord… auch eine Berechnung als projektives Verf… Anm. 1 zu Nr. 855).

[3]

Der Ausschluss des Lüscher-Farbtests beru… leiteten Ergebnisse nicht validiert sind.

Übersicht über die gebräuchlichsten Testve… 16-Persönlichkeits-Faktoren-Test (16 PF), … Test (d2),  Beck-Angst-Inventar (BAI), Be… Beeinträchtigungs-Schwere-Score (BSS), … line-Persönlichkeits-Inventar (BPI), c.i.-Te… scher Elternfragebogen (DEF), Diagnostisc… Störungen (DIPS), Freiburger Persönlichke… (GT), Hamburger Neurotizismus und Extra… Jugendliche (HANES), Hamburger Zwangs… Skala, Kinder-Angst-Test (KAT), Mini-Me… Multiphasic Personality Inventory (MMPI)… turiertes Klinisches Interview für DSM-III-… (SCL-90).

Hinweise z… Abrechnur…

Beihilfe

Tiefenpsy… Verhalten…

Die folgen… unten jewe…

* Überschrift n…

Der Geltur…

„die berufl… Jugendlich…

Gemäß die…

„(ist) Ausi… anerkannte… oder Linde… Rahmen ei… Zur Ausüb… Aufarbeitu… Heilkunde…

Die Entscheidung über die wissenschaftliche Anerkennung eines Verfahrens soll nach §11 Art. 1 PsychThG die zuständige Behörde auf der Grundlage eines Gutachtens eines wissenschaftlichen Beirates treffen:

„Soweit nach diesem Gesetz die wissenschaftliche Anerkennung eines Verfahrens Voraussetzung für die Entscheidung der zuständigen Behörde ist, soll die Behörde in Zweifelsfällen ihre Entscheidung auf der Grundlage eines Gutachtens eines wissenschaftlichen Beirates treffen, der gemeinsam von der auf Bundesebene zuständigen Vertretung der Psychologischen Psychotherapeuten und Kinder- und Jugendlichenpsychotherapeuten sowie der ärztlichen Psychotherapeuten in der Bundesärztekammer gebildet ist..."

„Wissenschaftlich anerkannt" sind demnach derzeit Verfahren, die vom „Wissenschaftlichen Beirat Psychotherapie" (nach Art. 1, §11 PsychThG) und nachfolgend von den zuständigen Landesbehörden faktisch „anerkannt" worden sind. Es handelt sich dabei um die derzeitigen Verfahren der Psychotherapie-Richtlinien. Dies sind die analytische Psychotherapie, die tiefenpsychologisch fundierte Psychotherapie und die Verhaltenstherapie. Jedoch ist die Frage, welche Verfahren darüber hinaus derzeit als wissenschaftlich anerkannt zu gelten haben, durchaus strittig und nicht letztlich entschieden. Für bestimmte Anwendungsbereiche hat der Wissenschaftliche Beirat die Wirksamkeit der wissenschaftlichen Gesprächspsychotherapie, der systemischen Psychotherapie und der neuropsychologischen Therapie als nachgewiesen anerkannt (Stand: Ende 2001).

Die Empfehlungen des Wissenschaftlichen Beirates entfalten Wirkung bisher nur auf die Ausbildungs- und Prüfungsverordnung der Psychologischen Psychotherapeuten und Kinder- und Jugendlichenpsychotherapeuten, nicht dagegen auf die Weiterbildungsordnungen der Landesärztekammern.

Bei der Privatbehandlung mit Psychotherapie besteht eine wesentlich geringere Regelungsdichte als bei der psychotherapeutischen Behandlung von GKV-versicherten Patienten. Das Antrags-, Genehmigungs- und Abrechnungsverfahren wird nicht wie in der gesetzlichen Krankenversicherung durch Psychotherapie-Richtlinien bestimmt, sondern allein durch Allgemeine Versicherungsbedingungen der privaten Krankenversicherungen, durch deren jeweils unterschiedlichen Tarifbestimmungen sowie bei Beihilfeberechtigten durch die Beihilfevorschriften und nicht zuletzt durch die eher unspezifischen Vorgaben der GOÄ bzw. der GOP.

In §1 Abs. 2 GOÄ wird lediglich bestimmt, dass der Psychotherapeut oder Arzt Vergütungen nur für solche Leistungen berechnen darf, die nach den Regeln der psychotherapeutischen/ärztlichen Kunst für eine medizinisch notwendige Versorgung erforderlich sind. In gewissem Sinne sind damit auch die Behandlungsmethoden, die Indikationsbereiche und die Begrenzung des Leistungsumfangs definiert. In der Regel stringenter sind dagegen die Vorgaben, die sich aus den Verträgen der Patienten mit ihren privaten Krankenversicherungsunternehmen sowie aus den Beihilfevorschriften ergeben. So übernehmen etwa die Beihilfevorschriften des Bundes weitgehend die für die vertragsärztliche Versorgung geltenden Strukturmerkmale der Psychotherapie-Richtlinien.

Da die Vorgaben der Psychotherapie-Richtlinien aus fachlichen Gründen in Teilen auch auf die psychotherapeutische Privatbehandlung Anwendung finden können, seien die wesentlichen Bestimmungen der Richtlinien hier erläutert:

Im Bereich der GKV wurde mit dem In-Kraft-Treten der Psychotherapie-Richtlinien des Bundesausschusses der Ärzte und Krankenkassen im Jahre 1967 Psychotherapie in die vertragsärztliche Versorgung eingeführt. Psychotherapie nach den Psychotherapie-Richtlinien weist von allen Leistungsbereichen der vertragsärztlichen Versorgung die höchste Regelungsdichte auf.

Festgelegt sind u.a.
- die Indikationsbereiche,
- die Definition der Behandlungsmethoden,
- die Begrenzung des Leistungsumfangs,
- das Antrags- und Gutachterverfahren,
- die Qualifikationsvoraussetzungen der Therapeuten.

Psychotherapie ist erforderlich, soweit und solange eine seelische Krankheit vorliegt. Darunter verstehen die Psychotherapie-Richtlinien eine „krankhafte Störung der Wahrnehmung, des Verhaltens, der Erlebnisverarbeitung, der sozialen Beziehungen und der Körperfunktionen. Es gehört zum Wesen dieser Störungen, daß sie der willentlichen Steuerung durch den Patienten nicht mehr oder nur zum Teil zugänglich sind.... Auch Beziehungsstörungen können Ausdruck von Krankheit sein; sie sind für sich allein nicht schon Krankheit im Sinne dieser Richtlinien, sondern können nur dann als seelische Krankheit gelten, wenn ihre ursächliche Verknüpfung mit einer krankhaften Veränderung des seelischen oder körperlichen Zustandes eines Menschen nachgewiesen wurde." (A, 2.)

Psychotherapie ist ätiologisch orientiert, d.h.:
„Psychotherapie, als Behandlung seelischer Krankheiten im Sinne dieser Richtlinien, setzt voraus, daß das Krankheitsgeschehen als ein ursächlich bestimmter Prozeß verstanden wird, der mit wissenschaftlich begründeten Methoden untersucht und in einem Theoriesystem mit einer Krankheitslehre definitorisch erfaßt ist. Die Theoriesysteme müssen seelische und körperliche Symptome als Ausdruck des Krankheitsgeschehens eines ganzheitlich gesehenen Menschen wahrnehmen und berücksichtigen. Sie müssen den gegenwärtigen, lebensgeschichtlichen und gesellschaftlichen Faktoren in ihrer Bedeutung für das Krankheitsgeschehen gerecht werden." (A, 3.) und: „ Psychotherapie setzt eine ätiologisch orientierte Diagnostik voraus, welche die jeweiligen Krankheitserscheinungen erklärt und zuordnet." (A, 6.)

Indikationsbereiche sind nach Abschnitt D der Psychotherapie-Richtlinien:
- psychoneurotische Störungen (z.B. Angstneurosen, Phobien, neurotische Depressionen, Konversionsneurosen),
- vegetativ-funktionelle und psychosomatische Störungen mit gesicherter psychischer Ätiologie,
- im Rahmen der medizinischen Rehabilitation, sofern psychodynamische Faktoren wesentlich Anteil an folgenden seelischen Behinderungen haben:
  - Abhängigkeit von Alkohol, Drogen oder Medikamenten nach vorangegangener Entgiftungsbehandlung,
  - seelische Behinderung aufgrund frühkindlicher emotionaler Mangelzustände,
  - seelische Behinderung als Folge schwerer chronischer Krankheitsverläufe,
  - seelische Behinderung aufgrund extremer Situationen, die eine schwere Beeinträchtigung der Persönlichkeit zur Folge hatten,
  - seelische Behinderung als Folge psychotischer Erkrankungen, die einen Ansatz für spezifische psychotherapeutische Interventionen erkennen lassen.

Dagegen ist Psychotherapie für eine medizinisch notwendige Versorgung nicht erforderlich (siehe auch §1 Abs. 2 GOÄ), wenn
- zwar seelische Krankheit vorliegt, aber ein Behandlungserfolg nicht erwartet werden kann, weil hierfür beim Patienten die Voraussetzungen hinsichtlich seiner Motivationslage, seiner Motivierbarkeit oder seiner Umstellungsfähigkeit nicht gegeben sind oder weil die Eigenart der neurotischen Persönlichkeitsstruktur des Patienten dem Behandlungserfolg entgegensteht,
- sie nicht der Heilung oder Besserung einer seelischen Krankheit, sondern z.B. alleine der beruflichen oder sozialen Anpassung dient,
- sie allein der Erziehungs-, Ehe-, Lebens- oder Sexualberatung dient.

Andererseits kann sich diese Bestimmung nicht sachgemäß auf den gesamten Krankheitsfall beziehen. Unter Beachtung der „Notwendigkeit" der abgerechneten Leistung gemäß §1 Abs. 2 ergibt sich, dass die erneute Berechnung dann möglich ist, wenn der Krankheitsverlauf dies erfordert. Private Krankenversicherungen und Beihilfen orientieren sich oft an den im EBM genannten zulässigen Zahlen. Wenn häufiger als „nach EBM" getestet werden muss, sollte die Notwendigkeit besonders gut dokumentiert werden. Eine Begründung in der Rechnung ist aber nicht erforderlich.

Keinesfalls berechtigt eine Aufteilung notwendiger Tests auf mehrere Termine aus rein organisatorischen Gründen zu einem Mehrfachansatz der Nr. 855. Die Formulierung „insgesamt" weist jedoch auch darauf hin, dass eine Aufteilung der Durchführung eines (oft zeitaufwendigen) Verfahrens in mehrere Sitzungen nur zur einmaligen Berechnung der entsprechenden Nr. berechtigt. Die Leistung wird dann berechnet, wenn ihr Inhalt vollständig erbracht worden ist. Testverfahren sind innerhalb eines Behandlungsfalles (zur Definition des Behandlungsfalles im Abschnitt G ☞ Kommentar zu Nr. 860) deshalb nur dann mehrfach berechnungsfähig, wenn die erneute Durchführung durch den Krankheitsverlauf erforderlich war. Bei Testverfahren ist dies in kürzeren Abständen gegeben als bspw. bei der vertieften Exploration nach Nr. 860.

| **Beihilfe** | Erstattungsfähig. |
| | Anders als in den Psychotherapie-Richtlinien für den Bereich der GKV ist in der Beihilfe die Nebeneinanderberechnung von psychotherapeutischen Leistungen und Testleistungen nicht ausgeschlossen. |

| **856** | **Anwendung und Auswertung standardisierter Intelligenz- und Entwicklungstests (Staffeltests oder HAWIE(K), IST/Amthauer, Bühler-Hetzer, Binet-Simon, Kramer) [1, 2] mit schriftlicher Aufzeichnung, insgesamt** |
|---|---|
| | *Neben der Leistung nach Nummer 856 sind die Leistungen nach den Nummern 715 bis 718 nicht berechnungsfähig.* |

| **Bewertung** | 361 Punkte | 1,0-fach:<br>€ 21,04 | 1,8-fach:<br>€ 37,88 | 2,5-fach:<br>€ 52,60 |
|---|---|---|---|---|

| **Kommentar** | [1]<br>Intelligenz- und Entwicklungstests geben Informationen über den bei einem Patienten zu einem bestimmten Zeitpunkt vorzufindenden Leistungsstand und über die Leistungsstruktur. Da sich beides allenfalls nach Ablauf vergleichsweise großer Zeiträume ändert, ist eine Testwiederholung in kurzen Zeitabständen in der Regel nicht indiziert. Zur Validierung eines Testergebnisses kann es jedoch angebracht sein, zwei im Ansatz verschiedene Verfahren (z.B. eines bildungsabhängigeren und eines bildungsunabhängigeren) anzuwenden. |
|---|---|

[2]
Ist bei der Durchführung komplexer Intelligenz- und Entwicklungstests wie
z.b. des HAWIK oder des HAWIE die Berücksichtigung des Testverhaltens
des Probanden von großer Bedeutung, ist die Delegation der Testdurchführung nur an Personen mit spezialisierten testdiagnostischen Kenntnissen und
Erfahrung möglich. Dies trifft insbesondere dann zu, wenn verhaltensauffällige oder sehr junge Probanden getestet werden.

Übersicht über die gebräuchlichsten Testverfahren nach Nr. 856:
Aachener-Aphasie-Test (AAT), Begabungs-Test-System (BTS), Benton,
Bilder-Test (BT), Diagnosticum für Cerebralschädigung (DCS), Diagnostischer Rechtschreibtest (DRT), Fragebogen zum hyperkinetischen Syndrom
und Therapieleitfaden (HKS), Frostigs Entwicklungstest der visuellen Wahrnehmung (FEW), Göttinger Formreproduktions-Test (GFT), Grundintelligenztest (CFT), Hamburg-Wechsler-Intelligenztest für Erwachsene
(HAWIE), Hamburg-Wechsler-Intelligenztest für Kinder (HAWIK), Intelligenz-Struktur-Test (IST), Leistungsprüfsystem (LPS), Lincoln-Oseretzky-
Skala Kurzform 18 (LOS KF 18), Kaufman-Assessment-Battery for Children (K-ABC), Konzentrations-Leistungs-Test (KLT), Konzentrations-Verlaufs-Test (KVT), Körper-Koordinationstest für Kinder (KTK), Kramer-
Intelligenztest (KIT), Mannheimer Intelligenztest (MIT), Prüfsystem für die
Schul- und Bildungsberatung (PSB)

**Hinweise zur Abrechnung**

Der Höchstsatz liegt beim 2,5-fachen, die Begründungsschwelle beim 1,8-
fachen.

Je Sitzung ist die Nr. 856 nur einmal berechnungsfähig. Insbesondere bei
aufwendigen Verfahren kann es u.U. angebracht sein, einen Test auf zwei
oder mehrere Sitzungen zu verteilen (z.B. HAWIK bei unaufmerksamen
oder sehr jungen Kindern). ☞ Abrechnungshinweis zu Nr. 855.

Der Ausschluss „nicht neben den Nrn. 715 bis 718" in der Leistungslegende
betrifft Psychologische Psychotherapeuten und Kinder- und
Jugendlichenpsychotherapeuten nicht, da diese Nrn. nicht den Abschnitten B
oder G der GOÄ zugeordnet sind, die laut GOP für diese Berufsgruppen in
Frage kommen.

Häufig werden Tests nach den Nrn. 856 und 857 (weniger die nach Nr. 855)
bei IGEL-Leistungen eingesetzt (z.B. Schullaufbahnberatung,
Hirnleistungstests).

**Analoge Bewertung**

Der Klammerzusatz in der Leistungslegende legt die nach Nr. 856 anwendbaren Intelligenz- und Entwicklungstests abschließend fest, obwohl die dort aufgeführten Verfahren z.T. nicht mehr zeitgemäß sind bzw. neuere Verfahren fehlen.
Da eine Vielzahl von Intelligenz- und Entwicklungstests zur Verfügung stehen,
können diese, sofern sie nach Art und Umfang mit den in der Leistungslegende
genannten vergleichbar sind, analog nach Nr. 856 abgerechnet werden.

**Beihilfe**

Erstattungsfähig.

Anders als in den Psychotherapie-Richtlinien für den Bereich der GKV ist in
der Beihilfe die Nebeneinanderberechnung von psychotherapeutischen
Leistungen und Testleistungen nicht ausgeschlossen.

| 857 | **Anwendung und Auswertung orientierender Testuntersuchungen** [1] **(z.B. Fragebogentest nach Eysenck, MPQ oder MPI, Raven-Test, Sceno-Test** [2], **Wartegg-Zeichentest, Haus-Baum-Mensch, mit Ausnahme des sogenannten Lüscher-Tests** [3]), **insgesamt**<br><br>*Neben der Leistung nach Nummer 857 sind die Leistungen nach den Nummern 716 und 717 nicht berechnungsfähig.* | | |
|---|---|---|---|
| **Bewertung** | 116 Punkte  1,0-fach:<br>€ 6,76 | 1,8-fach:<br>€ 12,17 | 2,5-fach:<br>€ 16,90 |

**Kommentar**

[1]
Unter der Nr. 857 werden eine Reihe orientierender diagnostischer Verfahren zusammengefasst, die sich im Aufwand für die Durchführung teilweise erheblich unterscheiden. Unterscheiden lassen sich Fragebögen (z.B. MMPI, FPI, Gießen-Test), orientierende Funktions- und Intelligenztests (z.B. Raven, Benton, Frostig, DRT, d 2 usw.) und einfache projektive Verfahren (z.B. Baum- oder Mann-Zeichen-Test).

Zu projektiven Verfahren ☞ [1], [2] und [3] des Kommentars zu Nr. 855.

[2]
Die Einordnung eines aufwendigen projektiven Verfahrens wie des Sceno-Tests unter Nr. 857 anstatt unter Nr. 855 ist nicht sachgerecht. Der Sceno ist vom Anspruch und vom Aufwand bei der Durchführung und Auswertung vergleichbar dem Rorschach oder dem TAT. Die nur beispielhafte Nennung und offensichtlich auch fehlerhafte Einordnung dieses Verfahrens erlaubt auch eine Berechnung als projektives Verfahren mit der Nr. 855 (siehe auch Anm. 1 zu Nr. 855).

[3]
Der Ausschluss des Lüscher-Farbtests beruht darauf, dass die aus ihm abgeleiteten Ergebnisse nicht validiert sind.

Übersicht über die gebräuchlichsten Testverfahren nach Nr. 857:
16-Persönlichkeits-Faktoren-Test (16 PF), Aufmerksamkeits-Belastungs-Test (d2), Beck-Angst-Inventar (BAI), Beck-Depressions-Inventar (BDI), Beeinträchtigungs-Schwere-Score (BSS), Beschwerdenliste (BL), Borderline-Persönlichkeits-Inventar (BPI), c.i.-Test, c.i.-Fragebogen, Diagnostischer Elternfragebogen (DEF), Diagnostisches Interview bei psychischen Störungen (DIPS), Freiburger Persönlichkeitsinventar (FPI), Gießen-Test (GT), Hamburger Neurotizismus und Extraversionsskala für Kinder und Jugendliche (HANES), Hamburger Zwangs-Inventar (HZI), Hamilton-Skala, Kinder-Angst-Test (KAT), Mini-Mental-Status (MMST), Minnesota Multiphasic Personality Inventory (MMPI), Raven-Test (CPM), Strukturiertes Klinisches Interview für DSM-III-R (SKID), Symptom-Check-List (SCL-90).

| | |
|---|---|
| **Hinweise zur Abrechnung** | Der Höchstsatz liegt beim 2,5fachen, die Begründungsschwelle beim 1,8-fachen. |
| | Bei Anwendung aufwendigerer Funktionstests wie z.b. des DCS zur Diagnostik von Hirnfunktionsstörungen bzw. deren Anwendung bei intellektuell beeinträchtigten oder sehr jungen Patienten treffen die in §5 Abs. 2 genannten Kriterien für die Wahl eines höheren Multiplikators (Schwierigkeit und Zeitaufwand) zu. |
| | Orientierende Verfahren dienen neben der psychodiagnostischen Erkenntnisgewinnung im engeren Sinne auch der Evaluation eines individuellen therapeutischen Prozesses und damit der Prozessqualität. In diesem Sinne kann ihre Durchführung zu bestimmten Zeiten therapiebegleitend sinnvoll sein. Ein mehrfacher Ansatz im Behandlungsfall ist demnach möglich. |
| | Die Ausschlüsse der Nummern 716 und 717 betreffen Psychologische Psychotherapeuten und Kinder- und Jugendlichenpsychotherapeuten nicht, da diese Nummern nicht den Abschnitten B und G der GOÄ zugeordnet sind, die laut GOP für diese Berufsgruppen in Frage kommen. |
| | Häufig werden Tests nach den Nrn. 856 und 857 (weniger die nach Nr. 855) bei IGEL-Leistungen eingesetzt (z.b. Schullaufbahnberatung, Hirnleistungstests). |
| **Beihilfe** | Erstattungsfähig. |
| | Anders als in den Psychotherapie-Richtlinien für den Bereich der GKV ist in der Beihilfe die Nebeneinanderberechnung von psychotherapeutischen Leistungen und Testleistungen nicht ausgeschlossen. |

### Tiefenpsychologisch fundierte Psychotherapie, Analytische Psychotherapie, Verhaltenstherapie (Nrn. 860-865, 870 und 871)*

Die folgenden Ausführungen gelten übergreifend für die Nrn. 860-865, 870 und 871, die weiter unten jeweils ausführlich kommentiert sind.

* Überschrift nicht Bestandteil der GOÄ/GOP!

Der Geltungsbereich der GOP erstreckt sich laut §1 der GOP auf

„die beruflichen Leistungen der Psychologischen Psychotherapeuten und der Kinder- und Jugendlichenpsychotherapeuten im Sinne von §1 Abs. 3 Psychotherapeutengesetz"

Gemäß dieser Bestimmung in Artikel 1, §1 Abs. 3 des Psychotherapeutengesetzes (PsychThG)

„(ist) Ausübung von Psychotherapie im Sinne dieses Gesetzes ... jede mittels wissenschaftlich anerkannter psychotherapeutischer Verfahren vorgenommene Tätigkeit zur Feststellung, Heilung oder Linderung von Störungen mit Krankheitswert, bei denen Psychotherapie indiziert ist. Im Rahmen einer psychotherapeutischen Behandlung ist eine somatische Abklärung herbeizuführen. Zur Ausübung von Psychotherapie gehören nicht psychologische Tätigkeiten, die die Aufarbeitung und Überwindung sozialer Konflikte oder sonstige Zwecke außerhalb der Heilkunde zum Gegenstand haben."

Die Entscheidung über die wissenschaftliche Anerkennung eines Verfahrens soll nach §11 Art. 1 PsychThG die zuständige Behörde auf der Grundlage eines Gutachtens eines wissenschaftlichen Beirates treffen:

„Soweit nach diesem Gesetz die wissenschaftliche Anerkennung eines Verfahrens Voraussetzung für die Entscheidung der zuständigen Behörde ist, soll die Behörde in Zweifelsfällen ihre Entscheidung auf der Grundlage eines Gutachtens eines wissenschaftlichen Beirates treffen, der gemeinsam von der auf Bundesebene zuständigen Vertretung der Psychologischen Psychotherapeuten und Kinder- und Jugendlichenpsychotherapeuten sowie der ärztlichen Psychotherapeuten in der Bundesärztekammer gebildet ist..."

„Wissenschaftlich anerkannt" sind demnach derzeit Verfahren, die vom „Wissenschaftlichen Beirat Psychotherapie" (nach Art. 1, §11 PsychThG) und nachfolgend von den zuständigen Landesbehörden faktisch „anerkannt" worden sind. Es handelt sich dabei um die derzeitigen Verfahren der Psychotherapie-Richtlinien. Dies sind die analytische Psychotherapie, die tiefenpsychologisch fundierte Psychotherapie und die Verhaltenstherapie. Jedoch ist die Frage, welche Verfahren darüber hinaus derzeit als wissenschaftlich anerkannt zu gelten haben, durchaus strittig und nicht letztlich entschieden. Für bestimmte Anwendungsbereiche hat der Wissenschaftliche Beirat die Wirksamkeit der wissenschaftlichen Gesprächspsychotherapie, der systemischen Psychotherapie und der neuropsychologischen Therapie als nachgewiesen anerkannt (Stand: Ende 2001).

Die Empfehlungen des Wissenschaftlichen Beirates entfalten Wirkung bisher nur auf die Ausbildungs- und Prüfungsverordnung der Psychologischen Psychotherapeuten und Kinder- und Jugendlichenpsychotherapeuten, nicht dagegen auf die Weiterbildungsordnungen der Landesärztekammern.

Bei der Privatbehandlung mit Psychotherapie besteht eine wesentlich geringere Regelungsdichte als bei der psychotherapeutischen Behandlung von GKV-versicherten Patienten. Das Antrags-, Genehmigungs- und Abrechnungsverfahren wird nicht wie in der gesetzlichen Krankenversicherung durch Psychotherapie-Richtlinien bestimmt, sondern allein durch Allgemeine Versicherungsbedingungen der privaten Krankenversicherungen, durch deren jeweils unterschiedlichen Tarifbestimmungen sowie bei Beihilfeberechtigten durch die Beihilfevorschriften und nicht zuletzt durch die eher unspezifischen Vorgaben der GOÄ bzw. der GOP.

In §1 Abs. 2 GOÄ wird lediglich bestimmt, dass der Psychotherapeut oder Arzt Vergütungen nur für solche Leistungen berechnen darf, die nach den Regeln der psychotherapeutischen/ärztlichen Kunst für eine medizinisch notwendige Versorgung erforderlich sind. In gewissem Sinne sind damit auch die Behandlungsmethoden, die Indikationsbereiche und die Begrenzung des Leistungsumfangs definiert. In der Regel stringenter sind dagegen die Vorgaben, die sich aus den Verträgen der Patienten mit ihren privaten Krankenversicherungsunternehmen sowie aus den Beihilfevorschriften ergeben. So übernehmen etwa die Beihilfevorschriften des Bundes weitgehend die für die vertragsärztliche Versorgung geltenden Strukturmerkmale der Psychotherapie-Richtlinien.

Da die Vorgaben der Psychotherapie-Richtlinien aus fachlichen Gründen in Teilen auch auf die psychotherapeutische Privatbehandlung Anwendung finden können, seien die wesentlichen Bestimmungen der Richtlinien hier erläutert:

Im Bereich der GKV wurde mit dem In-Kraft-Treten der Psychotherapie-Richtlinien des Bundesausschusses der Ärzte und Krankenkassen im Jahre 1967 Psychotherapie in die vertragsärztliche Versorgung eingeführt. Psychotherapie nach den Psychotherapie-Richtlinien weist von allen Leistungsbereichen der vertragsärztlichen Versorgung die höchste Regelungsdichte auf.

Festgelegt sind u.a.
- die Indikationsbereiche,
- die Definition der Behandlungsmethoden,
- die Begrenzung des Leistungsumfangs,
- das Antrags- und Gutachterverfahren,
- die Qualifikationsvoraussetzungen der Therapeuten.

Psychotherapie ist erforderlich, soweit und solange eine seelische Krankheit vorliegt. Darunter verstehen die Psychotherapie-Richtlinien eine „krankhafte Störung der Wahrnehmung, des Verhaltens, der Erlebnisverarbeitung, der sozialen Beziehungen und der Körperfunktionen. Es gehört zum Wesen dieser Störungen, daß sie der willentlichen Steuerung durch den Patienten nicht mehr oder nur zum Teil zugänglich sind.... Auch Beziehungsstörungen können Ausdruck von Krankheit sein; sie sind für sich allein nicht schon Krankheit im Sinne dieser Richtlinien, sondern können nur dann als seelische Krankheit gelten, wenn ihre ursächliche Verknüpfung mit einer krankhaften Veränderung des seelischen oder körperlichen Zustandes eines Menschen nachgewiesen wurde." (A, 2.)

Psychotherapie ist ätiologisch orientiert, d.h.:
„Psychotherapie, als Behandlung seelischer Krankheiten im Sinne dieser Richtlinien, setzt voraus, daß das Krankheitsgeschehen als ein ursächlich bestimmter Prozeß verstanden wird, der mit wissenschaftlich begründeten Methoden untersucht und in einem Theoriesystem mit einer Krankheitslehre definitorisch erfaßt ist. Die Theoriesysteme müssen seelische und körperliche Symptome als Ausdruck des Krankheitsgeschehens eines ganzheitlich gesehenen Menschen wahrnehmen und berücksichtigen. Sie müssen den gegenwärtigen, lebensgeschichtlichen und gesellschaftlichen Faktoren in ihrer Bedeutung für das Krankheitsgeschehen gerecht werden." (A, 3.) und: „Psychotherapie setzt eine ätiologisch orientierte Diagnostik voraus, welche die jeweiligen Krankheitserscheinungen erklärt und zuordnet." (A, 6.)

Indikationsbereiche sind nach Abschnitt D der Psychotherapie-Richtlinien:
- psychoneurotische Störungen (z.B. Angstneurosen, Phobien, neurotische Depressionen, Konversionsneurosen),
- vegetativ-funktionelle und psychosomatische Störungen mit gesicherter psychischer Ätiologie,
- im Rahmen der medizinischen Rehabilitation, sofern psychodynamische Faktoren wesentlich Anteil an folgenden seelischen Behinderungen haben:
  - Abhängigkeit von Alkohol, Drogen oder Medikamenten nach vorangegangener Entgiftungsbehandlung,
  - seelische Behinderung aufgrund frühkindlicher emotionaler Mangelzustände,
  - seelische Behinderung als Folge schwerer chronischer Krankheitsverläufe,
  - seelische Behinderung aufgrund extremer Situationen, die eine schwere Beeinträchtigung der Persönlichkeit zur Folge hatten,
  - seelische Behinderung als Folge psychotischer Erkrankungen, die einen Ansatz für spezifische psychotherapeutische Interventionen erkennen lassen.

Dagegen ist Psychotherapie für eine medizinisch notwendige Versorgung nicht erforderlich (siehe auch §1 Abs. 2 GOÄ), wenn
- zwar seelische Krankheit vorliegt, aber ein Behandlungserfolg nicht erwartet werden kann, weil hierfür beim Patienten die Voraussetzungen hinsichtlich seiner Motivationslage, seiner Motivierbarkeit oder seiner Umstellungsfähigkeit nicht gegeben sind oder weil die Eigenart der neurotischen Persönlichkeitsstruktur des Patienten dem Behandlungserfolg entgegensteht,
- sie nicht der Heilung oder Besserung einer seelischen Krankheit, sondern z.B. alleine der beruflichen oder sozialen Anpassung dient,
- sie allein der Erziehungs-, Ehe-, Lebens- oder Sexualberatung dient.

In der vertragsärztlichen Versorgung dürfen ausschließlich folgende drei Verfahren der Psychotherapie zur Anwendung kommen:
- die analytische Psychotherapie,
- die tiefenpsychologisch fundierte Psychotherapie,
- die Verhaltenstherapie.

Nach den Psychotherapie-Richtlinien (Abschnitt B, 1., 3. und 4.) können weitere Verfahren nur dann anerkannt werden, wenn
- sie durch den wissenschaftlichen Beirat gemäß §11 Psychotherapeuten-Gesetz als wissenschaftlich anerkannt angesehen werden können,
- sie nachgewiesenermaßen erfolgreich an Kranken über mindestens 10 Jahre durch wissenschaftliche Überprüfung angewendet worden sind,
- sie ausreichend definiert und von bereits angewandten und bewährten psychotherapeutischen Methoden abgegrenzt werden können,
- der Nachweis von Weiterbildungseinrichtungen für Ärzte sowie Ausbildungsstätten für Psychologische Psychotherapeuten und Kinder- und Jugendlichenpsychotherapeuten mit methodenbezogenem Curriculum in theoretischer Ausbildung und praktischer Krankenbehandlung erbracht worden ist,
- über mindestens 10 Jahre aufgrund wissenschaftlicher Überprüfung erfolgreich an Kranken angewendet worden sind.

Der Bundesausschuss der Ärzte und Krankenkassen hat die vorstehend genannten Anforderungen als nicht erfüllt angesehen für Gesprächspsychotherapie, Gestalttherapie, Logotherapie, Psychodrama, Respiratorisches Biofeedback (vgl. zu Nr. 846),Transaktionsanalyse. Katathymes Bilderleben und Rational-Emotive Therapie werden nach den Psychotherapie-Richtlinien dann anerkannt, wenn sie im Rahmen eines übergeordneten Therapiekonzepts (z.B. tiefenpsychologisch fundierte Psychotherapie oder Verhaltenstherapie) Anwendung finden.

Werden ausgeschlossene Verfahren bei Kassenpatienten erbracht, so handelt es sich um Individuelle Gesundheitsleistungen (IGEL).

Zwar sind die vorstehend genannten Ausschlüsse nur für Kassenpatienten bzw. beihilfeberechtigte Patienten verbindlich, jedoch ergibt sich aus diesen Bestimmungen auch eine leistungsrechtliche Prägung für die private Krankenversicherung. Aus diesem Grunde sollten Behandler, die eines der im „Ausschlusskatalog" aufgeführten Verfahren anwenden wollen, die betreffenden Patienten darauf aufmerksam machen, dass die hierfür anfallenden Behandlungskosten möglicherweise nicht von ihrer Krankenversicherung bzw. ihrer Beihilfestelle erstattet werden.

**Beihilfe:** Nach den Beihilferichtlinien des Bundes sind über die in den Psychotherapie-Richtlinien genannten Ausschlüsse bzw. Einschränkungen hinaus noch folgende weitere Behandlungsverfahren als nicht beihilfefähig definiert: Familientherapie, funktionelle Entspannung nach M. Fuchs, körperbezogene Therapie, konzentrative Bewegungstherapie, Musiktherapie, Heileurhythmie.

| 860 | Erhebung einer biographischen Anamnese unter neurosenpsychologischen Gesichtspunkten mit schriftlicher Aufzeichnung zur Einleitung und Indikationsstellung bei tiefenpsychologisch fundierter und analytischer Psychotherapie [1, 2], auch in mehreren Sitzungen |
|---|---|
| | *Die Nummer 860 ist im Behandlungsfall nur einmal berechnungsfähig.* |
| | *Neben der Leistung nach Nummer 860 sind die Leistungen nach Nummern 807 und 835 nicht berechnungsfähig.* |

| Bewertung | 920 Punkte | 1,0-fach:<br>€ 53,62 | 2,3-fach:<br>€ 123,34 | 3,5-fach:<br>€ 187,69 |
|---|---|---|---|---|

**Kommentar**

[1]
Die Erhebung der biographischen Anamnese ist Teil der für die Indikation einer ätiologisch orientierten Psychotherapie und deren Durchführung erforderlichen vorausgehenden Diagnostik. Dies impliziert die Erbringung und Abrechnung dieser Leistung auch dann, wenn sich eine Psychotherapie als nicht indiziert oder unzweckmäßig herausstellen sollte.

[2]
Für die Entscheidung zur Indikation einer Psychotherapie ebenfalls grundlegend ist die Durchführung sog. probatorischer Sitzungen. Während probatorische Sitzungen in den Psychotherapie-Richtlinien für den Bereich der gesetzlichen Krankenversicherung (dementsprechend im EBM) sowie auch im Leistungskatalog der Beihilfevorschriften vorgesehen sind, fehlt eine Entsprechung in der GOÄ/GOP. Viele Tarife privater Krankenversicherungen sehen probatorische Sitzungen nicht explizit vor. Werden solche Sitzungen zur Prüfung der Indikation und Zweckmäßigkeit einer Psychotherapie abgerechnet, wird dieses Kontingent üblicherweise einem evtl. vorgegebenen Gesamtkontingent einer Psychotherapie abgezogen. Auch im Anschluss an probatorische Sitzungen kann sich herausstellen, dass eine weitere Psychotherapie nicht indiziert ist.

**Hinweis zur Abrechnung**

Aufgrund der Abrechnungsbestimmung zur Nr. 860 ist diese „im Behandlungsfall" nur einmal berechnungsfähig. Der „Behandlungsfall" im Abschnitt G der GOÄ/GOP ist nicht gleichzusetzen mit der Definition des Behandlungsfalls in der GOÄ (☞ Nr. 1 der Allgemeinen Bestimmungen zu Abschnitt B I.). Es wäre z.B. nicht sinnvoll, die biographische Anamnese nach Nummer 860 GOÄ/GOP schon nach einem Monat zu wiederholen. Bei Nr. 860 ist der „Behandlungsfall" als „Krankheitsfall" zu verstehen. Eine erneute Berechnung der Nr. 860 ist demnach dann möglich, wenn die Erkrankung abgeschlossen ist und sich nach einem therapiefreien Intervall eine erneute Behandlungsbedürftigkeit zeigt. Nur in seltenen Ausnahmefällen ist die erneute Berechenbarkeit auch gegeben, wenn sich der Charakter derselben Erkrankung derart gravierend geändert hat, dass eine erneute ausführliche Exploration der biographischen Anamnese erforderlich ist. Dazu ist in der Rechnung keine Begründung erforderlich, jedoch kann diese unschädlich gegeben werden. Ggf. ist es notwendig, die Leistung auf mehrere Sitzungen zu verteilen. In diesem Falle kann die Nr. 860 dann berechnet werden, wenn ihr Leistungsinhalt vollständig erbracht worden ist.

Nicht neben Nr. 835 (Fremdanamnese), bei Ärzten darüber hinaus auch nicht neben Nr. 807.

|  |  |
|---|---|
| **Analoge Bewertung** | Verhaltenstherapie wurde erst mit der Novelle 1996 in die GOÄ eingeführt. Obwohl es naheliegend gewesen wäre, versäumte der Verordnungsgeber die Anpassung der Legende der Nr. 860. Da in der Leistungslegende die Erhebung der biographischen Anamnese ausschließlich im Rahmen der Einleitung der tiefenpsychologisch fundierten bzw. der analytischen Psychotherapie Erwähnung findet, kann diese Leistung bei der Verhaltenstherapie nur analog abgerechnet werden (☞ Hinweis zur Analogbewertung bei Nr. 808). Die Anamnese erfolgt in diesem Fall unter lerngeschichtlichen, verhaltensanalytischen Gesichtspunkten. |
| **Beihilfe** | Erstattungsfähig. |

| 861 | **Tiefenpsychologisch fundierte Psychotherapie** [1-3, 5-6], **Einzelbehandlung** [4], **Dauer mindestens 50 Minuten** [7] | | |
|---|---|---|---|
| **Bewertung** | 690 Punkte   1,0-fach: € 40,22 | 2,3-fach: € 92,50 | 3,5-fach: € 140,76 |

**Kommentar**

[1]
Die tiefenpsychologisch fundierte Psychotherapie gehört nach den Psychotherapie-Richtlinien – ebenso wie die analytische Psychotherapie – zu den sog. psychoanalytisch begründeten Verfahren. Gegenstand der Behandlung ist die unbewusste Psychodynamik neurotischer Störungen mit psychischer oder somatischer Symptomatik. Zur Sicherung ihrer psychodynamischen Wirkung ist bei diesen Verfahren die gleichzeitige Anwendung suggestiver und übender Techniken (auch als Kombinationsbehandlung) ausgeschlossen. Die tiefenpsychologisch fundierte Psychotherapie umfasst ätiologisch orientierte Therapieformen, mit denen die unbewusste Psychodynamik aktuell wirksamer neurotischer Konflikte unter Beachtung von Übertragung, Gegenübertragung und Widerstand behandelt werden. Eine Konzentration des therapeutischen Prozesses wird durch Begrenzung des Behandlungszieles, durch vorwiegend konfliktzentriertes Vorgehen und durch Einschränkung regressiver Prozesse angestrebt. Die tiefenpsychologisch fundierte Psychotherapie gelangt auch in jenen Fällen zur Anwendung, in denen eine längerfristige therapeutische Beziehung erforderlich ist. In der Regel wird eine Sitzung pro Woche durchgeführt.

[2]
Als Sonderformen der tiefenpsychologisch fundierten Psychotherapie können folgende Behandlungsmethoden zur Anwendung kommen: Kurztherapie, Fokaltherapie, Dynamische Psychotherapie, niederfrequente Therapie in einer längerfristigen, Halt gewährenden therapeutischen Beziehung. Die auf das jeweilige Patientenproblem abgestellte Behandlungsstrategie erfordert

häufig eine Integration mehrerer der vorstehend genannten Interventionen. Eine Kombination von psychoanalytisch begründeten Verfahren und Verhaltenstherapie ist nach den Psychotherapie-Richtlinien jedoch nicht möglich, weil die Kombination dieser Verfahren zu einer Verfremdung der methodenbezogenen Eigengesetzlichkeit des therapeutischen Prozesses führen kann. Fraglich ist jedoch, ob eine strikte Verfahrenstrennung, die auch die Kombination von Methoden nicht zulässt, angesichts von Entwicklungen in der Psychotherapieforschung hin zum übergreifenden (jedoch nicht eklektizistischen) Konzept einer „Allgemeinen Psychotherapie" noch zeitgemäß ist. Festzustellen ist, dass im stationären Setting psychotherapeutisch-psychosomatischer Kliniken Verfahrens- und Methodenkombinationen üblich sind.

[3]
Im Zusammenhang mit einem (letztlich abgelehnten) Antrag an den Bundesausschuss der Ärzte und Krankenkassen, Paar- und Familientherapie als neue Anwendungsform der Hauptverfahren in die Psychotherapie-Richtlinien aufzunehmen, wurde die Möglichkeit in allen drei Richtlinienverfahren eröffnet, unter bestimmten Umständen auch Doppelsitzungen durchführen zu können.

Der entsprechend geänderte Passus §11, Abs. 14 in den Psychotherapievereinbarungen lautet:

„...Die Durchführung einer Einzeltherapie als Doppelsitzung ist nur zulässig bei einer krisenhaften psychischen Situation des Patienten oder bei Anwendung besonderer Methoden der Verhaltenstherapie und der tiefenpsychologisch fundierten und analytischen Psychotherapie..."

Es spricht nichts dagegen, diese sinnvolle Regelung in Form von 2 durch eine Unterbrechung zeitlich getrennte Sitzungen zu je mindestens 50 Min. auch auf den Bereich der GOÄ bzw. der GOP zu übertragen. ☛ [6] des Kommentars.

[4]
In den Psychotherapie-Richtlinien und in den Beihilfevorschriften sind Bewilligungsgrenzen und Höchstkontingente für psychotherapeutische Behandlungen vorgesehen, wobei zwischen beiden Regelungswerken Unterschiede bestehen. Die GOÄ bzw. GOP sieht solche Beschränkungen hingegen nicht vor. Es gilt hier wie bei allen anderen Leistungen der allgemeine Grundsatz nach §1 Abs 2 der GOÄ, wonach nur erforderliche Leistungen berechnet werden dürfen, es sei denn der Zahlungspflichtige verlangt ausdrücklich darüber hinaus gehende Leistungen. ☛ Kommentar zu §1 Abs. 1 und §12 Abs. 3

[5]
Generell empfiehlt es sich für die Versicherten, wegen der Unterschiedlichkeit der Tarifbedingungen in der privaten Krankenversicherung sich sowohl über das Antrags- und Genehmigungsverfahren als auch über die erstattungsfähigen Kontingente und Selbstbeteiligungsregelungen vor Beginn einer Psychotherapie beim Kostenträger zu informieren und ggf. eine Leistungszusage schriftlich geben zu lassen. Um Patienten vor einer möglichen Nichterstattung zu schützen, sollten sie in einer Therapievereinbarung auf diese Notwendigkeit hingewiesen werden.

Ein entsprechender Passus könnte lauten:
„Sind Sie privat versichert, erkundigen Sie sich bitte selbst bei Ihrer Versicherung über deren Bedingungen für Psychotherapie. Nicht bei jeder Versicherung und bei jedem Tarif werden die Kosten vollständig übernommen, so dass eventuell Zuzahlungen notwendig sind. Mein Honorar richtet sich nach den in der Gebührenordnung für Psychotherapeuten (GOP) festgelegten Sätzen."

[6]
Eine Sitzung muss mindestens 50 Min. dauern (☛ Hinweise zur Abrechnung).

| **Hinweise zur Abrechnung** | Nicht neben Nr. 1, 3, 22, 30, 34<br>In der Rechnung muss die Mindestdauer der Sitzung angegeben werden (☛ [3] des Kommentars zu §12). |
|---|---|

In den Psychotherapie-Vereinbarungen für die kassenärztliche Versorgung ist vorgesehen, dass eine Sitzung in tiefenpsychologisch fundierter Psychotherapie (und Verhaltenstherapie) von mindestens 50 Minuten Dauer in zwei Einheiten von jeweils mindestens 25 Minuten Dauer unterteilt werden kann. Diese unter therapeutischen Gesichtspunkten sinnvolle Regelung ist auf die Privatabrechnung nach GOÄ bzw. GOP dadurch zu übertragen, dass in den betreffenden Fällen entweder je Einheit von mindestens 25 Minuten Dauer der hälftige Gebührensatz nach Nr. 861 angesetzt wird oder der Ansatz der vollen Gebührenhöhe, wenn der Leistungsinhalt vollständig erbracht worden ist, also mit der 2. Einheit zu mindestens 25 Min.

Ebenfalls auf den Bereich der GOÄ bzw. GOP übertragbar sollte die Maßgabe der Psychotherapie-Richtlinien sein, wonach pro Tag mehr als eine Sitzung von mindestens 50 Minuten Dauer bzw. zwei Sitzungen von jeweils mindestens 25 Minuten Dauer zwar nicht für die gesamte Therapiedauer, jedoch im Rahmen eines bestimmten Abschnitts einer Therapie sinnvoll sein kann (☛ [3] des Kommentars), z.B. zur Krisenintervention oder in der Verhaltenstherapie zur Konfrontationsbehandlung bei bestimmten Krankheitsbildern. Da nach der Leistungslegende eine Sitzung mindestens 50 Min. zu dauern hat, müssen zwei Sitzungen durch eine deutliche Unterbrechung voneinander abgrenzbar sein, andernfalls ist der Ansatz der Nr. 861 nur einmal möglich.

Da die hier empfohlene Möglichkeit, im Ausnahmefall und unter bestimmten Bedingungen auch bei der Privatbehandlung mehr als eine Sitzung pro Tag durchzuführen und abzurechnen, von den Kostenträgern noch nicht allgemein anerkannt wird, sei den Versicherten empfohlen, sich die Zustimmung der Versicherung vor der Behandlung bestätigen zu lassen.

Sofern eine Sitzungseinheit von 50 Min. z.B. durch besondere Schwierigkeiten im therapeutischen Prozess oder durch besondere Persönlichkeitsmerkmale des Patienten überschritten werden muss (nicht nur um einige Minuten), ist der Ansatz eines erhöhten Steigerungssatzes möglich. Dies muss in der Rechnung jedoch besonders begründet werden.

| **Beihilfe** | Erstattungsfähig. |
|---|---|

Dem Gutachterverfahren in der kassenärztlichen Versorgung entspricht die Regelung in den Beihilfevorschriften, dass eine „Festsetzungsstelle" vor

Beginn der Behandlung die Beihilfefähigkeit der Aufwendungen aufgrund der Stellungnahme eines vertrauensärztlichen Gutachters zur Notwendigkeit und zu Art und Umfang der Behandlung zu prüfen hat. Vergleichbar sind die Beihilfevorschriften mit den Psychotherapie-Richtlinien im Hinblick auf die Regelung, dass vor einer Antragstellung probatorische Sitzungen möglich sind, die dem Zweck der Indikationsstellung dienen und nicht auf später für die Therapie genehmigten Behandlungsstunden angerechnet werden. Dementsprechend sind nach den Beihilfevorschriften die Aufwendungen für die biographische Anamnese (Nr. 860) sowie für fünf probatorische Sitzungen auch ohne Antrag des Patienten und Einschaltung der „Festsetzungsstelle" beihilfefähig. Die Möglichkeit einer gutachterfreien Kurzzeittherapie ist in der Beihilfe nur im Umfang bis zu 10 Sitzungen und nur in der Verhaltenstherapie vorgesehen.

Die Bewilligungsschritte in der Beihilfe unterscheiden sich von denen der Psychotherapie-Richtlinien.

In der Beihilfe gilt (in Klammern die kumulierten Sitzungen):

Tiefenpsychologisch fundierte Psychotherapie, Einzeltherapie (mind. 50 Min.), Erwachsene:

| Probatorische Sitzungen | 5 | |
| 1. Bewilligungsschritt | 50 | |
| 2. Bewilligungsschritt | 30 | (80) |
| 3. Bewilligungsschritt | 20 | (100) |

Tiefenpsychologisch fundierte Psychotherapie, Einzeltherapie (mind. 50 Min.), Kinder:

| Probatorische Sitzungen | 5 | |
| 1. Bewilligungsschritt | 70 | |
| 2. Bewilligungsschritt | 50 | (120) |
| 3. Bewilligungsschritt | 30 | (150) |

Tiefenpsychologisch fundierte Psychotherapie, Einzeltherapie (mind. 50 Min.), Jugendliche:

| Probatorische Sitzungen | 5 | |
| 1. Bewilligungsschritt | 70 | |
| 2. Bewilligungsschritt | 60 | (130) |
| 3. Bewilligungsschritt | 50 | (180) |

Für die begleitende Behandlung von Bezugspersonen bei der Behandlung von Kindern und Jugendlichen sind in der tiefenpsychologischen oder analytischen Psychotherapie weitere Stunden im „erforderlichen Umfang" möglich.

Nach den Beihilfevorschriften kann die tiefenpsychologisch fundierte Psychotherapie nur durchgeführt werden von
– Psychologischen Psychotherapeuten oder Kinder- und Jugendlichenpsychotherapeuten, wenn sie die Fachkunde durch Eintrag ins Psychotherapeutenregister einer KV nachgewiesen haben.
– Ärzten mit der Berechtigung zum Führen der Zusatzbezeichnung „Psychoanalyse" oder „Psychotherapie".

| 862 | Tiefenpsychologisch fundierte Psychotherapie, Gruppen-behandlung mit einer Teilnehmerzahl von höchstens acht Personen [1-3], Dauer mindestens 100 Minuten, je Teilnehmer | | |
|---|---|---|---|
| Bewertung | 345 Punkte | 1,0-fach:<br>€ 20,11 | 2,3-fach:<br>€ 46,25 | 3,5-fach:<br>€ 70,38 |

**Kommentar**

[1]
In der Gruppentherapie ist es dem Therapeuten möglich, seine aufgrund einer teilnehmenden Beobachtung des gruppentherapeutischen Prozesses gewonnenen Erkenntnisse für seine therapeutischen Interventionen zu nutzen. Dies ist bei Gruppengrößen von sechs bis neun Teilnehmern am ehesten gewährleistet. Die in der Leistungslegende zu Nr. 862 genannte Begrenzung („höchstens acht Personen") stimmt nicht mit dem aktuellen Stand der Erkenntnisse und der Festlegung entsprechend den Psychotherapie-Richtlinien überein. Nr. 862 ist als Analogberechnung dann abrechnungsfähig, wenn die Gruppe aus neun Teilnehmern besteht. Die Gruppenteilnehmer werden im Übrigen in der Regel zu einem größeren Teil Kassenpatienten und nur zu einem kleineren Teil Privatpatienten sein.

[2]
In den Psychotherapie-Vereinbarungen für den Bereich der vertragsärztlichen Versorgung ist – im Gegensatz zu Nr. 862 – bei der Gruppenpsychotherapie auch eine Mindestteilnehmerzahl festgelegt. Da unterhalb einer Gruppengröße von sechs Teilnehmern – vergleichbar den Verhältnissen bei der analytischen Psychotherapie – ein therapeutisch nutzbarer gruppendynamischer Prozess im allgemeinen nicht zustande kommt und deshalb derartige Gruppengrößen nicht sinnvoll sind, ist, von begründeten Ausnahmefällen abgesehen, die Berechenbarkeit der Nr. 862 bei weniger als sechs Teilnehmern nicht gegeben (vgl. zu §1 Abs. 2 GOÄ).

[3]
Die Höchstzahl (☞ [2] des Kommentars) ist auch dann einzuhalten, wenn mehrere Therapeuten tätig sind.

**Hinweis zur Abrechnung**

Nicht neben Nr. 1, 3, 22, 30, 34.

In der Rechnung muss die Dauer der Sitzung angegeben werden (☞ [3] des Kommentars zu §12).

In den Nrn. 873 und 874 des EBM, die der Nr. 862 der GOÄ/GOP entsprechen, wird die an einem Tag zulässige Sitzungszahl auf höchstens zwei Sitzungen von jeweils mindestens 100 Minuten Dauer beschränkt. Auch wenn für die Nr. 862 GOÄ/GOP eine solche Vorschrift nicht explizit formuliert ist, so ist sie dennoch in Übereinstimmung mit dem allgemeinen Gebot in §1 Abs. 2 GOÄ auch auf die Privatbehandlung zu übertragen. Zwei Sitzungen sind im Übrigen nur dann an einem Tag berechnungsfähig, wenn das Ende der ersten und der Beginn der zweiten Sitzung zeitlich deutlich voneinander abgesetzt sind.

Entsprechend dem ☞ Hinweis zur Abrechnung bei Nr. 861 kann auch die gruppentherapeutische Sitzung in 2 Einheiten von jeweils mindestens

50 Min. Dauer unterteilt werden. Je Einheit kann der hälftige Gebührensatz nach Nr. 862 angesetzt werden oder der volle Gebührensatz, wenn der Leistungsinhalt vollständig erbracht worden ist, also mit der 2. Einheit zu mindestens 50 Min. Dauer.

| | |
|---|---|
| **Analoge Bewertung** | Aufgrund der in der Legende festgelegten Höchstzahl von acht Teilnehmern ggf. Analogberechnung, wenn die Gruppe aus insgesamt neun Teilnehmern besteht. |
| **Beihilfe** | Erstattungsfähig. |

Im Übrigen gelten auch hier die Qualifikationsvoraussetzungen, wie sie bei Nr. 861 genannt sind. Über die dort genannten Qualifikationsvoraussetzungen hinaus gehende Anforderungen bestehen nicht.

In der Beihilfe gilt (in Klammern die kumulierten Sitzungen):

Tiefenpsychologisch fundierte Psychotherapie, Gruppentherapie (mind. 100 Min.), Erwachsene:

Probatorische Sitzungen 5
1. Bewilligungsschritt 40
2. Bewilligungsschritt 20 (60)
3. Bewilligungsschritt 20 (80)

Tiefenpsychologisch fundierte Psychotherapie, Gruppentherapie (mind. 100 Min.), Kinder:

Probatorische Sitzungen 5
1. Bewilligungsschritt 40
2. Bewilligungsschritt 20 (60)
3. Bewilligungsschritt 15 (75)

Tiefenpsychologisch fundierte Psychotherapie, Gruppentherapie (mind. 50 Min.), Jugendliche:

Probatorische Sitzungen 5
1. Bewilligungsschritt 40
2. Bewilligungsschritt 30 (70)
3. Bewilligungsschritt 20 (90)

| 863 | Analytische Psychotherapie [1, 2, 3], Einzelbehandlung, Dauer mindestens 50 Minuten | | |
|---|---|---|---|
| **Bewertung** | 690 Punkte | 1,0-fach: € 40,22 | 2,3-fach: € 92,50 | 3,5-fach: € 140,76 |

**Kommentar**

[1]
Die analytische Psychotherapie gehört wie die tiefenpsychologisch fundierte Psychotherapie zu den psychoanalytisch begründeten Verfahren. Die analytische Psychotherapie umfasst jene Therapieformen, die zusammen mit der neurotischen Symptomatik den neurotischen Konflikt und die zugrunde

liegende neurotische Struktur des Patienten behandeln und dabei das therapeutische Geschehen mit Hilfe der Übertragungs-, Gegenübertragungs- und Widerstandsanalyse unter Nutzung regressiver Prozesse in Gang setzen und fördern. Die Behandlungsdauer bei der analytischen Psychotherapie beträgt durchschnittlich ein bis vier Jahre bei in der Regel zwei bis drei Sitzungen pro Woche.

[2]
Eine Kombination von psychoanalytisch begründeten Verfahren und Verhaltenstherapie ist nicht möglich, weil die Kombination dieser Verfahren zu einer Verfremdung der methodenbezogenen Eigengesetzlichkeit des therapeutischen Prozesses führen kann.

[3]
Die Ausführungen in den ☛ Abschnitten [3] bis [6] des Kommentars zu Nr. 861 gelten hier entsprechend.

| | |
|---|---|
| **Hinweis zur Abrechnung** | Nicht neben Nr. 1, 3, 22, 30, 34. |

In der Rechnung muss die Dauer der Sitzung angegeben werden.

Im Übrigen gilt hier der ☛ Abrechnungshinweis zu Nr. 861 entsprechend. Eine Unterteilung in zwei Einheiten zu je 25 Min. ist in den Psychotherapie-Vereinbarungen für den Bereich der kassenärztlichen Versorgung bei der analytischen Psychotherapie nicht vorgesehen.

**Beihilfe**

Erstattungsfähig sind Leistungen nach den Nrn. 863 und 864, wenn sie erbracht wurden
– von Psychologischen Psychotherapeuten oder Kinder- und Jugendlichenpsychotherapeuten, wenn sie die Fachkunde durch Eintrag ins Psychotherapeutenregister einer KV nachgewiesen haben, oder
– von Ärzten mit der Berechtigung zum Führen der Zusatzbezeichnung „Psychoanalyse" oder von Ärzten, die bereits vor dem 1. April 1984 über die Berechtigung zum Führen der Zusatzbezeichnung „Psychotherapie" verfügten.

Die fachliche Befähigung für die Behandlung von Kindern und Jugendlichen ist, sofern die Behandlung nicht durch einen Facharzt für Kinder- und Jugendpsychiatrie und -psychotherapie oder durch einen Kinder- und Jugendlichenpsychotherapeuten erfolgt, neben der allgemeinen Berechtigung zur Erbringung tiefenpsychologisch fundierter bzw. analytischer Psychotherapie durch eine entsprechende Berechtigung einer Kassenärztlichen Vereinigung nachzuweisen.
Die fachliche Befähigung für Gruppenbehandlungen ist, sofern die Behandlung nicht durch einen Facharzt für Psychotherapeutische Medizin erfolgt, neben der allgemeinen Berechtigung zur Erbringung tiefenpsychologisch fundierter bzw. analytischer Psychotherapie durch eine entsprechende Berechtigung einer Kassenärztlichen Vereinigung nachzuweisen.

Die Bewilligungsschritte in der Beihilfe sind bei der analytischen Psychotherapie nur bei der Behandlung von Erwachsenen andere als in der tiefenpsychologisch fundierten Psychotherapie. Sie sind hingegen gleich bei der Behandlung von Kindern und Jugendlichen. Im Unterschied zu den Psychotherapie-Richtlinien stehen hier nur 5 probatorische Sitzungen zur Verfügung.

In der Beihilfe gilt (in Klammern die kumulierten Sitzungen):

Analytische Psychotherapie, Einzeltherapie (mind. 50 Min.), Erwachsene:
Probatorische Sitzungen   5
1. Bewilligungsschritt   80
2. Bewilligungsschritt   80   (160)
3. Bewilligungsschritt   80   (240)

Analytische Psychotherapie, Einzeltherapie (mind. 50 Min.), Kinder:
Probatorische Sitzungen   5
1. Bewilligungsschritt   70
2. Bewilligungsschritt   50   (120)
3. Bewilligungsschritt   30   (150)

Analytische Psychotherapie, Einzeltherapie (mind. 50 Min.), Jugendliche:
Probatorische Sitzungen   5
1. Bewilligungsschritt   70
2. Bewilligungsschritt   60   (130)
3. Bewilligungsschritt   50   (180)

Für die begleitende Behandlung von Bezugspersonen bei der Behandlung von Kindern und Jugendlichen sind in der tiefenpsychologischen oder analytischen Psychotherapie weitere Stunden im „erforderlichen Umfang" möglich.

Im Übrigen findet sich in den Beihilfevorschriften zur analytischen Psychotherapie ein Zusatz, der ein Überschreiten des Höchstkontingentes grundsätzlich erlaubt:

„Zeigt sich bei der Therapie, dass das Behandlungsziel innerhalb der Stundenzahlen noch nicht erreicht wird, kann in medizinisch besonders begründeten Einzelfällen eine weitere begrenzte Behandlungsdauer anerkannt werden. Voraussetzung für die Anerkennung ist das Vorliegen einer Erkrankung nach Nr. 2.2, die nach ihrer besonderen Symptomatik und Struktur eine besonders analytische Bearbeitung erfordert und eine hinreichende Prognose über das Erreichen des Behandlungsziels erlaubt. Die Anerkennung, die erst im letzten Behandlungsabschnitt erfolgen darf, erfordert eine Stellungnahme eines vertrauensärztlichen Gutachters."

| 864 | Analytische Psychotherapie, Gruppenbehandlung [1, 2] mit einer Teilnehmerzahl von höchstens acht Personen, Dauer mindestens 100 Minuten, je Teilnehmer | | |
|---|---|---|---|
| Bewertung | 345 Punkte   1,0-fach:<br>€ 20,11 | 2,3-fach:<br>€ 46,25 | 3,5-fach:<br>€ 70,38 |
| Kommentar | [1]<br>Die Abschnitte [1] und [2] des Kommentars zu Nr. 862 gelten hier entsprechend.<br><br>[2]<br>Im Rahmen der analytischen Gruppenpsychotherapie werden vom Therapeuten tiefere regressive Prozesse zugelassen, um die damit verbundenen | | |

Übertragungen auf die Gruppe und auf sich selbst für den therapeutischen Prozess zu nutzen.

**Hinweis zur Abrechnung**

Nicht neben der Nr. 1, 3, 22, 30, 34.

In der Rechnung muss die Dauer der Sitzung angegeben werden.

In der Nr. 878 des EBM, die der Nr. 864 der GOÄ bzw. der GOP entspricht, wird die an einem Tag zulässige Sitzungszahl auf höchstens zwei Sitzungen von jeweils mindestens 100 Minuten Dauer beschränkt. Auch wenn für die Nr. 864 GOÄ/GOP eine solche Vorschrift nicht explizit formuliert ist, so ist sie dennoch in Übereinstimmung mit dem allgemeinen Gebot in §1 Abs. 2 GOÄ auch auf die Privatbehandlung zu übertragen.

Entsprechend dem ☛ Abrechnungshinweis zu Nr. 861 kann auch diese gruppentherapeutische Sitzung in 2 Einheiten von jeweils mindestens 50 Min. Dauer unterteilt werden. Je Einheit kann der hälftige Gebührensatz angesetzt werden oder der volle Gebührensatz, wenn der Leistungsinhalt vollständig erbracht worden ist, also mit der 2. Einheit zu mindestens 50 Min. Dauer.

**Beihilfe**

Erstattungsfähig.

Im Übrigen gelten auch hier die Qualifikationsvoraussetzungen, wie sie bei Nr. 863 genannt sind.

In der Beihilfe gilt (in Klammern die kumulierten Sitzungen):

Analytische Psychotherapie, Gruppentherapie (mind. 100 Min.), Erwachsene:
Probatorische Sitzungen    5
1. Bewilligungsschritt    40
2. Bewilligungsschritt    40    (80)
3. Bewilligungsschritt    40    (120)

Analytische Psychotherapie, Gruppentherapie (mind. 100 Min.), Kinder:
Probatorische Sitzungen    5
1. Bewilligungsschritt    40
2. Bewilligungsschritt    20    (60)
3. Bewilligungsschritt    15    (75)

Analytische Psychotherapie, Gruppentherapie (mind. 100 Min.), Jugendliche:
Probatorische Sitzungen    5
1. Bewilligungsschritt    40
2. Bewilligungsschritt    30    (70)
3. Bewilligungsschritt    20    (90)

| 865 | Besprechung mit dem nichtärztlichen Psychotherapeuten über die Fortsetzung der Behandlung [1, 2] | | |
|---|---|---|---|
| Bewertung | 345 Punkte  1,0-fach: € 20,11 | 2,3-fach: € 46,25 | 3,5-fach: € 70,38 |

| | |
|---|---|
| **Kommentar** | [1]<br>In der Legende zu dieser Leistung spiegelt sich noch das Prinzip des Delegationsverfahrens wider (☛ [2] des Kommentars zu Nr. 808). Für die Beurteilung der Indikation und Zweckmäßigkeit der Fortsetzung einer Behandlung ist die Besprechung mit einem mitbehandelnden Arzt, einem ambulanten oder stationären psychotherapeutischen Vorbehandler oft unerlässlich.<br><br>[2]<br>Eine Besprechung ist auch dann erforderlich, wenn es sich nicht um die Fortsetzung, sondern um die Einleitung einer Psychotherapie handelt. Am besten kommt in diesem Fall eine Analogabrechnung zur Anwendung (☛ Hinweis zur Analogabrechnung). Die im Rahmen der Einleitung einer Psychotherapie erforderliche Abstimmung zwischen dem die Behandlung durchführenden Psychotherapeuten und einem anderen Mit- bzw. Vorbehandler ist in der Regel besonders aufwendig, da die beabsichtigte Psychotherapie im Zusammenhang mit einem Gesamtbehandlungsplan konzipiert werden muss. Dies schließt eine horizontale (parallel laufende Mitbehandlungen) und eine vertikale (therapeutische Vorgeschichte und möglicherweise nachfolgende Weiterbehandlungen) Perspektive ein.<br><br>Auch wenn die Entscheidung nicht im Zusammenhang mit einem förmlichen Antrag zur Fortsetzung einer Psychotherapie steht, kann es notwendig werden, mit einem Mitbehandler die Zweckmäßigkeit einer Behandlungsfortsetzung zu erörtern, z.B. wenn die Compliance für eine medikamentöse Mitbehandlung nicht gegeben ist und damit auch der Erfolg der psychotherapeutischen Maßnahme in Frage steht. In diesen Fällen kann die Nr. 865 berechnet werden. |
| **Hinweis zur Abrechnung** | Nicht neben Nr. 808.<br><br>Findet die Besprechung im Rahmen eines Gutachterverfahrens statt, kann Nr. 808 berechnet werden.<br><br>Nr. 865 kann nicht für Teambesprechungen berechnet werden (☛ Kommentar zu Nr. 60) |
| **Analoge Abrechnung** | Wegen der noch nicht erfolgten Anpassung der Legende an die Gegebenheiten des Psychotherapeutengesetzes und der GOP bezieht sich diese Leistung im Wortlaut nur auf den Arzt. Die Leistung kann, wenn sie von einem Psychologischen Psychotherapeuten oder Kinder- und Jugendlichenpsychotherapeuten erbracht wurde, analog abgerechnet werden:<br><br>„Besprechung mit dem mitbehandelnden Arzt über die Fortsetzung der Behandlung analog zur Nr. 865" |

Eine analoge Abrechnung für Gespräche mit anderen heilberuflich tätigen Personen ist nicht möglich.

Ebenfalls analog sollte abgerechnet werden, wenn es sich um die Einleitung einer Psychotherapie handelt, ☞ [2].

| Beihilfe | erstattungsfähig |
| --- | --- |

| 870 | **Verhaltenstherapie, Einzelbehandlung, Dauer mindestens 50 Minuten – gegebenenfalls Unterteilung in zwei Einheiten von jeweils mindestens 25 Minuten [1-2] –** | | |
| --- | --- | --- | --- |
| **Bewertung** | 750 Punkte | 1,0-fach:<br>€ 43,72 | 2,3-fach:<br>€ 100,55 | 3,5-fach:<br>€ 153,00 |

Kommentar

[1]
Die Verhaltenstherapie als Krankenbehandlung umfasst Therapieverfahren, die vorwiegend auf der Basis der Lern- und Sozialpsychologie entwickelt worden sind. Unter den Begriff „Verhalten" fallen dabei beobachtbare Verhaltensweisen sowie kognitive, emotionale, motivationale und physiologische Vorgänge. Verhaltenstherapie im Sinne der Richtlinien des Bundesausschusses erfordert die Analyse der ursächlichen und aufrechterhaltenden Bedingungen des Krankheitsgeschehens (Verhaltensanalyse). Sie entwickelt ein entsprechendes Störungsmodell und eine übergeordnete Behandlungsstrategie, aus der heraus die Anwendung spezifischer Interventionen zur Erreichung definierter Therapieziele erfolgt. Aus dem jeweiligen Störungsmodell können sich folgende Schwerpunkte der therapeutischen Interventionen ergeben:
– Stimulus-bezogene Methoden (z.B. systematische Desensibilisierung),
– Response-bezogene Methoden (z.B. operante Konditionierung),
– Methoden des Modellernens,
– Methoden der kognitiven Umstrukturierung (z.B. Problemlösungsverfahren, Immunisierung gegen Stressbelastung),
– Selbststeuerungsmethoden (z.B. psychologische und psychophysiologische Selbstkontrolltechniken).

Die auf das jeweilige Patientenproblem abgestellte Behandlungsstrategie erfordert häufig eine Integration mehrerer der vorstehend genannten Interventionen. Dagegen ist nach den Psychotherapie-Richtlinien eine Kombination von psychoanalytisch begründeten Verfahren und Verhaltenstherapie nicht möglich, weil die Kombination dieser Verfahren zu einer Verfremdung der methodenbezogenen Eigengesetzlichkeit des therapeutischen Prozesses führen könnte (siehe hierzu auch Anm. 2 zur Nr. 861).

Die Höherbewertung der Verhaltenstherapie im Verhältnis zur tiefenpsychologisch fundierten Psychotherapie und zur analytischen Psychotherapie begründet sich aus einer noch nicht vollzogenen Anpassung der beiden letztgenannten Verfahren an allgemein angestrebte erhöhte Sätze für Psychotherapie in der GOÄ/GOP. Verhaltenstherapie war bis zum 1.1.1996 analoge Leistung (A 870). Gleichzeitig mit ihrer Aufnahme in den Leistungskatalog der GOÄ wurde sie auch höher bewertet.

**Hinweis zur Abrechnung**

Nicht neben Nr. 1, 3, 22, 30, 34.

Zu den in den Psychotherapievereinbarungen erwähnten „besonderen Methoden der Verhaltenstherapie" (siehe Anm. 3 zur Nr. 861) zählt in erster Linie die sog. Konfrontationsbehandlung bzw. Reiz-Expositionsbehandlung bei bestimmten Störungsbildern, vorwiegend bei Angst- und Zwangsstörungen. Dieses Verfahren, das in einer mehr oder weniger abgestuften direkten Konfrontation z.B. mit der angstauslösenden situativen Bedingung besteht, hat sich als sehr effektiv erwiesen und ist heute die Methode der Wahl bei diesen Störungen. Da insbesondere bei einem nicht-abgestuften Vorgehen (massierte Reizexposition oder flooding) nur einstündige Behandlungseinheiten keinen Sinn ergeben würden und für den Behandlungserfolg geradezu kontraproduktiv wären, sieht diese Behandlungsweise mehrere Behandlungseinheiten pro Tag vor. Dies entspricht auch dem Gebot in §1 der GOÄ, wonach Leistungen den Regeln der ärztlichen (bzw. der psychotherapeutischen Kunst) entsprechen müssen.

Soll eine Konfrontationsbehandlung auch bei privat versicherten Patienten durchgeführt werden und sind dafür mehrere Sitzungen pro Tag notwendig, sollte der Versicherte die Frage der Kostenerstattung in jedem Fall vorab mit seiner Versicherung klären. Dasselbe gilt für die Beihilfe (zur Notwendigkeit der vorherigen Kostenzusage sei auch auf die Anm. 5 der Nr. 861 verwiesen).

**Analoge Bewertung**

Ist, z.B. bei einer Angst- oder Zwangsstörung, ein Hausbesuch erforderlich, kann zusätzlich Nr. 50 GOÄ analog berechnet werden (☛ Kommentar zu Nr. 50).

**Beihilfe**

Erstattungsfähig. Nach den Beihilfevorschriften des Bundes muss bei der Verhaltenstherapie ein formales Anerkennungsverfahren mit einer gutachtlichen Beurteilung dann nicht stattfinden, wenn der „Festsetzungsstelle" nach den probatorischen Sitzungen die Feststellung des Therapeuten vorgelegt wird, dass die Behandlung bei Einzelbehandlung nicht mehr als 10 Sitzungen (von mindestens 50 Minuten Dauer) und bei Gruppenbehandlung nicht mehr als 20 Sitzungen (von mindestens 100 Minuten Dauer) erfordert.

Die Bewilligungsgrenzen in der Beihilfe unterscheiden sich von den Regelungen der Psychotherapie-Richtlinien.

In der Beihilfe gilt (in Klammern die kumulierten Sitzungen):

Verhaltenstherapie, Einzeltherapie (mind. 50 Min.), Erwachsene:
Probatorische Sitzungen    5
1. Bewilligungsschritt    40
2. Bewilligungsschritt    40    (80)

Verhaltenstherapie, Einzeltherapie (mind. 50 Min.), Kinder:
Probatorische Sitzungen    5
1. Bewilligungsschritt    50
2. Bewilligungsschritt    40    (90)

Verhaltenstherapie, Einzeltherapie (mind. 50 Min.), Jugendliche:
Probatorische Sitzungen    5
1. Bewilligungsschritt    50
2. Bewilligungsschritt    40    (90)

Die fachliche Befähigung für die Behandlung von Kindern und Jugendlichen ist, sofern die Behandlung nicht durch einen Facharzt für Kinder- und Jugendpsychiatrie und -psychotherapie oder durch einen Kinder- und Jugendlichenpsychotherapeuten erfolgt, neben der allgemeinen Berechtigung zur Erbringung von Verhaltenstherapie durch eine entsprechende Berechtigung einer Kassenärztlichen Vereinigung nachzuweisen.

Eine ggf. notwendige Behandlung der Bezugspersonen muss im Unterschied zu der tiefenpsychologisch fundierten Psychotherapie und der analytischen Psychotherapie bei der Verhaltenstherapie innerhalb dieser Kontingente erfolgen. Diese Beschränkung ist nicht sachgerecht und widerspricht im Übrigen auch den Bestimmungen der Psychotherapie-Richtlinien für den Bereich der gesetzlichen Krankenkassen.

Die Sitzungen können in halbe Sitzungen von 25 Minuten Dauer mit entsprechender Vermehrung der Gesamtsitzungszahl geteilt werden.

Erstattungsfähig sind Leistungen nach den Nrn. 870 und 871, wenn sie erbracht wurden
– von Psychologischen Psychotherapeuten oder Kinder- und Jugendlichenpsychotherapeuten, wenn sie die Fachkunde durch Eintrag ins Psychotherapeutenregister einer KV nachgewiesen haben, oder
– von Ärzten, die über die Berechtigung zur Führung der Zusatzbezeichnung „Psychotherapie" oder „Psychoanalyse" verfügen und zusätzlich den Nachweis erbringen, dass sie im Rahmen ihrer Weiterbildung eingehende Kenntnisse und Erfahrungen in der Verhaltenstherapie erworben haben.

| 871 | **Verhaltenstherapie, Gruppenbehandlung [1] mit einer Teilnehmerzahl von höchstens 8 Personen [2], Dauer mindestens 50 Minuten, je Teilnehmer** <br><br> *Bei einer Sitzungsdauer von mindestens 100 Minuten kann die Leistung nach Nummer 871 zweimal berechnet werden.* |
|---|---|

| **Bewertung** | 150 Punkte | 1,0-fach: <br> € 8,74 | 2,3-fach: <br> € 20,11 | 3,5-fach: <br> € 30,60 |
|---|---|---|---|---|

**Kommentar**

[1]
Verhaltenstherapie als Gruppenbehandlung kann sowohl als alleinige Maßnahme als auch in Kombination mit einer Einzeltherapie durchgeführt werden. Der häufigste Fall ist die gruppentherapeutische Anschlussbehandlung an eine Einzeltherapie, um die gelernte Verhaltensänderung auch in einem Gruppenkontext anwenden zu lernen.

[2]
Zur Beschränkung der Gruppenstärke auf maximal 8 Teilnehmer ☛ [1] des Kommentars zu Nr. 862, die sinngemäß auch für verhaltenstherapeutische Gruppen gilt. Ein Spezialfall ist die Durchführung der Behandlung mit einer Gruppenstärke zwischen 3 und 6 Patienten zur Durchführung von Konfrontationsbehandlungen. Solche Gruppen können die Einzeltherapie sinnvoll und effektiv ergänzen, da der Effekt der gegenseitigen Ermutigung und

Unterstützung fördernd wirkt. In diesem Fall kann die sonst sinnvolle Beschränkung auf 100 Minuten u.U. nicht angemessen sein.

Sofern darüber hinaus gehende Sitzungen pro Tag erforderlich sind, setzt dies voraus, dass zwischen den Einheiten von 100 Min. ein abgrenzbarer zeitlicher Abstand besteht. Im Übrigen wird auch hier auf die Empfehlung an die Patienten hingewiesen, sich vor Behandlungsbeginn über die Kostenzusage des Kostenträgers zu vergewissern.

[3]
Die geringere Bewertung der verhaltenstherapeutischen Gruppenbehandlung im Verhältnis zur tiefenpsychologisch fundierten und zur analytischen Gruppenpsychotherapie (150 Punkte für eine Sitzung Verhaltenstherapie zu 50 Min., 340 Punkte dagegen bei den anderen Verfahren für eine 100minütige Sitzung) ist sachlich nicht begründet und bedarf der Korrektur bei der Novellierung der GOÄ/GOP. Das gleiche gilt für die in Anm. 1 zur Nr. 870 dargestellten geringeren Bewertung der tiefenpsychologisch fundierten und der analytischen Psychotherapie bei der Einzeltherapie.

| | |
|---|---|
| **Hinweis zur Abrechnung** | Nicht neben 1, 3, 22, 30, 34. |
| | Bei einer Sitzungsdauer von mindestens 100 Minuten kann die Leistung nach Nummer 871 zweimal berechnet werden. |
| **Beihilfe** | ☛ Anmerkungen zu Nr. 870. |

Die fachliche Befähigung für Gruppenbehandlungen ist, sofern die Behandlung nicht durch einen Facharzt für Psychotherapeutische Medizin erfolgt, durch eine entsprechende Berechtigung einer Kassenärztlichen Vereinigung nachzuweisen.

Die Bewilligungsgrenzen in der Beihilfe unterscheiden sich von den Regelungen der Psychotherapie-Richtlinien.

In der Beihilfe gilt (in Klammern die kumulierten Sitzungen):

Verhaltenstherapie, Gruppentherapie (mind. 100 Min.), Erwachsene:

Probatorische Sitzungen    5
1. Bewilligungsschritt    40
2. Bewilligungsschritt    40    (80)

Verhaltenstherapie, Gruppentherapie (mind. 100 Min.), Kinder:

Probatorische Sitzungen    5
1. Bewilligungsschritt    40
2. Bewilligungsschritt    40    (80)

Verhaltenstherapie, Gruppentherapie (mind. 100 Min.), Jugendliche:

Probatorische Sitzungen    5
1. Bewilligungsschritt    40
2. Bewilligungsschritt    40    (80)

# Literaturverzeichnis

Best, D.: Beihilfevorschriften, in: Behnsen, E., Bell, K., Best, D., Gerlach, H., Schirmer, H.-D., Schmid, R.: Managementhandbuch für die psychotherapeutische Praxis (MHP), Heidelberg 1999, 5. Ergänzungslieferung

Brück, D. (Begr.): Kommentar zur Gebührenordnung für Ärzte, Deutscher Ärzte-Verlag, Köln, Stand Januar 2002

Gebührenordnung für Ärzte(GOÄ) /UV-GOÄ (Textausgabe), Deutscher Ärzte-Verlag, Köln, Stand 1.5.2001

Hoffmann, H.H.: Gebührenordnung für Ärzte, Kommentar mit praktischen Hinweisen für die Abrechnung, Kohlhammer, Stuttgart, Dezember 2000

Joisten, H., Halbe, B.: Der Therapievertrag – ein Dienstvertrag, Psychotherapeutische Praxis, Hogrefe Verlag Göttingen, Heft 1/2001.

Krimmel, L., Kleinken, B.: Praxis des zweiten Gesundheitsmarktes – erfolgreich mit IGEL-Leistungen, Deutscher Ärzte-Verlag, Köln, in Vorbereitung

Lang, M., e.a.: Der GOÄ-Kommentar, Thieme, Stuttgart, 1996

Schröder, G., Nitze, G.: Taschenlexikon des neuen Beihilferechts, Regensburg 1999

Surminski, A.: Die PKV im Jahre 1999, in: Zeitschrift für das Versicherungswesen Nr. 20 vom 15.10.2000

Tuschen, Quaas: Bundespflegesatzverordnung, Kohlhammer 1998

Uleer, Ch., e.a.: Abrechnung von Arzt- und Krankenhausleistungen, Beck, München, 2000

Vereinigung der Kassenpsychotherapeuten, Broschüre: Anleitung und Antragstellung - Privatbehandlung, Ludwigshafen 2000, Postfach 14 02 10, 67021 Ludwigshafen.

Fünfundzwanzigste allgemeine Verwaltungsvorschrift zur Änderung der Beihilfevorschriften vom 28. Februar 2001, Gemeinsames Ministerialblatt (GMBl), S.186, Herausgegeben vom Bundesministerium des Innern

Weber, Chr.: Die gesetzliche und die private Krankenversicherung, in: Behnsen, E., Bell, K., Best, D., Gerlach, H., Schirmer, H.-D., Schmid, R: Managementhandbuch für die psychotherapeutische Praxis (MHP), Heidelberg 1999

# Sachregister